# 地方干部与资源配置

DIFANG GANBU YU
ZIYUAN PEIZHI

罗党论 著

·广州·

版权所有　翻印必究

**图书在版编目（CIP）数据**

地方干部与资源配置/罗党论著．—广州：中山大学出版社，2020.9
ISBN 978－7－306－06868－2

Ⅰ.①地… Ⅱ.①罗… Ⅲ.①地方政府—基层干部—干部管理—管理制度—研究—中国 Ⅳ.①D630.3

中国版本图书馆 CIP 数据核字（2020）第 063742 号

出 版 人：王天琪
策划编辑：曾育林
责任编辑：曾育林
封面设计：曾　斌
责任校对：王　燕
责任技编：何雅涛
出版发行：中山大学出版社
电　　话：编辑部 020－84110771，84110776，84111997，84110779
　　　　　发行部 020－84111998，84111981，84111160
地　　址：广州市新港西路 135 号
邮　　编：510275　传　真：020－84036565
网　　址：http://www.zsup.com.cn　E-mail：zdcbs@mail.sysu.edu.cn
印 刷 者：广州市友盛彩印有限公司
规　　格：787mm×1092mm　1/16　14.75 印张　300 千字
版次印次：2020 年 9 月第 1 版　2020 年 9 月第 1 次印刷
定　　价：68.00 元

如发现本书因印装质量影响阅读，请与出版社发行部联系调换

# 前　　言

中国自 1978 年改革开放以来持续的高速经济增长，引发了大量学者对经济增长动力来源的讨论。从 Nordhaus 关注政府对经济周期的影响开始，越来越多的学者开始探究政府干部个人对经济的作用。一个被广泛讨论的机制是中央巧妙设计的干部晋升考核锦标赛体制，即干部的政治成就与其经济业绩密不可分，这在一定程度上解释了地方干部在经济建设方面的动力来源。但经济业绩对干部晋升的重要程度，且该机制对地方干部的激励效果仍存在许多争议。因此，本书感兴趣的问题是：构成地方干部考核体系的指标包括什么？地方干部考核体系如何影响地方干部在经济建设、软公共品供给等领域的行为？除了晋升考核体系，分权体制、干部交流和有限任期体制等制度设计如何影响地方干部的行为？具体而言，本书重点关注三个重要的政府干部管理体制——晋升考核机制、干部交流和有限任期制，研究这三种体制如何独立以及共同影响地方干部在资源配置方面的行为。其中，地方主要是指市级行政区域，地方干部主要指市级党政"一把手"。

在理论上，本书将经济绩效与晋升的关联视为一种选拔机制和信号显示机制。干部部分关键能力的不可观测性，加上干部们较为隐蔽的政治交往和社会活动，导致上级、被提拔的干部与社会公众、官僚系统中其他干部之间存在严重的信息不对称问题。因此，中央政府将经济绩效作为政治精英的"标签"，以缓解这种信息不对称问题，从而对社会公众维护统治者的政权合法性，对干部维护统治者的政权权威。在这一理论框架下，地方干部当前的职位无论是否为中央特意进行的人事干部安排，他们均有争取一种不错的经济业绩的动力和压力。这也就构成了地方干部投身于经济建设，包括推行新的经济政策、拓宽融资渠道、干预企业投资等服务于自身政绩目标的政治动因。若中央对干部任期内的行为采取追责态度，则晋升考核体制不至于扭曲干部的行为。但在有限任期体制下，干部离任后无须对之前岗位的事务负责，这无疑容易催生过度投资、重复建设、卯吃寅粮等短视化的行为。此外，在晋升考核体制和有限任期制的双重激励下，干部在走马上任后通常会立即推行新的政策，以期在任内显示出经济业绩，由此带来的政策不稳定性和政治不确定性也会影响辖区内的经济活动。

在方法上，本书构建了1999~2013年市级"一把手"以及省级"一把手"的面板数据。本书采取的基础做法是在控制住辖区以及时间的固定效应后，将干部个人对资源配置的影响与省、市的固定效应分离开来，在此基础上研究地方干部的资源配置行为及其动机。但正如徐现祥等（2011）所说，这种做法并不能完全分离干部固定效应与辖区固定效应，"因此这可能是完全共线性的"。基于此，本书尝试挖掘相对外生与辖区经济活动的政策变化和人事调动等事件进行研究，在控制辖区固定效应、时间效应和其他相关变量的基础上考察资源配置活动在事件冲击前后的变化，能够获得更加准确的结论。此外，本书还创新性地采用空间计量模型、GARCH-in-Mean 模型等计量手段对区域间的合作与竞争、经济活动与政策变动的双向关系等进行控制和研究，这在以往的文献中往往都是被忽视的。

在数据方面，本书将研究拓展至地市级层面，产生更加丰富的结果。现有文献在研究地方干部晋升时，基本以省级干部为主。但对处于政府结构中越高层的干部而言，其政治前程更依赖于政治忠诚度、政治经验乃至"政治宗派"等因素,加上省级干部对区域经济发展的影响较小,因此,在省级层面探讨干部锦标赛机制存在与否及其对干部的激励效果并不是最合适的。相对而言,市级干部更直接地控制辖区内的企业和资源,他们对地区经济的影响力构成了晋升锦标赛得以执行的重要基础。因此,市级层面是讨论政治制度设计以及政治激励效果的一个更好的切入点。此外,以省级层面为切入点通常需要跨越较长的时间以获得充足的数据量,这无法排除制度演变以及较早时期统计数据缺失或统计口径变化对结果的影响。相反,由于城市数量远大于省份数量,本书能够将研究集中于制度、政策和环境相对稳定的较短的时间区间之内,在排除制度、政策和环境变化等因素的基础上进行研究有助于得到更加准确的结论。

在实证方面,本书利用 1999～2013 年市级党政"一把手"的数据,初步检验了地方干部资源配置动机的来源,以及地方干部的资源配置决策。在制度设计方面,本书验证了地方干部任期内的相对经济绩效以及经济增长质量能够显著提高地方干部的晋升概率。但随着中央逐步强调晋升考核体系科学化,经济因素在晋升考核体系中的重要性有所下降,环保绩效等民生领域的绩效在干部晋升考核中的重要性逐步显现。在此基础上,本书以干部交流为切入点,通过空间计量模型研究验证晋升考核体系,发现它的确能激励地方干部投身于经济建设活动,但激励的强度因干部类型、个人历练和地区资源禀赋而异。本书还发现,干部在上任初期便有极强的动机投身于经济建设活动,包括推行印有自己"烙印"的经济政策以及干预企业活动等;干部更替破坏了辖区的政策连续性,由此引发的政策不稳定性和政治不确定性提高了经济风险,进而对城市的融资活动以及经济增长带来负面影响。

本书的发现为中央完善干部管理体制提供了一定的政策参考，包括应坚持降低地区生产总值在政绩考核中的权重、设置最短任期、提高新旧政府交替初期的政策延续性、提高新旧政府交替期间的工作效率、建立健全的追责机制、推进地方法制环境建设以及市场化进程等。

# 目　　录

**绪论/1**
　　一、背景、目标与研究的问题/1
　　二、文献回顾/2
　　三、本书结构/7

**第一章　经济增长与干部晋升：政权权威性视角的解读/8**
　　一、引言/8
　　二、经济增长业绩与地方干部晋升的关联性再审视/12
　　三、数据与研究方法/17
　　四、实证结果与分析/20
　　五、进一步分析：经济增长模式与干部晋升及区域间差异/29
　　六、本章结论与讨论/36

**第二章　干部交流与经济增长：从资源禀赋的角度/39**
　　一、引言/39
　　二、理论阐述及假设提出/41
　　三、实证设计/46
　　四、实证结果与分析/51
　　五、本章结论与讨论/58

**第三章　地方干部晋升与环境治理/60**
　　一、引言/60
　　二、理论分析和文献梳理/62
　　三、地方干部晋升与环保政绩/67
　　四、重污染企业投资与干部晋升/76
　　五、本章结论与讨论/85

**第四章　地方干部晋升、任期与民生发展/88**
　　一、引言/88
　　二、理论分析与假设提出/89
　　三、研究设计/90
　　四、实证结果与分析/93

五、稳健性检验/102

　　六、本章结论与讨论/105

第五章　地方干部更替与经济增长/106

　　一、引言/106

　　二、文献回顾与理论假设/107

　　三、实证设计/113

　　四、实证结果与分析/119

　　五、本章结论与讨论/133

第六章　地方干部更替与企业投资/135

　　一、引言/135

　　二、理论分析与假设提出/137

　　三、研究设计/141

　　四、实证结果与分析/145

　　五、本章结论与讨论/154

第七章　地方干部更替与企业风险/156

　　一、引言/156

　　二、文献回顾与理论假设/158

　　三、实证设计/159

　　四、实证结果与分析/163

　　五、进一步讨论/170

　　六、本章结论与讨论/174

第八章　地方干部更替与地方债发行/176

　　一、引言/176

　　二、理论分析与假设提出/177

　　三、样本选择与变量描述/180

　　四、实证分析/186

　　五、本章结论与讨论/199

第九章　结论与讨论/201

　　一、本书小结与边际贡献/201

　　二、政策含义/205

**参考文献/207**

**后记/225**

# 绪　　论

## 一、背景、目标与研究的问题

中国经济自 1978 年改革开放以来保持了 40 多年的高速增长，这么多年的经济发展历程，就好比一幅波澜壮阔的画卷，其中，不仅有经济发展的巨大成就，还有来自社会、政治等方面的转型。中国的经济奇迹引起了大量的争论与研究，从经济理论的角度来看，中国经济增长奇迹的神秘之处在于其"非常规"的性质：从经济增长理论所强调的若干增长条件（如自然资源禀赋、物质和人力资源积累以及技术创新能力）来看，中国与其他国家相比并无独特之处。如果说长期经济增长取决于制度安排（North，1990；Acemoglu et al，2005），那么，正如 Allen 等（2005）所指出的那样，中国目前的司法及其相关制度，如投资者保护、公司治理、会计标准和政府质量均排在世界大多数国家之后。因此，许多文献从干部个体的角度，研究中国地方干部在经济增长过程中的作用以及激励来源。Jean C. Oi（1992，1995，1998，1999）认为，地方干部在经济中的角色如此重要，以至她把中国的政治经济体系称为"地方政府法团主义"。周黎安等（2005）指出："在中国经济以奇迹般速度增长的过程中，地方官员对当地经济发展所体现出的兴趣和热情在世界范围内可能也是不多见的。"地方干部在地方发展的招商引资、地方基础设施建设、企业的资源配置等具体制度政策的实施中都扮演着重要的角色。

在中央对经济发展予以高度重视以及经济发展能够给地方干部带来多方面的收益的情况下，地方干部全力以赴地推动本地经济发展，但也给地方干部带来了激励扭曲。在经济发展能够带来可观收益的事实面前，地方干部往往忽视了一个地区其他方面的发展，甚至不自觉地以损害其他方面发展的方式来获得经济发展最大化，这些潜在的负面外部性和成本长期以来被忽视或者不受重视。近些年来，社会越发关注粗放型的增长方式、收入分配不公、地区差异、环境恶化、市场秩序错乱、政府功能错位以及资源配置不合理等诸多问题。所有这些问题可能都是"政府失效"的产物，与地方政府的激励行为有着千丝万缕的内在联系。

本书从三个重要的制度安排——晋升考核机制、干部交流和有限任期制出发，定量考察中国地方干部的资源配置行为以及激励来源。一方面，我们注意到地方干部治理机制的正面作用；但另一方面，我们也把视角放到这种治理机制带来的一系列负面作用上。本书旨在增进对政府作用的理解，为企业适应制度环境选择合理的战略提供思路，也为中国的市场化改革和法治建设提供政策参考。

## 二、文献回顾

### （一）地方干部治理的机制

Huang（1996）较早地从组织的角度阐述了中国中央和地方之间的关系，特别强调了地方干部在中国政治系统中的重要性。Li（1998）也较早地发表了阐述干部人事管理体制对中国转型和发展的重要性的经济学文献。他回顾了中国自"文化大革命"之后一系列干部人事改革措施，包括干部强制退休、允许干部离开干部队伍从事商业活动（"下海"）等，这一系列改革改变了干部体系内部正式和不正式的规则，改变了干部的激励和行为，从而使得经济体制改革变得更加便利，经济增长成为可持续的过程。周黎安（2007，2008）从组织治理的角度切入，讨论中国地方干部治理的巨大影响。他借用锦标赛的定义，强调了"晋升锦标赛"的概念，并论述了这一中国地方干部的治理模式对理解中国高速经济增长及其各种特有问题的重要意义。Bo（1996）、Li等（2005）、周黎安（2007）、徐现祥等（2007）、王贤彬等（2011）、杜兴强等（2012）相继通过实证研究发现，任期内经济表现越好的地方干部确实获得的晋升机会越大。张军（2005）和王永钦等（2007）则从经济分权和政治考核结合的角度进一步阐述了中国地方政府"为增长而竞争"的激励机制结构。干部晋升与经济绩效的关联性对解释地方干部资源配置的动机无疑是至关重要的，正如Blanchard等（2001）指出的，中俄两国分权之所以产生相反的结果，很重要的原因是俄罗斯在转型过程中，羸弱的中央政府失去对地方政府的约束力和引导力，无法对地方干部实施有效的可促进经济增长的激励机制。

但是，Opper等（2007）利用1987~2005年间212个省级领导人的1101个观测值进行了probit实证分析，发现中国省级干部的晋升更多受到"裙带关系""政治宗派"和"忠诚度"而非"经济因素"的影响。林挺进（2010）认为，现有文献的实证结果无法克服我国人事安排制度下经济增长与干部晋升的内生性问题，即为了提升一位干部，上级可能会提前安排其去更容易出政绩的地区。陶然等（2010）更提出，如果用他们所谓更严格、更准确的数据，Li等（2005）的结论将无法复制。姚洋等（2013）用1994~2008年18个省241个城市层面数据所做的实证研究，没有发现经济绩效对干部晋升有显著作用。这些文章的实证结果反映了中国经济发展和政治体制的复杂性，即正如该文所述，在建立中国转型期高增长背后的政治经济学解释框架上，经济学界还有大量工作有待完成。

### （二）干部交流与干部行为

王贤彬等（2011）认为，中国能够在经济增长上取得惊人的成就，与干部的高度流动性密切相关。干部的高度流动性直接体现在干部任期的缩短上。战伟萍等（2011）对截至2010年5月已经卸任的市委书记共800个样本的任期进行统计，发现市委书记在任时间从1998年的平均4.74年降到2007年的平均3.94年左右。从党政干部的任职来看，任期制的实施具有双重作用：一方面，可以加速干部队伍的正常流动，打破原来的"终身制"，为干部队伍的新陈代谢提供更加通畅的渠道；另一方面，能够在一定程度上遏制干部职务的频繁调动，直指短期弊端。但任期制的弊端也显而易见，发展还不够平衡和规范，少数地方领导干部任期内变动频繁、任期随意的情况比较严重，短期行为突出，使任期制流于形式。干部一般只对其任职期间的事务负责，而不需要对其任期外的事务负责。在这种情形下，地方干部如果预期到自己担任某个职位的时间有限，则有动机做出某些损害长期利益的举动来增进当前利益。并且，这种机会主义行为具有某种传染性，当干部在任职期间遭受了前任干部所带来的负面外部性之后，他可能会产生甚至加剧这种利当前而害长远的不当动机。干部在不同地区、不同系统之间流动性的加剧，削弱了干部的根植性，也会加剧这种时间的外部性。

在当前政绩观下，干部交流对经济增长的影响是交流的干部对政治晋升激励等做出的理性反应，即为晋升而努力工作，力争取得"突出成绩"，从而获得更大的晋升可能性（徐现祥等，2007）。徐现祥等（2007）以地方干部跨省交流的视角考察了省级地方干部对辖区经济增长的影响，发现存在正的干部交流效应。张军等（2007）亦从干部交流的角度考察了地方干部对辖区经济增长的影响，也发现干部交流有利于辖区经济增长。尹振东（2010）进一步运用委托代理理论的方法构建理论模型，证明了干部交流制度比干部留任制度更能有效地激励地方干部发展经济，经济增长也更快，为干部交流促进经济增长的实证研究提供了理论支持。杨海生等（2010）、王贤彬等（2008）、王贤彬等（2009）均从干部更替的角度考察了地方干部对地方经济的影响。

## （三）地方干部治理引发的负面作用

正如周黎安（2007）所指出的，地方干部在拉动经济增长、追求政治晋升等个人利益的过程中，也会带来各种成本，即对资源配置效率的负面影响。这主要是通过政府干部激励的扭曲、政府职能转变的困难和经济增长方式的问题体现。

周黎安（2004）利用晋升博弈说明处于政治和经济双重竞争的地方干部间合作空间小但竞争空间非常大，解释了我国长期存在的地方保护主义、重复建设、产业"大战"、"大而全"的地区发展战略等问题。徐现祥等（2007）和皮建才（2008）证明为了最大可能地实现晋升，理性的地方干部是选择区域市场一体化还是分割取决于外溢效应的正负，即收益的分配。Bai等（2008）认为，省级地方干部与中央关系越密切，与其他省区的关系越密切，则他们实施市场分割的程度越弱；反之，省级地方干部与本地关系越密切、越单一，则实施市场分割的程度越强。

在产业结构方面，张晔等（2005）在地方干部晋升博弈分析中引入羊群模型，证明地方干部的经济业绩竞争制和风险规避倾向是地区产业结构趋同的根本原因。在财政支出结构方面，以经济绩效为主的政绩考核体系尚不健全，导致地方干部的短视化和急功近利的心态，使地方财政支出结构出现偏差。以经济指标为主要内容的相对绩效考核机制诱导地方政府在财政支出中挤出设施建设、轻教育等公共产品投入，忽视了一些具有长期更大外部性的支出（张永军等，2010）。其他的负外部性影响还包括政企合谋、畸高的投资率、畸形的土地出让热情等（聂辉华等，2006；朱汉青，2011；王贤彬等，2010；张莉等，2011）。

### （四）微观层面的干部治理与资源配置

在企业与政府的互动过程中，政府作为平衡现代企业利益相关者之间冲突的参与者，不仅仅是一个裁判员的角色，更是一个反映各集团经济利益冲突的政治力量的共同代理人（Tirole，2007）。企业的资源配置可能从两个渠道受到政府的影响：一是建立政企关系获得便利；二是受政府直接干预，以配合干部实现其政治目标。

一方面，企业会努力跟政府搞好关系，进而拿到发展所缺的资源，包括缓解融资约束（Kwahja et al.，2005；Charumilind et al.，2006；Classens et al.，2008；Fan et al.，2008；胡旭阳，2006；余明桂等，2008）、进入受管制行业的通行证（Agrawal et al.，2001）、获得制度保护（Hadlock et al.，2002）、得到优先受扶助和补贴的权利（Faccio et al.，2006）以及获得大额政府合同（Dombrovsky，2008）等好处。在以美国上市公司为样本的研究中，不少研究都认为公司政治关系能给公司带来价值提升（Gulen et al.，2010；Goldman et al.，2009）。在对其他国家的经验研究中，也有学者得到相似的结论（Fisman，2001；Mian & Khwajia，2006；Faccio，2006；Claessens et al.，2008；Facciol，2009；潘越等，2009；吴文锋等，2009）。

另一方面，随着市场竞争和地区之间竞争的加剧，地方政府对企业的态度变得更加积极（Jin et al.，2005），并且不断改进体制、建立市场，努力促进新企业的成立和发展，以争取处于不断流动中的资源。孙烨等（2011）发现，地方政府间的晋升锦标赛迫使政府干部寻求一切可能的方式完成政绩、争夺和保护地区的优势资源，人为地干预资本资源配置。钱先航等（2011）发现，地方干部的晋升压力及任期对城市商业银行贷款行为会产生影响。从结果来看，当地方干部晋升压力大，城商行会减少贷款，但干部任期会弱化这种关系。谭松涛等（2011）把干部更换作为当地企业政治关联水平外生变化的冲击，考察了干部更换对企业"投资—现金流敏感度"的影响。研究发现，市委书记的更换会显著降低当地上市公司的投资水平，显著提升企业的投资现金流敏感度。而且，这种影响只有在新任书记由外地干部调入的情况下才存在。

### （五）研究评述

托尼（2006）曾指出，我们迄今所发展的概念工具基本上并不能令人满意。在很大程度上，是试图将中国经验的销子插入西方理论的洞口。由此形成的分类虽然有用，却是不够的。我们需要更加注重的是，不仅要根据不同的政府职能部门以及不同层级的不同政府部门之间纵向、横向的相互联系，而且要根据政府对社会的回应，来解析地方层级政府的利益。这将使我们趋向于采取更加开放性的解释（more open-ended explanations），而不是趋向于采取社会学家所喜爱的确定的（clear cut）解释。我们不应当通过强加逻辑和规则的方式过早地封锁解释的选择范围。每一个特殊的地方政府（的形成）都有一个复杂的谈判过程。因此，我们需要发展这样的解释，它要考虑到当前体制的复杂多变性，要考虑到中国各个层面都存在制度多变、不确定以及混乱等情况，这在地方层级最为明显。这并不是否定比较的可行性，而是为此种比较奠定一个更加可靠的基础。一旦完成了此项工作，我们就能够提出何种类型的地方政府最好，它能履行何种职能，以及它能提供何种服务等关键性问题。

通过对国内外地方干部研究的文献回顾，我们有以下一些看法：

第一，国内外不少学者对这个问题进行了富有价值的理论和实证方面的研究，形成了一系列地方干部与资源配置关系方面的文献。地方干部对宏观和微观层面资源配置的影响成为热点话题和崭新的研究领域，这将随着学者研究的深入而不断得到拓展。

第二，在转型经济体中，地方干部的作用巨大。尤其是在我国的制度背景下，市场化在不断推进，政治集权和财政分权使得地方干部掌握着大量的权力和资源，其行为也有特殊性，在我国经济社会发展中扮演着非常特殊的角色。因此，中国地方干部对资源配置的影响越来越受到重视。

第三，地方干部这一概念范围较大，泛指省级及其以下干部。现有绝大部分研究主要是研究省级地方干部，但对市级、县级层面地方干部作用的研究极少。实际上，市级、县级、乡镇级，尤其是市级和县级地方干部由于更接近居民和企业，是政策和规则的实际执行者，对资源配置尤其是微观层面的影响更大。另外，不同层级的政府干部面临的激励和约束是有差异的，不同层级的政府干部的行为和对资源配置的影响也可能会存在差异。因此，系统化研究不同层级政府干部的激励、行为及其对资源配置的影响将能更深入理解我国地方干部的行为和作用，深化相关方面的研究，并能为完善地方干部的治理提供参考意见。在工业化和城市化快速推进的过程中，城市层面的地方干部的影响可能才是各种资源配置推动的主体。显然，这方面的研究还有待深入。

## 三、本书结构

本书旨在研究中国地方政府干部的资源配置动机及资源配置行为，结构安排如下：

第一章，重新检验影响地方干部晋升的因素，提出一个新的理论框架解释中国地方干部晋升与经济绩效的关联性。中国地方干部的晋升考核机制是本书后续章节的基础。

第二章，研究干部交流与经济增长的故事。

第三、第四章，分别考察地方干部与环境治理及民生的问题。

第五至第八章，考察地方干部变更对经济增长、企业投资、企业风险与地方债发行的影响。

第九章，总结本书的主要发现及政策含义。

# 第一章 经济增长与干部晋升：
## 政权权威性视角的解读

## 一、引言

中国自 1978 年改革开放以来 40 多年的高速经济增长奇迹引起全球瞩目。但这种长年持续的高速经济增长到底是中国特殊的政治经济制度背景与人口资源国情所独有的，还是可模仿和复制的，即是否存在经济发展的"中国模式"，并足以写入发展经济学教科书，这让世界各国众多研究者及国际组织为之着迷并激烈争论（林毅夫等，1994；王永钦等，2007；张五常，2008；Helper，2010；Song et al.，2011；Blanchard et al.，2001；World Bank，2012）。为此，已经有大量国内外经济文献对中国经济增长的制度环境、内在机制和动力来源等进行了多角度的深入探讨［参见 Xu（2011）的文献综述］。而鉴于中国经济发展过程中地方政府发挥了具有十分鲜明特色的"企业化政府"作用（Walder，1995），从较早开始，剖析"中国经济增长之谜"研究的一个焦点就落在了理解中国地方政府发展经济的动力机制上。

早期这方面的文献往往借用西方国家盛行的"财政联邦分权理论"（fiscal federalism）来强调 1980～1990 年"税收分权"机制对地方政府的激励作用（Oi，1992；Qian et al.，1998）。但正如 Xu（2011）所指出的，中国不存在地方选举制度，同时居民自由迁移受限，地方政府不对"下"负责而更多的是对"上"负责，因而财政分权理论对解释地方政府激励机制的能力有限。后期文献开始把地方政府和地方政府主政干部区分开来，强调地方政府不是抽象存在的，其行为模式受到地方政府干部的驱动，所以要理解地方政府行为，必须从理解地方政府主政干部的动力机制入手（Li et al.，1989）。其中有一派观点受到越来越多的重视，即认为中国中央政府充分利用中央集权和地方干部自上而下的考核任免制度背景，基于"标尺竞争"原理而设计的"晋升锦标赛"机制——干部执政期内经济工作业绩越好,则晋升机会越大,或者说个人政治职业回报越多,成为有效激励地方主政干部发展经济的巨大内在动力(Bo,1996;Li et al.,2005;周黎安,2007)。李克实(1988)指出,在20世纪80年代,由邓小平引领的干部管理体制形成"一个中心,两个基本点"的指导方针,已经逐步形成以经济发展为核心的干部政绩观,从而代替之前的基于对党忠诚度的干部选拔制度。在最早由Bo(1996)提出的"政绩—晋升"模型中,他指出,在省级领导人的升迁中,相对于老一代政治精英而言,经济绩效的导向性作用有了明显加强。在这种干部管理体制下,地方干部都有实施政策促进当地经济增长的责任与压力,以谋求更大的晋升空间或者避免被降级(Yang,2006)。Bo(1996)、Li等(2005)、周黎安(2007)、徐现祥等(2007)、王贤彬等(2011)、杜兴强等(2012)相继通过实证研究发现,任期内经济表现越好的地方干部确实会获得更大的晋升机会。这一系列研究一时使干部"晋升锦标赛"模型及其验证成为解释中国经济增长之谜的一个"显学",并深刻影响了后来的中国经济增长研究文献,如张军(2005)和王永钦等(2007)开始从经济分权和政治考核结合的角度进一步阐述了中国地方政府"为增长而竞争"的激励机制结构。

如果"晋升锦标赛"模型能够得到确认,不仅对理解中国经济增长模式有极为重要的启示,对世界范围内经济学理论,尤其是发展经济学和公共经济学,对于如何认识政府对经济的作用也将有重大突破意义。西方经济学主流认为,制度决定经济发展效果(诺斯,1994;Acemoglu et al.,2005)。但自Nordhaus(1975)关注政府对经济周期的影响以来,越来越多的学者开始探究政府干部个人对经济的作用(Rogoff,1990;Jones et al.,2005;Glaeser et al.,2004;Acemoglu,2005),进而产生对政府干部行为形成机制的研究兴趣(Przeworski et al.,1993;Bardhan,2002)。但现有文献大多在民主选举制度的背景框架下研究政府干部的约束与驱动力问题。主流观点普遍认为,民主制度下地方选民"用手投票"和联邦财政分权制度下居民"用脚投票"两个机制的存在,是约束地方政府更主动采取"有利生产的政策"而非"劫掠破坏性政策"的关键(Acemoglu,2005)。而如果中国模式能证明,即使没有地方选民投票机制和充分的自由迁移,只需在干部选拔奖惩机制上有精妙的"胡萝卜加大棒"政策，实行像企业聘用职业经理人那样严厉的绩效考核，就可以"驯服"地方政府主政干部，使他们争相以发展地方经济为第一要务的工作理念，实现干部个人效用和社会集体福利的协调统一，那么，政治学和经济学很多根本性理论观点可能都需要重新审视和改写。如 Blanchard 等（2001）提出，俄罗斯 20 世纪 90 年代经济增长之所以没有像中国那样出色，很重要的原因是俄罗斯在转型过程中，羸弱的中央政府失去对地方政府的约束力和引导力，无法对地方干部实施有效的可促进经济增长的激励机制。

然而，尽管"晋升锦标赛"假说给我们带来很多启示，但且不说"经济绩效至上"是否就意味着干部之间为晋升而开展的地区生产总值竞争是良性的和能带来经济社会的可持续增长（王小鲁等，2000；王永钦等，2007），就是关于中国政治生态和干部治理中是否真的存在"以经济绩效为核心"的干部晋升制度本身，至今仍然存在巨大的争议。如 Opper 等（2007）所指出的，有理由相信，中国省级干部的晋升更多受到"裙带关系""政治宗派"和"忠诚度"而非"经济因素"的影响。林挺进（2010）认为，现有文献的实证结果无法克服我国人事安排制度下经济增长与干部晋升的内生性问题，即为了提升一位干部，上级可能会提前安排其去更容易出政绩的地区工作。陶然等（2010）更提出，如果用他们所谓更严格、更准确的数据，Li 等（2005）的结论将无法复制。姚洋等（2013）用 1994～2008 年 18 个省 241 个城市层面数据所做的实证研究，没有发现经济绩效对干部晋升有显著作用。

除了实证证据上的众多不一致，"晋升锦标赛"文献至今在理论上也很单薄。现有文献大多从激励机制的角度来理解中央政府通过晋升来激励地方干部发展经济（张军，2005；周黎安，2007），但缺乏从理论机制上更深层次地解释清楚中央政府（或上级部门）"以经济绩效为核心"来激励地方干部（或部下）的必要性、合理性和可行性。更具根本性的一个理论问题是，在"晋升锦标赛"模型中，晋升到底是褒奖还是选拔？如果看作褒奖，那么中央和地方政府是一次性博弈，中央很难规避地方政府的机会主义行为。这应该是中国政府会极力避免的问题。

本章首先在原来激励机制理论的基础上，从政权合法性和政权权威的角度对"以经济绩效为核心"的干部考察选拔制度的合理性进行理

第一章　经济增长与干部晋升：政权权威性视角的解读

论性补充。本书认为，经济绩效与晋升的关联不仅仅是一种激励机制，更是一种选拔机制和信号显示机制。具体而言，中央政府通过将经济绩效作为政治精英的"标签"，能够降低干部提拔过程中上级、被提拔干部与公众、其他干部之间的信息不对称问题，进而维持政权合法性与政权权威，并且由于经济绩效的可见性，这种制度安排可行性较高，实施成本较低。

其次，本章将实证研究扩展到地市级层面，产生更加丰富的结论。现有文献在研究地方干部晋升时，基本以省级干部为主。但有理由相信，处于政府结构中越高层的职位，其政治色彩越浓厚，其晋升更容易受政治忠诚度、政治经验乃至"政治宗派"的影响（Opper et al., 2007）。加上职位稀缺性、法定退休年龄限制等问题，省级干部的任期后政治生涯轨迹受到太多因素干扰。这样，在省级领导人层面去检验经济业绩与政治晋升之间的关系，无论是正面还是反面证据，都无法得到对"晋升锦标赛"假说的有效结论。相反，越是基层干部，越是承担经济发展的主要责任（Walder, 1995; Yang, 2006）。如张五常（2008）就直接把县级之间的激烈竞争归结为中国经济奇迹的核心。众所周知，Li 等（1989）、林挺进（2006）、姚洋等（2013）是仅有的以城市层面干部晋升机制为研究对象的学者。然而，我们研究了我国335个城市11年（1999～2009）的地方干部，相较于前者具有更多、更全面和更新的数据，研究角度也更加丰富，所得出的结论也与之前的文献有所不同。但特别值得指出的是，虽然我们发现经济业绩对干部晋升作用显著，却与姚洋等（2013）的业绩对晋升无显著贡献的结果并无冲突，甚至是互补的。姚洋等（2013）的核心贡献是，利用干部调动经历与城市的匹配来区分干部基于自身能力和关系资源等禀赋的个人效应和城市效应，并基于1994～2008年地市级数据的实证研究发现，干部个人效应对市长的晋升概率显著而其经济业绩不显著，同时发现个人效应的重要性随年龄的增长而增长。对干部个人效应的引入有力地推动了晋升机制文献的发展。本章则在姚洋等（2013）的基础上进一步考察干部的背景、交流经历对晋升概率的影响，并且将这些考察与我们所提出的"选拔机制"假说结合起来。因为姚洋等（2013）的研究结果是控制干部个人不可观察效应之后的，而我们限于数据和分析技术，没能完全控制个人效应。但我们的假说本来就是，当干部个人能力无法被同僚和公众识别时，需要通过突出业绩来发出个体能力的显示信号，而个人能力可被外部有效识别时不需太多业绩来增强被提拔的认可度。所以，我们的研究深化了文献对经济业绩在中国地方干部仕途中作用的理解。

最后，本章区分了不同类型经济增长（数量型和质量型）对干部晋升的影响。通过分解经济增长率，首次研究上级对地方干部经济增长模式的考核机制。这有助于理解中央政府是否已经意识到其正面对着绩效考核机制可能带来的过度投资、重复建设、机会主义等激励扭曲问题，并是否真切关注经济可持续发展能力，从而丰富干部晋升选拔理论体系。

## 二、经济增长业绩与地方干部晋升的关联性再审视

根据干部"晋升锦标赛"理论，上级将晋升作为对优秀经济绩效的褒奖，地方干部的晋升概率随其所在地经济增长率的提高而提高，从而形成有效的激励机制（Bo，1996；Li et al.，2005；周黎安，2007；徐现祥，2007；王贤彬，2011；杜兴强等，2012）。这一派理论认为，"以经济绩效为核心的干部晋升锦标赛制度"是中国经济自改革开放以来保持高增长率的重要原因（张军，2005）。然而，激励机制有效性很重要的一点是其褒奖是否公平（Maskin et al.，2000）。很容易想到，地方经济增长并非单纯取决于地方干部的努力，还受到地方本身经济增长潜力的制约（徐现祥等，2007）。为了验证这个观点，本章按照1999～2009年这11年经济增长速度的快慢，将所有地市级城市平均分为5组，分别统计了不同组别城市任职市委书记的晋升概率和城市特征，见表1-1。

结果表明，一方面，经济增长保持较快的城市，干部的晋升概率确实较高。表1-1显示地区生产总值增长率前20%的城市市委书记晋升概率（82%）比后20%的城市市委书记晋升概率高了15个百分点。另一方面，经济增长率较高的城市普遍为资源禀赋高、人口和人口密度较低、产业结构相对落后的地区。

表1-1 按地区生产总值增速分组统计晋升概率、城市特征

| 地区生产总值增速 | 市委书记晋升比例/% | 人均地区生产总值/元 | 人口/万人 | 人口密度/（人·平方千米） | 采矿人员占从业人员比重/% | 临近大城市是否同省比例/% | 人均道路面积/平方米 | 第二产业占比/% | 第三产业占比/% | 签订外资合同数/个 |
|---|---|---|---|---|---|---|---|---|---|---|
| 后20% | 67 | 11971.71 | 458.21 | 438.88 | 8 | 46 | 7.18 | 42.14 | 35.65 | 65.27 |
| 60%~80% | 67 | 16672.87 | 388.19 | 346.49 | 8 | 36 | 8.18 | 45.20 | 36.73 | 81.60 |
| 40%~60% | 70 | 18915.09 | 487.96 | 528.56 | 6 | 38 | 7.32 | 47.91 | 36.50 | 152.55 |
| 20%~40% | 71 | 15314.39 | 400.23 | 423.09 | 8 | 27 | 7.32 | 48.60 | 35.15 | 96.44 |
| 前20% | 82 | 30064.11 | 272.50 | 295.13 | 11 | 22 | 9.69 | 51.85 | 33.79 | 171.27 |

鉴于改革开放以来我国大规模推进干部异地交流制度（徐现祥等，2007），很容易猜想，那些在上级政府拥有更强网络关系的干部完全有可能被派到更容易体现政绩（林挺进，2010），或者具有更多财政资源和特殊政策支持的地区，为其做出相应政绩创造条件（陶然等，2010）。确有研究显示，外地交流来的干部更容易出政绩（张军等，2007）。如果在激励机制框架下将晋升单纯理解为对干部努力的褒奖，那么大规模异地交流的人事安排制度就无法得到合理的解释。可以想见，频繁的干部异地交流，削弱了个人努力与经济业绩的关联度，至少会带来激励机制有效性下降。此外，若将经济业绩与晋升的绑定仅仅看作委托代理模式下的一种激励机制，那么这种机制带来的重复建设、短期内大上快上"短平快"项目、机会主义等激励扭曲行为不可能不引起中央的重视和提防。如研究显示，"晋升锦标赛"是各地政府偏好大规模基础设施投资的重要原因（张军等，2007）。而Gao（2009）也发现中国地方政府干部有意操纵财政性支出，以达到提高晋升概率的目的。

因此，本章尝试从另外一个视角——政权合法性与权威性的角度来重新阐述实证中所发现的经济增长与干部晋升之间可能存在的关联性。见图1-1。

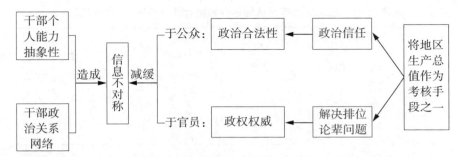

图 1-1 经济增长与干部晋升的一个关系假想

根据文献归纳，中国政府对干部的考察选拔重视 5 个方面：德、能、勤、绩、廉（李克实，1988；陶然等，2010）。但这 5 个方面的考核指标多为定性指标，也从未公布具体的相对比重和量化计算体系。现有文献认为，干部所具有的"资源禀赋"包括政治关系网络、历练经历和个人相对能力等，可以统称为"能力"。实证研究结果也证明干部的政治关系网络（Opper et al., 2007）、历练经历（林挺进，2010）和个人相对能力（姚洋等，2013）都会对其仕途晋升造成影响。

显然，干部的"能力"包括多个维度的可量化与不可量化指标。干部部分关键能力的不可观测性，加上干部们较为隐蔽的政治交往和社会活动，导致上级、被提拔的干部与社会公众、其他干部之间存在严重的信息不对称问题。因此，中央政府需要采取某种有效措施来缓解这种信息不对称问题，从而让社会公众维护统治者的政权合法性，让干部维护统治者的政权权威，而最有效的措施之一则是采取可量化且令人信服的指标来为被提拔干部贴上"精英"的标签。如有文献指出，干部精英化是威权政治统治的重要一环（Li et al., 1989）。

经济建设的领导能力自然是政治精英最令人信服的指标之一。邓小平在一次讲话中说，经济增长、人们收入的提高就是今后主要的政治，离开这个主要内容，政治就变成空头政治，就离开了党和人民的最大利益（邓小平，1994）。鉴于中国特殊的非民选政治制度，自改革开放开始，发展经济就被政权确立为需要优先解决的公共问题，并成为提高公共权力合法性的首要方式（杨雪冬，2008），这种合法性是指服从政府权威的人对权威的认同（Witt et al., 2013）。对于公众而言，普通人无法理解庞大的政治体系，对合法性是一种缺乏理性认知基础的信仰，政府只有通过不断获得公民的政治信任，才能巩固执政基础，获得更高的合法性（Yang，2006）。这种政治信任来源于政府带来积极成果的信念（Shi，2001），以及对政治精英的信任和对公共政策的信任（宋少鹏等，2008）。通过经济建设能力的"标签"来塑造拟晋升干部的政治"精英"形象，有助于提高公众对政府的信任而维护统治者的政权合法性。

对于其他干部而言，由于我国长期强调"政治第一"，阻碍了干部的能力与职位的配比，这种能力层序均衡导致行政组织人事任用出现论资排辈现象，即采用"资历"作为评价的标准（李克实，1988）。但无论是基于上级储备高素质人才的需求，还是干部的政治关系网作用、腐败等因素而提拔干部，论资排辈的规则不可避免地会被打乱，而上级需要通过令人信服的指标来证明其打乱规则的合理性，从而维持干部系统的内部和谐、稳定。长期以来，中国在以经济建设为核心的领导理念下，经济增速成为上级证明其选择合理性的最有效指标之一，并强化了自身以及被提拔干部的政权权威。基于上述分析，通过将地区生产总值增长率作为晋升考核的一种手段，能够有效减缓干部晋升考核的不对称问题，维护统治者的政权合法性与权威性。

在政权合法性与权威性的视角下，任期内经济增长速度较快的干部获得晋升的概率更高的现象可以重新解释为：①工作期间对管辖区域经济增长做出重大贡献，显示干部的个人能力突出，上级基于储备现代化高素质领导人才的需求选择提拔该干部。②被重点培养的干部，上级会将其安排至经济增长潜力较大的城市，有利于其在任期内完成较高经济绩效，并提高未来被进一步提拔时的合理性和被认可度。③具有较强政治关系的干部，一方面，被安排到发展潜力更大或优惠财税政策和特殊政策支持力度更大的城市的可能性更高；另一方面，由于此类干部具有较高的晋升把握，其为了巩固未来被提拔的合法性，即使没有制度约束或者刻意激励机制，也会有更大的动力去促进地方经济发展。（杨开忠等，2003）

本章这个视角的解读也意味着，一方面，个人能力、忠诚度和政治关联等资源禀赋对干部仕途的作用，必须通过落实在经济业绩上来表现，也即这些看不见的因素都必须披上"合法性"的外衣才见得阳光，得以实现。这其实已经说明干部晋升机制中经济业绩的重要性。另一方面，个人能力和政治关系（本章分别通过学历、个人背景、职业生涯、交流经历等变量给予控制）不同，虽然不会改变经济绩效对干部晋升的显著作用，但会改变这种作用的大小——不同资源禀赋的干部在借业绩晋升的过程中，对经济业绩的依赖度不同。因此，尽管以经济增长业绩为主来落实地方干部的晋升选拔会存在很多问题，但这个机制始终存在着相应的合理性和一定的操作性。同时，我们的理论暗示，对于理解中国地方干部晋升而言，经济业绩和晋升的统计关联性本身就是最重要的、最有价值的，两者之间的内在因果机制反而相对不那么重要。

在以上基本理论框架的基础上，本章进一步提出以下假说：

H1：任期内经济增长业绩的绝对值不一定能对干部晋升概率产生显著作用。只有当干部经济增长业绩确实能降低信息不对称、揭示干部真实能力时，才能让老百姓信服，才能产生增强政权权威性效果。

H2：任期内经济增长业绩对干部晋升概率的作用，存在两个"标杆尺度"效应。一个是以省内其他城市的业绩为参考标尺，另一个是以上届政府干部的业绩为参考标尺①。

H3：如果干部背景中有较强的能力信号，那么可以在同等业绩情况下获得更高的晋升概率。干部诸如高校背景、交流经历、历史业绩等可显性反映个人能力的公开信息，可减小信息不对称。充分利用这些信息，可增强提拔该干部在民众中的说服力，但这些信号机制在不同产业类型地区和不同发展阶段的城市所产生的作用不同。

H4：中央政府不仅看重短期业绩，也看中长期业绩，能通过效率增进而带来长期经济增长潜力提高的地方干部会更容易受到中央政府的青睐和赏识。②

本章的实证研究将以城市层面的干部的数据来检验以上假说。

---

① 第一个标尺可以消除不同地方的经济禀赋差异性，第二个标尺可以控制城市个体效应，相当于面板模型中"固定效应"的作用。干部只有比省内其他城市业绩更加突出，比上任干部更加突出，才能获得更高的晋升概率。这样才能让老百姓信服所选拔的是真正的"精英贤才"，标尺作用才有利于提高政权权威性。

② 感谢一些专家对考察干部历史业绩和考察经济增长模式的建议。

## 三、数据与研究方法

### （一）样本区间及数据来源

我们通过地方年鉴、网络搜索（www.baidu.com）等各种途径，完成了全国 335 个地级市及以上城市连续 11 年（1999～2009 年）的地方干部数据的收集工作。我们收集了这些城市的市委书记、市长的如下指标：上任时间、任期、年龄、学历、来源、去向等。城市层面的经济变量来自"中经网统计数据库"中的城市年度数据库。需要说明的是，全国共有 655 个城市，但县级市数据不具可收集性，本章没有进行考虑。

### （二）模型选择及变量刻画

在干部晋升锦标赛模型中，我们旨在研究干部人事任免情况与其任期内经济贡献程度的关系。遵循徐现祥等（2011）的做法，我们假设对市委书记、市长的评分分值为 $y_i^*$，而这一评价是基于对干部任期内的一系列因素 $x_i$ 的考核。假设 $y_i^*$ 是 $x_i$ 的线性函数，即

$$y_i^* = x_i + \varepsilon_i$$

其中，$\varepsilon_i$ 是独立分布的随机扰动项。但在现实中，我们无法直接观察到中央或者省级对市级干部的评分分值，只能观察到市级干部每年的人事变动情况。我们简单地将任免分为两类，1 代表晋升，0 代表留任、平调或者降职，即未晋升。利用 Probit 模型来进行实证检验。那么，何谓晋升？

1. 晋升刻画

我国的城市分为直辖市、副省级市、地级市、副地级市以及县级市。从我国的干部行政级别来看，直辖市正职干部相当于正省级干部，而副省级市正职干部属副部级干部，地级市正职干部属于正厅级干部。本章将从城市干部层面对干部"晋升锦标赛"模型进行实证重估。出于节省篇幅的考虑，也为了使结果与之前文献更有比对价值，我们主要选取地市级的市委书记数据进行研究。

我们尝试从三个方面，采用层层递进的方式对升迁进行分类与

定义。

第一个层面，Li等（2005）在省层面的论述当中，认为省委书记比省长高一层面，从省长到省委书记属于提拔。参照这种做法，我们可以认定由市长升迁至市委书记属于晋升的范畴，而市委书记升迁至副省长或省长我们都可以认为是晋升。第二个层面，我们加入了国家单位这一层面的思考。参考陶然等（2010）对省级干部升迁的定义，我们将市委书记与市长调任至国务院部委各司正职干部定义为升迁，而调任至其他同级国家单位视为平调或者降职。第三个层面，建立在前两者的基础上，我们加入了不同城市间的升迁这一变量。这个无须赘言，在本章的目标群体中表现为地市级的市长升迁至副省级的市长、地市级的市委书记升迁至副省级的市长或者市委书记。

在下文的实证检验中，我们将以第一个层面的升迁定义为基础，将第二层面与第三层面的升迁定义作为实证结果的敏感度测试。好处有：①第一层面的衡量方式是最直接、最直观的升迁方式，该升迁方式最为普遍，占的比例也最大；②可以避开不同省区间、不同城市间的禀赋差异对结果造成的影响；③以第一层面为核心，其余两种方法进行敏感度测验，既可以使结果更加稳健，又可以得出不同晋升方向对干部绩效的要求以及干部个人特征的衡量标准，还可以更加完整地了解中国副省级、地市级市委书记与市长的晋升机制。

2. 主要变量描述

升迁考核的关键变量是市级地方干部的任期内经济绩效。遵循 Li 等（2005）、周黎安（2007）、徐现祥（2011）等人的做法，采用地区生产总值实际增长率作为经济绩效的一种度量。见表1－2。

表1-2 主要变量描述

| 变量 | | 变量描述 |
|---|---|---|
| 主要自变量 | 任期内平均经济增长率（$A$） | 干部在任期内的地区生产总值增速的平均值 |
| | 任期内相对平均增长率 | 干部相对于省内其他城市的地区生产总值增速，为任期内各年地区生产总值增速减去当年所属省份地区生产总值增速的均值 |
| | 前任干部任期内平均增长率（$B$） | 当期干部前一任的任期内经济表现，以前任干部任期内移动平均地区生产总值增长率表示 |
| | 相对前任干部任期内平均增长率（$A-B$） | 当期干部相对前一任的任期内经济表现，以本任期平均增长率减去前任干部任期内移动平均地区生产总值增长率表示 |
| 其他控制变量 | 政治生涯平均经济增长率 | 所有城市任职期间（市长、市委书记）的城市经济增长率均值 |
| | 政治生涯相对平均增长率 | 所有城市任职期间（市长、市委书记）的相对增长率均值 |
| | 任期 | 干部职位变动时的实际任期年数 |
| | 年龄 | 干部年龄特征，以中位值为分界点，大于中位值取1，小于中位值取0 |
| | 是否大学以上学历 | 干部的教育程度，干部拥有大学以上学历取1，大学以下学历取0 |
| | 东部 | 将干部按所属东部、中部、西部划分，东部赋值为1，其他区域赋值为0 |
| | 西部 | 将干部按所属东部、中部、西部划分，西部赋值为1，其他区域赋值为0 |

在变量方面，我们考虑的主要变量为干部任期内平均增长率，以及任期内相对平均增长率。

省内相对平均增长率的引入，主要是考虑一个地区经济的发展除了与当地干部的努力有关，还受到当地资源禀赋、所处区域的制约。周黎安（2007）、徐现祥等（2011）在基于省级干部数据进行研究时便阐述了控制省区效应与年份效应的重要性。相对前任干部任期内平均经济增

19

长率是指相对前一任干部在任期内经济表现的"增长"。按照经验,上一任干部的任期内表现往往是下一任干部的榜样或者"标杆",若上一任干部任内当地经济发展迅猛,则上级以及当地居民对当任干部会有更高的预期,所以当任干部必须在前任的基础上拥有更加突出的经济表现,才可能获得更高的政绩评分。

此外,地区生产总值增长率既取决于干部的个人能力及努力,也取决于地方经济特征以及两者的结合(姚洋等,2013)。同时,干部个人的努力对经济增长的作用以及经济数据公布存在一定的时滞性,上级在利用经济增长率对干部进行考核时,会考虑其有限任期内的经济表现是否可以准确反映其能力的问题。基于这个原因,我们参照姚洋等(2013)的做法,加入了对干部政治生涯整体经济表现的考核。我们测算了样本中市委书记在所有城市任市长或市委书记期间的城市经济表现,即市委书记的政治生涯经济绩效,并将政治生涯经济绩效分为政治生涯平均经济增长率以及政治生涯平均相对经济增速(所在城市地区生产总值增速－所在省区地区生产总值增速)。当然,限于数据和分析技术,我们的方法没有像姚洋等(2013)那样完美地控制住个人效应,但在本章分析框架中,对个人效应部分的控制已经足够说明问题。

而控制变量方面,我们参照陶然等(2010)的做法,将任期、年龄、是否大学以上学历作为控制变量。其中,任期、年龄、学历等无须多言。此外,为了研究区域差别的影响,我们加入了"所属区域"两个控制变量。林挺进(2006)在对地级市市长职位升迁的经济逻辑分析一文中,则指出了地级市市长的党龄、任职地区的经济情况与升迁呈正相关。由此,我们有必要引入相关政治、区域变量研究其对干部晋升的影响。

## 四、实证结果与分析

### (一) 描述性统计

我国的城市经历了复杂的改革历程,有些城市是从区改制为市,所以给我们的资料收集造成一定的影响,导致部分城市某些统计年间无法找到对应的数据。我们选取每个干部任期末年的数据,形成混合截面数据进行分析。

在我们选取的1999～2009年度间的市委书记"换届效应"数据中,有824例发生了变动,其中,71%的干部均有不同程度的升迁,29%的干部为降职或者平调。在升迁的案例中,85%的干部升迁至省委省政府,属于我们对升迁的第一层面的刻画。在删除了2001年、2006年的地方各级党代会引起的"换届效应"数据后,升迁的比例有所下降,但升迁的干部中仍有84%升迁至省委省政府。从各年度的情况来看,第一层面的升迁占绝大多数,第三层面城市间的升迁次之,而第二层面升迁至国家、省单位的情形最少。见表1-3。

表1-3 市委书记变动频数

| 年份 | 总观测数 | 第一层面 | 第二层面 | 第三层面 | 降职或平调 |
|---|---|---|---|---|---|
| 1999～2009 | 824 | 497 (60.32%) | 13 (1.58%) | 76 (9.22%) | 238 (28.88%) |
| 删除2001、2006 | 708 | 405 (57.20%) | 12 (1.69%) | 69 (9.75%) | 222 (31.36%) |

从表1-4的描述来看,市委书记的任期只有3.7年,均没做满5年,说明地方干部的变动相当频繁。市委书记的平均年龄仅为52.4岁,小于中央规定的55岁法定退休年龄。教育背景方面,市委书记的学历均值较高,这一方面与委任时的考核机制有关,另一方面也与干部在职时接受的培训相关。

表1-4 城市主要变量描述性统计(1999～2009年)

| 变量 | 观测数 | 均值 | 标准差 | 最小值 | 最大值 |
|---|---|---|---|---|---|
| 年经济增长率 | 824 | 0.1586 | 0.0806 | -0.14 | 0.41 |
| 任期内平均经济增长率 | 824 | 0.1593 | 0.0795 | -0.14 | 0.41 |
| 任期内相对平均增长率 | 824 | 0.0137 | 0.0838 | -0.16 | 0.31 |
| 上一任期平均经济增长率 | 824 | 0.1379 | 0.0850 | -0.14 | 0.41 |
| 相对前任干部任期内平均增长率 | 824 | -0.1012 | 0.1068 | -0.38 | 0.14 |
| 政治生涯平均经济增长率 | 824 | 0.1128 | 0.0524 | -0.10 | 0.27 |
| 政治生涯相对平均增长率 | 824 | -0.0314 | 0.0505 | -0.19 | 0.14 |

续表1-4

| 变量 | 观测数 | 均值 | 标准差 | 最小值 | 最大值 |
| --- | --- | --- | --- | --- | --- |
| 任期 | 824 | 3.7106 | 1.5900 | 1 | 10 |
| 年龄（岁） | 824 | 52.4055 | 4.0020 | 39 | 67 |
| 大学及以上学历（是=1，否=0） | 824 | 0.8714 | 0.3350 | 0 | 1 |
| 东部 | 824 | 0.4263 | 0.4948 | 0 | 1 |
| 西部 | 824 | 0.1803 | 0.3846 | 0 | 1 |

### （二）经济绩效与干部晋升关系初探

#### 1. 经济增长速度与市委书记晋升

根据我们的研究思路，我们将首先研究干部经济绩效与晋升间的关系，如模型（1）所示：

$$y_i^* = \beta_0 + \beta_1 growth_i + \beta_2 Lgrowth_i + \sum Control + Year_i + Province_i + \varepsilon_i \quad (1)$$

其中，$growth$ 表示经济绩效，经济绩效分别变更当年经济增长率、任期内平均经济增长率、任期内相对平均增长率表示。$Lgrowth$ 表示前任干部任期内平均经济增长率。$Control$ 表示控制变量，包括任期、年龄、学历、是否党校毕业、区域，模型控制了年份效应与省份效应。见表1-5。

表1-5 经济增长速度与市委书记晋升回归结果

| 变量 | 当任任期内 | | | 政治生涯内 | |
| --- | --- | --- | --- | --- | --- |
| | (1) | (2) | (3) | (4) | (5) |
| 平均经济增长率（$A$） | 0.365 | | | -0.308 | |
| | (0.305) | | | (0.322) | |
| 相对平均增长率 | | 2.167*** | | | 0.615** |
| | | (0.278) | | | (0.313) |
| $A-B$ | | | 0.782*** | | |
| | | | (0.179) | | |
| 上一任任期内平均经济增速（$B$） | -0.959*** | -0.901*** | | -0.967*** | -0.968*** |
| | (0.240) | (0.241) | | (0.241) | (0.244) |

# 第一章 经济增长与干部晋升：政权权威性视角的解读

续表1-5

| 变量 | 当任任期内 | | | 政治生涯内 | |
|---|---|---|---|---|---|
| | （1） | （2） | （3） | （4） | （5） |
| 任期 | -0.0265** | -0.0269** | -0.0257** | -0.0732** | -0.0759*** |
| | (0.0108) | (0.0108) | (0.0108) | -0.0274** | -0.0284*** |
| 年龄 | 0.0626 | 0.0641* | 0.0671* | (0.0109) | (0.0109) |
| | (0.0387) | (0.0383) | (0.0386) | 0.0570 | 0.0568 |
| 学历 | -0.0645 | -0.0671 | -0.0660 | (0.0388) | (0.0387) |
| | (0.0716) | (0.0717) | (0.0705) | -0.0566 | -0.0660 |
| 东部 | -0.451** | -0.399** | -0.442** | -0.436** | -0.460** |
| | (0.176) | (0.178) | (0.180) | (0.182) | (0.179) |
| 西部 | -0.668*** | -0.660*** | -0.655*** | -0.661*** | -0.679*** |
| | (0.122) | (0.135) | (0.130) | (0.128) | (0.120) |
| Year | Y | Y | Y | Y | Y |
| Province | Y | Y | Y | Y | Y |
| Log pseudolikelihood | -449.43 | -423.74 | -450.70 | -448.22 | -446.90 |
| N | 824 | 824 | 824 | 824 | 824 |

说明：①表中报告的是利用Probit模型回归的结果，括号表示回归得出的稳健标准差。②***、**、*分别表示通过显著水平为1%、5%、10%的检验。

表1-5报告了对市委书记进行Probit回归的实证结果。结果显示，省内相对平均增长率在1%的统计水平上显著为正，这与周黎安（2007）得出的相对经济绩效与晋升存在正相关关系的结果一致。这种相对位次既以省内其他城市市委书记为参照物，也参照前任干部的政绩表现，我们简称为"标杆"。我们在第（3）列进一步验证了相对前任平均增长率（$A-B$）的结果。上任干部在当任干部的绩效评分中起着"标杆"作用，作为下一任干部的经济发展的基础及当地居民对下一任干部任期内表现的预期，当任干部相对于前任干部的经济增长率越高，则晋升概率越大。因而，上一级政府在对干部进行评分时，一方面强调控制禀赋差异的经济增长率基础上的省内相对位次，另一方面着重以前任干部的经济表现作为"标杆"，以此作为衡量当任干部是否对当地经济做出显著贡献的依据，形成绩效评分。

第（4）、第（5）列报告了干部政治生涯的回归结果，干部在政治生涯内的平均经济增长率与其晋升并未显示出显著的相关关系，而其在政治生涯内的相对经济增速、相对位次则与其晋升在5%的统计水平上呈显著正相关，这进一步强调了市委书记的相对绩效而非绝对绩效的重要性。上级可能会综合干部政治生涯的所有表现来对干部进行评价，任期内的整体相对绩效较高的干部将被视为具备较稳定和突出的经济管理能力而获得更高的提拔概率。综合第（1）～（5）列的结果，我们发现市委书记的相对绩效更为关键，且其任期内而非政治生涯内的经济表现与其晋升的相关性更强。

而在其他变量方面，干部的任期与晋升呈现了较强的负相关关系。在干部交流、变动频繁的政治体制下，任满任期反而是仕途不利的信号，提前中止任期的干部往往获得晋升的概率更高。

2. 经济增长业绩对晋升考核的重要性到底有多大

前文验证了经济增长业绩与市干部晋升存在较强的正相关关系。但现在文献中最主要的质疑是，经济增长业绩是否为晋升考核中最为重要的要素？是否存在其他相对重要，或者更为重要的与干部的晋升密切相关的指标？

我们将市委书记按照晋升来源分为两组：第一组是在样本统计年限内，两次党代会召开前夕（2001年和2006年）的地方干部换届年度中任职的市委书记，包括从市长晋升或者从市委书记平调或晋升；第二组是非晋升年度中任职的市委书记，即除去第一组之后的其他市委书记。通过对两组样本从1999～2009年连续观测并进行单因素生存分析，结果见图1-2。

横轴表示市委书记晋升的速率（1/晋升时在任年数），纵轴表示干部的晋升概率。结果显示，从换届年度中被选拔而来的市委书记未来晋升的概率更高，且从就职到获得晋升所需的时间更少。由于各级党代会前夕的地方干部环境具有较强的党政性质，被提拔对象可以被粗略视为个人能力、党政背景、政治忠诚度、政治关系网络更符合新一届领导班子偏好的干部。这从侧面说明，经济增长并非上级对下级考核的唯一因素，干部的背景、关系等也可能影响其仕途发展。

基于上述原因，我们认为经济增长并非晋升考核的唯一因素。因此，本章在验证经济增长与晋升关系的基础上，分别在模型（1）、模

第一章 经济增长与干部晋升：政权权威性视角的解读

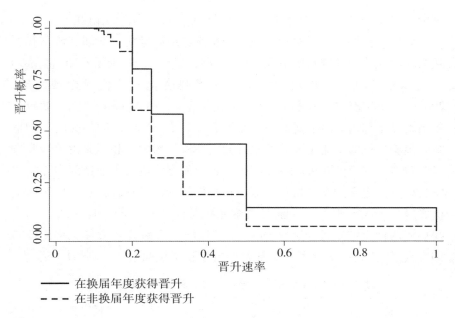

图1-2 换届年度与非换届年度任职干部单因素分析

型（2）中加入了对干部个人背景、干部交流经历的考核。

参照传统做法，我们将干部背景分为"干""学""产"三个方面。"干"指的是由基层任职的普通干部。"学"代表有高校背景的干部，笔者将具有高校任职、教授背景的干部认定为"专业型"干部。"专业型"干部最突出的特征为理论基础扎实、学习能力强，前者有助于其准备把握经济及政治发展形势，后者则强化了其适应政界管理与竞争的能力。"产"代表有企业出身的干部，从企业特别是大中型国有企业中遴选各级政府部门的领导干部在我国由来已久（张尔升，2010），而我国《党政领导干部交流工作规定》也明确规定将选调国有企业事业单位领导人才到党政机关任职。我们倾向于把从企业中提拔而来的干部统一称为"管理型"干部。他们通常具备较高的管理技能以及发展经济的业务能力。在我们的统计样本中，具有高校背景的"专业型"市委书记有106人次，占总人数的12.86%；具有国企高管背景的"管理型"市委书记有107人次，占总人数的12.99%。具有高校背景的市委书记的晋升概率为79.2%，具有高管背景的市委书记晋升概率为73.83%，而普通干部的晋升概率仅为69.24%。我们对"高校背景""高管背景"

25

分别用 Dummy 变量的形式表示，"是"赋值 1，"否"赋值 0。

另外，我们加入了对干部城市间交流经历的考察。干部交流是我国从封建时代就长期推行的一项政府干部管理制度，特别是自 20 世纪 90 年代以来，国家更是加大了干部交流制度化的步伐（徐现祥等，2007）。干部交流的范围和形式主要包括干部在地区间的交流、党政机关与地方干部的交流、党政机关与国有企业事业单位之间的交流三种形式。市委书记的交流主要涉及地区间的交流、与中央和国家机关以及省级党政机关的交流两种。本章将第一种交流方式定义为地区间交流，将第二种方式定义为党政机关交流。在我们统计的样本内，具有地区间交流经历的干部占 4.37%，而具有党政机关交流经历的干部占 45.19%。我们将两种交流方式分别以 Dummy 变量的形式呈现，将具有交流经验的市委书记赋值 1，不具有交流经验的市委书记赋值 0。见表 1-6。

表 1-6 干部背景、交流经历与市委书记晋升回归结果

| 变量 | (1) | (2) | (3) | (4) | (5) | (6) |
| --- | --- | --- | --- | --- | --- | --- |
| 任期内相对平均增长率（$A$） | 2.137*** | 2.249*** | 2.191*** | 2.241*** | 2.167*** | 2.356*** |
|  | (0.274) | (0.307) | (0.299) | (0.278) | (0.276) | (0.351) |
| 上一任任期内平均经济增速 | -0.925*** | -0.929*** | -0.929*** | -0.920*** | -0.917*** | -0.926*** |
|  | (0.232) | (0.232) | (0.231) | (0.234) | (0.233) | (0.236) |
| 高校背景（$B$） | 0.110** | 0.121** | 0.110** | 0.106** | 0.106** | 0.107** |
|  | (0.0492) | (0.0478) | (0.0493) | (0.0493) | (0.0494) | (0.0495) |
| 高管背景（$C$） | 0.115** | 0.115** | 0.120** | 0.119** | 0.119** | 0.120** |
|  | (0.0496) | (0.0499) | (0.0502) | (0.0492) | (0.0492) | (0.0493) |
| $A*B$ |  | -0.667 |  |  |  |  |
|  |  | (0.700) |  |  |  |  |
| $A*C$ |  |  | -0.381 |  |  |  |
|  |  |  | (0.777) |  |  |  |
| 地区间交流（$D$） |  |  |  | 0.188*** | 0.203*** | 0.188*** |
|  |  |  |  | (0.0585) | (0.0593) | (0.0591) |
| 党政机关交流（$E$） |  |  |  | 0.0710* | 0.0739** | 0.0748* |
|  |  |  |  | (0.0377) | (0.0375) | (0.0389) |

续表1-6

| 变量 | (1) | (2) | (3) | (4) | (5) | (6) |
|---|---|---|---|---|---|---|
| A*D | | | | | 2.070 | |
| | | | | | (1.804) | |
| A*E | | | | | | -0.305 |
| | | | | | | (0.607) |
| 任期 | 0.0528 | -0.0270** | -0.0267** | 0.0591 | -0.0263** | -0.0260** |
| | (0.0373) | (0.0109) | (0.0109) | (0.0373) | (0.0108) | (0.0108) |
| 年龄 | -0.0267** | 0.0704* | 0.0695* | -0.0261** | 0.0635* | 0.0638* |
| | (0.0109) | (0.0383) | (0.0383) | (0.0108) | (0.0384) | (0.0385) |
| 学历 | 0.0702* | -0.0759 | -0.0773 | 0.0637* | -0.0824 | -0.0822 |
| | (0.0383) | (0.0695) | (0.0693) | (0.0384) | (0.0691) | (0.0695) |
| 东部 | -0.0781 | -0.411** | -0.412** | -0.0810 | -0.390** | -0.393** |
| | (0.0691) | (0.187) | (0.187) | (0.0692) | (0.191) | (0.190) |
| 西部 | -0.414** | -0.674*** | -0.674*** | -0.391** | -0.674*** | -0.661*** |
| | (0.187) | (0.134) | (0.134) | (0.191) | (0.137) | (0.143) |
| Year | Y | Y | Y | Y | Y | Y |
| Province | Y | Y | Y | Y | Y | Y |
| Log pseudolikelihood | -419.75 | -419.47 | -419.67 | -415.52 | -414.87 | -415.43 |
| N | 824 | 824 | 824 | 824 | 824 | 824 |

说明：①表中报告的是利用Probit回归的结果，括号表示回归得出的稳健标准差。②***、**、*分别表示通过显著水平为1％、5％、10％的检验。

第（1）列报告了在经济增速基础上添加干部背景Dummy变量的回归结果。干部任期内的相对平均增长率仍在1％的统计水平上显著为正，而前任干部的任期内经济增长率则保持1％的统计水平上的负相关关系。在干部背景方面，具有高校任职、教授背景的"专业型"干部晋升概率均高于普通干部。相对于普通干部而言，"专业型"干部最突出的特征为理论基础扎实、学习能力强。事实上，普通干部由于具备较为丰富的经验，解决诸如维稳、拆迁等具体问题的能力十分突出，但由于缺乏足够的专业知识和先进的观念，在提高经济运转效率、加速经济转型方面的作用不及"专业型"干部,因此,在经济竞争中处于下风。而从企业中提拔而来的"管理型"市委书记则由于其丰富的管理能力和经济实践经验,能够更加高效地引导当地进行资源配置,提高经济生产效率。同时,由国企提拔而来的干部在进入政界前便已储备了大量的企业关系,长期的企业工作经验使他们与企业的合作更容易取得成功,从而在经济发展中占得先机。无论是"专业型"还是"管理型"市委书记,在我国强调经济发展、提高综合素质和文化水平的干部队伍建设中都更容易受到青睐。第(2)、第(3)列分别加入了干部背景与相对平均增长率的交叉项,两者的符号均为负,但未在统计上表现出显著关系。我国的《党政领导干部交流规定》强调选调国有企业事业单位领导人才到党政机关任职,而由高校或国有企业选拔而来的干部一般为上级青睐的领导人才。这部分干部可能本身便被作为重点培养干部进行培养,这在一定程度上降低了经济绩效的作用,但其效果并不显著,经济绩效与其晋升的关系仍是十分显著的。

第(4)列在第(1)列的基础上加入了干部交流变量,无论是地区间的交流Dummy变量还是党政机关交流Dummy变量均显著为正,这说明中央对干部的布局并非随意设定。一方面,可能干部的交流的确能对干部输入地带来较强的正面经济效应(张军等,2007;徐现祥等,2007);另一方面,可能被交流的干部本身具备较强的政治关系网络或为重点培养人才,其晋升概率较高。我们在第(5)、第(6)列分别加入了干部交流与任期内平均经济增长率的交叉项,结果显示地区间交流交叉项符号为正,而党政机关交流交叉项符号为负,两者均未在统计上显示出显著性。对于被指定进行交流的干部,他们更高的晋升概率究竟是得益于其对输入地的经济贡献,还是其自身领导才能、政治关系网络对其影响更大,这一点我们无从考证。但从上述结果来看,经济绩效对干部来讲总是重要的,干部的交流符合《党政领导干部交流工作规定》中"进一步优化领导班子结构,提高领导干部素质和能力"的思想,并有利于交流干部的晋升。

这里再次强调,虽然我们发现经济业绩对干部晋升作用显著,而姚洋等(2013)的发现则相反,但因为姚洋等(2013)的结果是相对理想地控制干部个人不可观察效应之后的,而我们的结果是在没能完全控制个人效应的情况下取得的,所以这种结果的反差正符合我们理论逻辑和所提出的假说：当干部个人能力无法有效被同僚和公众识别时，需要通过突出业绩来获得提拔合法性，当个人能力可被外部有效识别时，就无须依赖太多业绩。所以，我们的研究在姚洋等（2013）的基础上，更进一步深化了文献对中国地方干部晋升机制的理解。

## 五、进一步分析：经济增长模式与干部晋升及区域间差异

### （一）经济增长模式与干部晋升

前文验证了经济增速在晋升考核中的重要作用，但经济增长本身并不出奇。以20世纪60年代以来的东亚新型工业化国家为例，通过大量投入资本与劳动可以在短时间内取得高速经济增长，但这种依靠大规模投入来驱动的经济增长是不可持续的。若片面关注经济增长则容易引发干部的短视行为，而关注经济增长与增长的效率则能够引导干部进行良性竞争，对区域的长期持续增长是有利的。那么，在上级设计晋升考核体制时，是否会有意采取某种激励方式来鼓励地方干部良性发展地方经济呢？为了探讨这个问题，本章将经济增长率进行进一步分解，把其分为全要素增长率、固定资产投资增长率以及社会消费增长率，并检验它们与干部晋升间的关系，如模型（2）所示：

$$y_i^* = \beta_0 + \beta_1 growthmode_i + \sum Control + Year_i + Province_i + \varepsilon_i \quad (2)$$

其中，$growthmode$ 表示经济增长形式，包括全要素增长率、固定资产投资增长率以及社会消费增长率。$Control$ 表示控制变量，包括任期、年龄、学历、区域，模型控制了年份效应与省份效应。

全要素增长率是指各要素投入之外的技术进步以及规模经济、能力实现等导致的产出增加，通常作为长期经济增长来源的一个组成部分。本章对各城市11年的全要素增长率核算采用索罗残差（Solow，1957）的方法，其中对资本存量的核算是以1999年固定资产存量为基期，采用永续存盘法进行计算。本章用干部任期内的平均全要素增长率作为经济增长率长期可持续增长的指标，用固定资产投资增长率作为经济增长短期行为的指标，而用社会消费增长率作为衡量居民生活质量改善的指标。

表1-7 经济增长模式与市委书记晋升回归结果

| 变量 | (1) | (2) | (3) |
|---|---|---|---|
| TFP增长率 | 0.632*** | | |
| | (0.128) | | |
| | | 0.0229 | |
| | | (0.0824) | |
| 消费增速 | | | -0.0689 |
| | | | (0.102) |
| 高校背景 | 0.128*** | 0.126*** | 0.127*** |
| | (0.0480) | (0.0484) | (0.0484) |
| 高管背景 | 0.105** | 0.108** | 0.111** |
| | (0.0513) | (0.0508) | (0.0510) |
| 地区间交流 | 0.181*** | 0.155** | 0.154** |
| | (0.0701) | (0.0730) | (0.0730) |
| 党政机关交流 | 0.0618* | 0.0743* | 0.0738* |
| | (0.0346) | (0.0380) | (0.0380) |
| 任期 | -0.0247** | -0.0260** | -0.0261** |
| | (0.0110) | (0.0108) | (0.0109) |
| 年龄 | 0.0584 | 0.0703* | 0.0689* |
| | (0.0393) | (0.0388) | (0.0387) |
| 学历 | -0.0790 | -0.0867 | -0.0854 |
| | (0.0685) | (0.0667) | (0.0667) |
| 东部 | -0.492*** | -0.478*** | -0.478*** |
| | (0.173) | (0.180) | (0.180) |
| 西部 | -0.687*** | -0.661*** | -0.660*** |
| | (0.118) | (0.131) | (0.131) |
| Year | Y | Y | Y |
| Province | Y | Y | Y |
| Log pseudolikelihood | -439.55 | -453.82 | -453.61 |
| N | 824 | 824 | 824 |

说明：①表中报告的是利用Probit回归的结果，括号表示回归得出的稳健标准差。②***、**、*分别表示通过显著水平为1%、5%、10%的检验。

第一章 经济增长与干部晋升：政权权威性视角的解读

表1-7报告了分解经济增长率与市委书记晋升的关系。从结果来看，市委书记任期内的平均全要素增长率与未来的晋升在1%统计水平上显著为正，而固定资产投资增速和社会消费增速则未对市委书记的晋升产生显著影响。这个结果具有重要意义，表明上级部门并非只看重地区生产总值增长率，有效的、可持续性的经济增长模式更利于地方干部未来的晋升。任期内全要素生产率（total factor productivity，TFP）增长率较高的干部，其任期内辖区经济增长率一般较高，且经济发展的过程更有利于提高其在公众中的信服度和支持率，巩固其政权的信服度和合法性。

### （二）区域间差异

干部在地区间、党政机关间的交流是有助于其仕途发展的，具有地区间或与党政机关交流经历的市委书记晋升概率更高。但无论是加入干部背景Dummy变量，还是加入交叉项，相对经济绩效与晋升的相关关系、相关程度均未受到显著的影响。为了进一步考核干部的背景、交流经验是否能够显著弱化经济绩效在其晋升中的作用，我们将中国按照资源禀赋高低分组、东中西部分组分别进行回归。如果上述作用存在，那么经济绩效与晋升的关系至少应该在不同区间会存在异质性。

1. 按资源型与非资源型分组

自然资源是地区财富的重要组成部分，对经济高速增长有极其重要的作用。在我国，区域间的资源禀赋差异对当地经济增长形势产生了深远的影响。如大庆、金昌、攀枝花、克拉玛依等资源富裕的城市是凭借资源开采而发展形成的，而温州、东莞等资源相对匮乏的城市则依靠技术进步、外资引进、鼓励民营企业发展而加速城市发展进程。自然资源丰富型国家或地区的资源优势往往降低了经济增长、技术创新的动力，并阻碍了政府的制度创新［参见邵帅等（2010）的文献综述］，影响了干部对资源分配、经济发展的关注。因此，为了深化我们对"晋升锦标赛"机制的理解，有必要将资源型城市与非资源型城市进行区分，研究不同资源禀赋城市的晋升考核机制的差异。

由于数据的限制，我们无法对所有地市级城市的资源禀赋进行测算。本章利用各城市的采矿从业人员占城市从业人员的比重来近似替代城市资源禀赋，并对分组结果进行判断，分组结果基本符合我国的资源分布情况。本章将采矿从业人员占比大于中位值的城市归为资源充裕型城市,将低于中位值的城市归为非资源型城市,并对"晋升锦标赛"进行分组比较分析,结果见表1-8。

表1-8 不同资源禀赋地区回归结果

| 变量 | 分组 | (1) | (2) | (3) | (4) |
| --- | --- | --- | --- | --- | --- |
| 相对增长率 | 非资源型 | 2.128*** (0.392) | | | |
| | 资源型 | 2.048*** (0.405) | | | |
| 上一任平均增长率 | 非资源型 | −0.868*** (0.322) | | | |
| | 资源型 | −1.103*** (0.311) | | | |
| TFP增长率 | 非资源型 | | 0.775*** (0.209) | | |
| | 资源型 | | 0.474*** (0.164) | | |
| 固定资产增速 | 非资源型 | | | 0.00128 (0.113) | |
| | 资源型 | | | −0.0822 (0.151) | |
| 消费增速 | 非资源型 | | | | −0.318 (0.277) |
| | 资源型 | | | | −0.0548 (0.110) |
| 高校背景 | 非资源型 | 0.156** (0.0702) | 0.217*** (0.0626) | 0.207*** (0.0648) | 0.209*** (0.0651) |
| | 资源型 | 0.0896 (0.0723) | 0.0741 (0.0748) | 0.0750 (0.0756) | 0.0759 (0.0754) |
| 高管背景 | 非资源型 | 0.0760 (0.0726) | 0.0638 (0.0772) | 0.0464 (0.0763) | 0.0541 (0.0766) |
| | 资源型 | 0.172*** (0.0651) | 0.137* (0.0743) | 0.151** (0.0723) | 0.158** (0.0727) |

续表 1-8

| 变量 | 分组 | （1） | （2） | （3） | （4） |
|---|---|---|---|---|---|
| 样本量 | 非资源型 | 420 | 420 | 420 | 420 |
|  | 资源型 | 404 | 404 | 404 | 404 |

说明：①控制变量包括任期、年龄、学历等，由于篇幅原因此处省去。②表中报告的是利用 Probit 回归的结果，括号表示回归得出的稳健标准差。③$^{***}$、$^{**}$、$^{*}$ 分别表示通过显著水平为 1%、5%、10% 的检验。

表 1-8 报告了按资源禀赋分组的结果，可以看到，无论是资源充裕型城市还是非资源型城市，上级对市委书记的考核仍注重相对绩效，并以上一任的经济绩效作为标杆。同时，具有较高 TFP 增长率的经济绩效与其晋升的关系更为显著。但非资源型与资源型间城市的市委书记的高校背景、国企高管背景对晋升结果的影响则有所不同。在非资源型地区，具有高校背景的市委书记能够获得更高的晋升概率，国企高管背景影响并不显著；而资源型地区恰好相反。在资源型地区，经济的增长相对而言更加依赖大中规模国有企业的生产，尤其是采矿、冶炼等需要巨额投入的行业，因此，大中规模国有企业的高级管理人员具备更高的经济贡献基础。加上其具有长期的生产、管理经验，因而更容易在资源型地区的经济竞争中胜出。而在非资源型地区，如浙江、广东等省份城市，经济增长更多依赖于技术进步、招商引资、产业转型等要素，这要求干部对经济管理、经济发展形势的判断具备更加专业的知识。因此，资源充裕型和非资源型地区干部背景对其晋升概率产生了不同的影响是符合我们预期的，这也显示了不同地区经济增长方式的不同。

2. 按东中西部分组

表 1-9 报告了市委书记的分组结果，在东部、中部、西部，经济绩效变量以及经济增长形式的符号、显著性与前文保持一致，相对绩效、增长效率均与市委书记晋升呈现较强的正相关关系。干部背景也与按资源禀赋的分组回归结果类似，高校背景的正向作用由东部、中部到西部逐渐弱化，而高管背景则截然相反。与前文的分析类似，不同区域由于资源禀赋、经济结构的差异，对干部的能力需求也有所不同，这一定程度上导致了结果的差异。

表1-9 东中西部分组回归结果

| 变量 | (1)东部 | (2)中部 | (3)西部 | (4)东部 | (5)中部 | (6)西部 | (7)东部 | (8)中部 | (9)西部 | (10)东部 | (11)中部 | (12)西部 |
|---|---|---|---|---|---|---|---|---|---|---|---|---|
| 相对增长率 | 1.971*** | 2.180*** | 3.515*** | | | | | | | | | |
| | (0.339) | (0.518) | (0.948) | | | | | | | | | |
| 上一任平均增长率 | -0.789** | -1.017*** | -1.328** | | | | | | | | | |
| | (0.361) | (0.334) | (0.622) | | | | | | | | | |
| TFP增长率 | | | | 0.865*** | 0.464** | 0.815*** | | | | | | |
| | | | | (0.254) | (0.181) | (0.299) | | | | | | |
| 国家资产增速 | | | | | | | 0.162 | -0.129 | -0.777*** | | | |
| | | | | | | | (0.178) | (0.172) | (0.282) | | | |
| 消费增速 | | | | | | | | | | 0.0332 | -0.424 | -0.541* |
| | | | | | | | | | | (0.0916) | (0.322) | (0.293) |
| 高校背景 | 0.221*** | 0.0104 | -0.0130 | 0.240*** | 0.0222 | 0.0860 | 0.228*** | 0.0300 | 0.0554 | 0.234*** | 0.0348 | 0.0678 |
| | (0.0639) | (0.0837) | (0.172) | (0.0669) | (0.0814) | (0.133) | (0.0677) | (0.0813) | (0.143) | (0.0675) | (0.0814) | (0.146) |
| 高管背景 | 0.0770 | 0.0863 | 0.0655 | 0.0538 | 0.170* | 0.0494 | 0.0725 | 0.128 | 0.0474 | 0.0637 | 0.173 | |
| | (0.0779) | (0.0960) | (0.0834) | (0.0998) | (0.101) | (0.0849) | (0.0955) | (0.114) | (0.0862) | (0.0967) | (0.106) | |
| Year | Y | Y | Y | Y | Y | Y | Y | Y | Y | Y | Y | Y |
| Province | Y | Y | Y | Y | Y | Y | Y | Y | Y | Y | Y | Y |
| Log likelihood | -178.57 | -160.67 | -69.47 | -180.17 | -162.09 | -73.34 | -187.83 | -165.28 | -74.06 | -188.74 | -64.33 | -77.20 |
| N | 366 | 356 | 172 | 366 | 356 | 172 | 366 | 356 | 172 | 366 | 356 | 172 |

说明：①控制变量包括任期、年龄、学历等，由于篇幅原因此处省去。②表中报告的是利用Probit回归得出的稳健标准差。③***、**、*分别表示通过显著水平为1%、5%、10%的检验。回归结果，括号表示回归得

第一章 经济增长与干部晋升：政权权威性视角的解读

无论是通过资源禀赋高低进行分组，还是按照东中西部区域进行分组，各组别市委书记任期内的相对平均经济增速、TFP 增长率与晋升均存在显著的正相关关系，不同区域间经济绩效与干部晋升的关系并无显著变化。根据分组结果，干部的背景、交流经历不会降低经济绩效与晋升间的关系。即使我们无法绝对否定干部背景、交流与经济增长的内生性问题，但仍能够证实经济绩效对市委书记晋升的重要性，至少在统计上是十分重要的。

3. 不同晋升概念

在第一个层面的升迁定义的基础上，我们将第二层面与第三层面的升迁定义作为实证结果的敏感性分析。表 1-10 分别报告了加上第二层面（Y2）、第三层面（Y3）衡量方法后市委书记的晋升与各经济要素间的关系。整体上各方面的显著性与总体样本回归结果无异。市委书记任期内的直接经济指标与其晋升概率在统计上并不显著，而其相对于省内其他城市的经济绩效依旧在 1% 统计水平上显著为正。同时，前任干部的标杆作用仍然十分显著。这进一步强化了任期内相对经济绩效与市委书记晋升间存在正相关关系的结论。

表 1-10 不同晋升刻画形式回归结果

| 变量 | (1) Y2 | (2) Y3 | (3) Y2 | (4) Y3 |
| --- | --- | --- | --- | --- |
| 任期内平均经济增速 | 0.338 (0.305) | -0.102 (0.268) | | |
| 任期内相对平均增长率 | | | 2.015*** (0.289) | 1.018*** (0.232) |
| 上一任任期内平均经济增速 | -0.962*** (0.232) | -0.615*** (0.177) | -0.903*** (0.232) | -0.569*** (0.173) |
| 高校背景 | 0.1030** (0.0491) | 0.0890** (0.0407) | 0.0906* (0.0485) | 0.0830** (0.0395) |
| 高管背景 | 0.0969* (0.0503) | 0.0638 (0.0431) | 0.0912* (0.0495) | 0.0596 (0.0422) |

35

续表 1-10

| 变量 | (1)<br>Y2 | (2)<br>Y3 | (3)<br>Y2 | (4)<br>Y3 |
| --- | --- | --- | --- | --- |
| 地区间交流 | 0.141** | 0.103* | 0.167*** | 0.112** |
|  | (0.0718) | (0.0582) | (0.0597) | (0.0515) |
| 党政机关交流 | 0.0720* | 0.0505 | 0.0763** | 0.0471 |
|  | (0.0376) | (0.0329) | (0.0367) | (0.0321) |
| Year | Y | Y | Y | Y |
| Province | Y | Y | Y | Y |
| Log pseudolikelihood | -429.54 | -376.66 | -413.47 | -373.03 |
| N | 824 | 824 | 824 | 824 |

说明：①除了表中报告的变量，其他变量包括任期、年龄、学历等，由于篇幅原因没有列出；②表中报告的是利用 Probit 回归的结果，括号表示回归得出的稳健标准差。③***、**、* 分别表示通过显著水平为 1%、5%、10% 的检验。

## 六、本章结论与讨论

本章从政权合法性与政权权威的视角尝试对经济绩效与干部晋升的关系重新进行理论阐释。我们重点提出，通过利用更为出色的地区生产总值增长率作为政治精英的"标签"——"以 GDP 排名论英雄"，能有效降低上级提拔干部时对公众、其他干部带来的信息不对称问题，从而维持统治者的政权合法性与政权权威。在此基础上，我们利用更加接近经济基层、承担更多经济发展责任、处于权力金字塔较底端，同时年龄更轻的地市级干部数据对干部"晋升锦标赛"假说进行测试。

通过对 1999～2009 年 335 个城市干部的混合截面数据进行实证检验，本章验证了市委书记在任期内的相对经济增长率，而非绝对经济增长指标与晋升存在较强的正相关关系，省内其他城市和前任干部的经济绩效作为当任干部的"标杆"而对当任干部的经济表现、晋升机会造成影响。此外，我们还考核了干部政治生涯内整体经济绩效与晋升的关系，结论依旧支撑相对经济绩效而非绝对经济指标与市委书记的晋升间存在正相关关系，且市委书记当任期间的经济表现更为重要。我们还同时检验了经济要素之外可能影响晋升的因素。研究表明，干部的背景也会对其晋升带来影响，具有高校背景、高管背景和交流经历的市委书记晋升概率更高。这可能与此类干部本身的能力以及中央对人才储备、加强国有企事业单位领导人才与党政机关的交流有关。但我们在分组别研究中还发现，在非资源型地区，具有高校背景的市委书记能够获得更高的晋升概率，国企高管背景影响则并不显著；而在资源充裕型地区，国企高官背景的市委书记则晋升概率更高，而高校背景并不显著。同时，我们还发现，高校背景对干部的正面作用由东部、中部到西部逐渐弱化，而高干背景则截然相反。

本章的另一个重要发现是，经济增长的模式与城市主政干部晋升概率也存在很强的关系。我们发现，如果干部带来的经济增长业绩与生产效率（通过 TFP 衡量）提高相伴，则十分有利于晋升。但如果仅仅是投资拉动型增长，则对晋升帮助不大。这说明中央政府在考察干部业绩时十分谨慎和细心，不仅看重短期，更重视长远。这个发现为此具有重要的政策含义，它表明"晋升锦标赛"可能并不像一些学者所担心的那样带来经济发展的扭曲，其一些可能的负面效应已经被中央政府小心地抑制。当然，这个主题超越了本章主旨，我们还需要更多的实证研究来确认"晋升锦标赛"机制确实更多地发挥了积极作用，而负面作用不是很显著。

总结起来，本章的实证发现在城市层面为"晋升锦标赛"假说提供了正面证据，验证了市委书记任期内的相对经济绩效与其晋升间确实存在较强的正相关关系，并发现干部的背景、交流经历、历史业绩、经济增长模式与其晋升间也存在较强的统计关联，而在不同地区还有不同的作用。但我们的研究仍存在如下几个局限：①本章仅从 1999～2009 年的地市级数据中确认经济绩效与干部晋升间的关联，而对证明"干部晋升锦标赛理论"所认为的激励机制有效性假说仍缺乏足够的证据。正如陶然等（2010）所说，与"干部晋升锦标赛理论"挂钩的"地方党政领导班子的综合目标责任制考核"在 20 世纪 90 年代中后期才开始在市、县范围内推行，改革开放至 90 年代前期是否也存在将政治提拔与经济增长挂钩的考核体制，因受到数据的制约，我们仍无从考证。②研究结果虽然发现经济绩效高的干部具备较高的晋升概率，但我们仍无法完全排除上级基于政治关系网络、战略布局等考虑而刻意进行的人事安排带来的内生影响,因此不能武断地做出上级主要是依靠经济绩效来决定是否提拔干部的推论。本章的结果仅强化了经济绩效作为上级提拔干部的必要条件这一结论。③在新时期中央主要领导人多次表态"不以地区生产总值排名论英雄"的背景下,本章的主要结论能否成立,限于数据的周期性,还没有得到有效验证。

虽然如此,本章的研究结论仍具有重要的意义。我们倾向于认为,在当前政治体制没有发生重大变化的情况下,良好或起码合格的经济业绩作为提拔干部的必要条件,仍将在我国持续较长时期。这个机制能够激励地方干部通过发展当地经济,帮助整个统治系统获得政权权威与政权合法性,减缓政治权力非有效监督、腐败等问题所可能带来的负面影响。本章这些结果深化了现有文献对中国地方干部晋升机制的理解,也为未来进行更深入的研究提供了方向。

# 第二章 干部交流与经济增长：
## 从资源禀赋的角度

## 一、引言

近年来，我国干部的交叉调整力度很大。党的十九大前后，各省份党政"一把手"已基本调整到位。这是一次地方干部的集中大调整，近百位省部级高级干部履新。干部的交流和调整历来很受人们关注，如同一个公司中领导人对公司的发展起着至关重要的作用一样，在地方经济发展中，地方干部也扮演着同样重要的角色，比如在推动经济体制改革、招商引资、发展民营经济、加强地方基础设施、区域经济合作等方面。正如周黎安等（2005）所指出的那样，"在中国经济以奇迹般速度增长的过程中，地方干部对当地经济发展所体现出的兴趣和热情在世界范围内可能也是不多见的"。这跟中国政府干部激励问题的独特方式，也就是"晋升锦标赛"有关。"晋升锦标赛"将关心仕途的地方政府干部置于强力的激励之下（周黎安，2007）[1]，"为增长而竞争"因此也就成为地方干部的必然选择（张军，2005）。

在中国目前的行政体制下，地方干部对地方经济发展具有巨大的影响力和控制力，一些最重要的资源，如行政审批、土地征用、贷款担保、各项政策优惠等均掌握在地方政府手中。实际上，已经有不少文献关注到了地方干部与经济增长的关系。Jones等（2005）考察了国家领导人变更前后的经济增长表现，发现国家领导人变更能够显著地影响经济体的政策选择及其经济增长绩效，而且国家领导人效应在缺乏权力约

---

[1] 我国政治体制的特点是地方政府主要不是对下负责，而是对上负责，在政治集权和政绩考核机制下，地方政府每年不仅要保证地区生产总值的高增长（否则在政绩考核中被一票否决），还要根据地区生产总值等指标排名，地方政府干部为了政绩有竞争地区生产总值增长率的激励，从而形成了一种基于上级政府评价的"自上而下的标尺竞争"（张晏等，2005）。

束的经济体中会更大。徐现祥等（2007）从地方干部交流的角度考察了地方干部对辖区经济发展的影响，发现省长交流能够使流入地的经济增长速度显著提高1个百分点左右，而且这种省长交流效应是通过在流入地采取大力发展第二产业、重视第一产业、忽视第三产业发展取向实现的。张军等（2007）发现干部任期内的经济增长轨迹呈现倒"U"形变动，干部交流对经济增长有积极的影响。王贤彬等（2009）发现：省长、省委书记更替对辖区经济增长有显著的负面影响；这种影响的程度因地方干部更替频率、更替的地方干部的年龄等因素的不同而不同；地方干部更替主要是影响辖区的短期经济增长波动，并非长期经济增长趋势。

我们注意到，近年来，地方干部平行交换与中央干部下到地方任职这两种干部交流和调整模式相当普遍。在2009年人事调整中，就有两名从中央"空降"地方，3名是地方轮换的。在2006年省级"一把手"调整中，中央与地方干部交流的趋势进一步加大①。2015年1月至今，中央至少17人"空降"地方，至少涉及12个省份。中共十七届四中全会通过了《中共中央关于加强和改进新形势下党的建设若干重大问题的决定》，确立了一个很重要的规范，即要求从多个层面加大干部交流的力度，完善干部交流制度。那么，这些中央与地方之间、地方与地方之间的干部交流对当地经济增长的作用有何不同？他们是否遵循相同的政治"晋升锦标赛"模式？还有，我国经济发展存在着显著的区域不平衡，当干部被交换到不同的省市，该区域的资源禀赋条件如何影响他们的经济发展表现呢？对以上问题的回答将在一定程度上有助于我们理解为什么不同类型的干部交流到地方后对经济发展的作用会不一样，也有助于理解为什么同类干部交流到不同的地方对经济发展的作用会不一样。比如，张军等（2007）发现，干部的异地交流对经济增长的积极影响在东部要大于中西部。徐现祥等（2007）也发现，在沿海和内地之间的省长交流效应显著为正，而沿海和内地各自内部的省长交流效应

---

① 2006年，共青团中央书记处第一书记周强当选为湖南省代省长；10月，时任国务院研究室副主任、党组副书记韩长赋"空降"吉林，任代省长；12月，农业部（现为农业农村部）部长杜青林调任中共四川省委书记。国务院副秘书长汪洋于2005年12月转任中共重庆市委书记，后又调任中共广东省委书记。

并不十分显著。他们认为，正如"个人的作用归根到底是以一定的社会条件为转移的"一样，省长交流效应也可能因条件而异。但"一定的社会条件"具体是什么，他们并没有给出明确的解释。本章利用空间计量模型，构造了1978～2006年的干部交流与地区经济增长的面板数据，对干部自身禀赋效应和辖区资源禀赋效应进行了区分，从而在一定程度上回答了上述问题。

本章余下结构安排如下：第二部分是理论阐述及假设的提出，第三部分介绍实证设计，第四部分是实证结果及分析，第五部分是结论及相关讨论。

## 二、理论阐述及假设提出

越来越多的人意识到，中国经济长期高速增长的一个很重要的原因是政府体制的特殊性。Laporta 等（1999）在比较了转型后的俄罗斯和波兰的经济表现之后，意识到政府体制的转型在经济转型中处于中心地位。Qian 等（1997）以及 Qian 等（1998）从政府体制角度解释中国经济增长奇迹，提出了著名的"中国特色的联邦主义"理论。该理论认为，中国地方政府的强激励有两个基本原因：第一，行政分权，中央政府从20世纪80年代初开始就把很多经济管理的权力下放到地方，使地方政府拥有相对自主的经济决策权；第二，以财政包干为内容的财政分权改革，中央把很多财权下放到地方，而且实施财政包干合同，使得地方可以与中央分享财政收入。财政收入越高，地方的留存就越多，其中，预算外收入属于100%留存。正是这两方面的激励使得中国地方政府保持高度的热情去维护市场，推动地方经济增长。

而另一种解释则强调中国政府干部激励与治理的有效性，并力图回答在中国政府干部致力于经济增长的激励来自何处。Li（1998）把干部治理的效率和质量视为影响经济发展的一个更重要的因素。20世纪80年代初，我国地方干部升迁标准由过去的以政治表现为主转变为以经济绩效为主。在这种政绩的激励下，中国地方干部之间围绕地区生产总值增长而进行的"晋升锦标赛"是理解政府激励与增长的关键线索。"晋升锦标赛"作为一种地方干部的治理机制，提供了中国特色的产权保护和其他有助于企业发展的政府服务，它主要不是通过司法的彻底改革实现的，而是通过改变政府干部的激励实现的（周黎安，2007）。Li 等（2005）以及周黎安等（2005）运用中国改革开放以来省级水平的数据，验证了地方干部晋升与地方经济绩效存在显著的正向关联，为地方干部晋升激励的存在提供了一定的经验证据。他们发现，省级干部的升迁概率与省区生产总值的增长率呈显著的正相关关系，而且中央在考核地方干部的绩效时，理性地运用相对绩效评估的方法来减小绩效考核的误差，增强其可能的激励效果。

Huang（2002）发现，在中国，中央对地方干部的治理通常包括显性和隐性两个方面。显性治理往往通过可度量的经济发展的指标体系［如当地生产总值增长率、吸引落户的外国直接投资（FDI）等］来实现。中央对同时管理多个行业、部门和地区的高级干部，比如省（市）委书记或省（市）长，则更多地依赖隐性治理。隐性治理的手段包括兼任中央政治局委员、中央直接任命、任期控制以及异地任职等[①]。这些手段的目的在于防止干部发生重大错误，以避免出现政治波动。至于显性治理手段，则往往是决定干部仕途的重要条件。我国历来重视干部交流，一个重要的考虑就是促进和协调地方经济发展。2006 年 8 月 6 日，中共中央颁布的《党政领导干部交流工作规定》就强调指出干部交流是为了促进中国经济社会的发展，如：第一条就明确干部交流的目的，是"进一步优化领导班子结构，提高领导干部的素质和能力，加强党风廉政建设，促进经济社会发展"；第十四条更是明确地提出"地区之间的干部交流，重点围绕国家经济社会发展战略和人才战略、地方经济社会发展布局和支柱产业及重大项目建设进行"。

我国的地方干部有多种来源，交流的干部比重呈不断上升的趋势。首先是平行交流的现象较为突出，王贤彬等（2008）发现在 1978～2005 年间，省长、省委书记的主要来源是本省内部晋升，占 59%；外省晋升、来自中央、平调的比重基本相同。从来源构成的变动趋势看，本省晋升所占比重呈明显的下降趋势，由 20 世纪 80 年代初期的 70% 逐步下降到目前的 60%。来自中央和外省晋升的比重大致保持稳定，而平调的比重明显呈现上升趋势，从 20 世纪 80 年代中期的 7% 逐步上升

---

① 转引自张军、高远《官员任期、异地交流与经济增长——来自省级经验的证据》，载《经济研究》2007 年第 11 期，第 92 页。

第二章 干部交流与经济增长：从资源禀赋的角度

到目前的14%左右①。近年来，林树森离粤赴贵，孟建柱、陈德铭、王珉从发达地区到后发达地区任职，从沿海地区调任欠发达地区，这一干部交流举措被认为是一种政策安排。同时，中央与地方干部交流也已成为干部交流的一种常态和趋势。据公开报道不完全统计，党的十六大以来，中央与地方交流的省部级干部超过100名。2005年，31个省区市的党委"一把手"中，16人有在中央国家机关（或央企）的任职经历，超过一半②。2006年《党政领导干部交流工作规定》出台，其中第十五条规定："中央和国家机关、省级党政机关应当注意选调有地方工作经验的干部，特别是市（地、州、盟）、县（市、区、旗）党政领导班子中的优秀年轻干部到机关任职，同时根据工作需要有计划地选派机关干部到地方任职。"正是从这以后，中央和地方的干部交流越来越频繁。

但是，正如徐现祥等（2007）、张军等（2007）以及王贤彬等（2008）所发现的，交流的干部到任后对当地经济的发展的影响并不相同，平行交流的干部对当地经济的发展有显著的促进作用，而中央干部的地方经济表现则并不尽如人意。为何会出现这样的结果呢？我们认为，干部交流对地方经济的效果受多种因素的影响。首先，交流的经济绩效受干部个人背景、资历、能力等的影响。此外，交流的经济绩效还会受当地资源禀赋的影响。一般来说，资源禀赋所指的是就当地的资源本身而言，这些是固有的、内生的；但还有一些资源禀赋是外生的，比如，干部交流中这些干部的来源。显然，不同来源的地方干部禀赋也是不一样的，这种禀赋可以理解为背景、资历和关系。地方干部既可能来自地方，也可能从中央委派。干部的来源不同，代表着干部个体在经历和经验上的差异，也可能包含一种政治激励上的差异。

实际上，不同交流来源的地方干部所拥有的自身禀赋是有差异的。

---

① 从平行交流的时间分布来看，20世纪80年代初以来，特别是1992年之后基本上每一年都会有平调发生。这反映了中央在任命干部上的绝对权威，能够根据实际情况较快地调整干部。尽管20世纪80年代末出现了一次交流高峰，但从长期趋势上看，交流频率不断加快，力度逐步加大。进入21世纪以来，平行交流更加频繁。

② 据不完全统计，在这轮人事调整中，中央与地方交流的省部级高干达21名。中共西藏自治区党委书记张庆黎曾任团中央工农青年部副部长，中共江苏省委书记梁保华曾在轻工业部政策研究室、办公厅工作，时任中共四川省委书记张学忠此前为人事部部长，时任中共重庆市委书记黄镇东之前为交通部部长，原国家新闻出版署署长石宗源任中共贵州省委书记，交通部原部长张春贤任中共湖南省委书记，等等。

对于平行交流的地方干部而言,他们拥有前任地方的经济社会事务管理经历,继续担任地方首长具有经验上的优势。同时,他们均来自较为相似的省级地方党政部门,职位同质性相对较高,背景较为相似,具有更高的可比性,更容易开展经济发展表现比较。最后,他们相对于中央干部而言,与中央的关系并不那么密切,因此,更可能通过显性信号向中央上级表现自己的能力,以求获得进一步的升迁。对于中央干部而言,具有其他平行交流的干部所不具有的优势,比如,他们跟中央关系密切,熟悉中央的意图,他们的到来能加强地方跟中央的关系,为地方争取到更多的中央资源①。

总的来说,平行交流的干部更会围绕地区生产总值进行"晋升锦标赛"式的竞争,而中央干部的交流受到的地区生产总值"晋升锦标赛"式的竞争影响不大。因为对平行交流的干部来说,如果要达到更进一步的晋升,那么主要的去向就是进入中央。毕竟,晋升与不晋升的利益差异是巨大的,这不仅是行政权力和地位的巨大差异,而且在政治前景上也是不一样的:不晋升可能意味着永远没有机会或出局,而晋升意味着未来拥有进一步的发展机会。首先,对于平行交流的干部而言,他们与中央的关系往往不如中央干部密切,为了晋升,他们不得不主要通过本地经济发展成就来向中央传递个人能力信号。其次,他们是被平行交流到一个新的省区,由于年龄等客观因素的限制,如果他们希望获得进一步的晋升,那么他们为晋升而努力的心态就会更加强烈。再次,如果一个地方干部被中央做出平行交流的安排,那么就很可能是对其进行进一步的考察锻炼,此时地方干部会有持续的动力将地方经济搞好,力图在多期的考核竞赛中赢得最后的锦标。最后,那些平行交流的干部已经在前任地区积累了一定的地方经济治理经验,运用到新的省区会更加熟练,从而更加适合围绕经济增长展开"晋升锦标赛"竞争。但是,对中央干部来说,他们交流到地方大多数是出于经济增长之外的因素考虑的。比如,他们可能是特定的部委领导交流到地方,一来可能是为了历

---

① 地方历来很重视跟中央打好交道,这从各地在北京的驻京办的设立就可以看出。"各省区市、地级市甚至县都在北京设立办事处,有的驻京办目的就是跑'部''钱'进。"2006年1月,时任审计署审计长李金华在谈到对预算资金审计监督时指出,"这里有一个规范管理的问题,一些部委个别人决策决定一些重大项目的投资。"(转引自李松《"驻京办"去向悬念》,载《瞭望》2009年第22期,第14–15页)

练；二来可能是为了解决某些专门的问题，如山西煤矿生产安全等。另外，对这些之前为中央干部的地方干部来说，在地方任职与在中央任职是有所不同的，他们也需要时间来适应对地方综合事务的管理。最后，由于这些干部来自中央，他们某些人自然有着更多的机会重新回到中央任职。

基于上述分析，我们提出本章的第一个假设：

H1：与平行交流干部相比，中央干部对经济增长的积极效应更不明显。

我国幅员辽阔，各地资源禀赋状况存在巨大差别，这些资源禀赋包括地理位置、河流航道、土地存量、资本存量、劳动力、人力资本、市场化程度、开放度等。Cai等（2005）考察了当存在初始禀赋异质性时，地方政府在招商引资中会出现极化效应。那么，当一个干部被交流到一个资源禀赋好的地方，干部发展辖区的经济能力自然就很强，在经济增长竞争中，该地方干部就会有更多的优势。

徐现祥等（2009）构建了一个模型，发现在一个中央任命地方干部的经济体中，异质的地方干部在开展经济增长竞争时将会出现竞争效应和极化效应。在竞争效应下，参与经济增长竞争的地方干部会把财政支出更多地用于生产性支出，以期在竞争中胜出；而在极化效应下，也就是理性的异质的地方干部会对相同的激励做出不同的反应。这两种效应决定了面临相同激励的地方干部会最优地采取不同的经济增长行为，因此，辖区经济绩效不尽相同。也就是说，干部是理性的，当他们被交流到资源禀赋好的地方，他们就更有动力和条件去开拓局面，促使经济得到更好的发展，从而获得更多的晋升机会；而当他们被交流到资源禀赋差的地区时，这种对经济增长的贡献自然就会减弱。换言之，被交流到资源禀赋好的地区的干部，他们更愿意接受并主动开展"经济锦标赛"的竞争，因为他们有胜出的机会；而被交流到资源禀赋差的地区的干部，由于意识到客观条件并不利于经济绩效的取得，即使付出更多的努力和精力也并不一定能够取得良好的经济发展业绩，他们可能会理性地考虑不参加这种"经济锦标赛"竞争，因此，对地区经济增长的贡献自然会减弱。

从而，有本章的第二个假设：

H2：干部交流对经济增长的影响受当地资源禀赋的制约，只有交换到资源禀赋好的地区的干部,其对经济增长的影响才有积极的效应。

## 三、实证设计

### (一) 计量模型的构建

直观上,干部流动对地方经济增长的贡献毋庸讳言,而在逻辑上,周黎安等(2005)提出的"晋升锦标赛"理论也很好地解释了地方干部积极推动地方经济增长的主要激励基础是我国现行的以地区生产总值为核心的干部考核和升迁制度。然而,尽管上述观点早已得到众多学者的认可,但由于存在以下两个问题,这一理论至今尚未获得直接的实证检验支持。首先,根据"晋升锦标赛"理论,地方干部之间会围绕经济增长速度这一晋升指标展开竞争,而且,在我国目前的"锦标赛"制度下,决定地方干部升迁与否的并不是其所在省份经济增长的绝对值,而是其相对于其他竞争省份的增长速度。因此,各地方干部在决定本省份的经济增长速度时,就必然要将所有可能与其产生竞争关系的省份的经济增长速度纳入决策体系,从而使得我国省份间的经济增长速度存在着一种互动关系,即本省份的经济增长速度是其他竞争省份经济增长速度的一个综合反应函数——"你动我动,你不动我不动"。从实证技术的角度而言,这也就意味着,必须将其他观测值的决策变量引入回归方程,作为新的解释变量,而这样的模型设计是传统的计量分析方法所不能解决的。其次,即便同为竞争对手,我们也很难想象,每个竞争省份对本省份的影响都是相同的。实际上,不同省份的竞争影响必然会因为与本省份的地理远近、经济发展水平差距、资源禀赋条件差异等种种因素而存在着强弱的不同,从而要求我们在引入竞争省份的决策变量时还必须对其赋以权重,以反映这种差异化的竞争影响,而这更是传统的计量分析方法所无法实现的。综上两点,我们不难发现,要从实证上对干部流动与经济增长的关系进行检验并得出合理可靠的结论,就必须引入一种能够科学地刻画这种互动关系的全新的计量方法。所幸的是,随着计量科学的发展,一种专为此目的而设的计量方法——空间计量学应运而生,并于 20 世纪 90 年代末起在学术界广为流传。空间计量学承

## 第二章 干部交流与经济增长：从资源禀赋的角度

袭了动态计量分析的理念，将其余观测值的被解释变量以滞后项的形式纳入自身的回归方程，只是这一滞后项是以空间距离而非时间来衡量的，故被称为"空间滞后项"。根据样本各点间互动关系的强弱，空间计量模型为空间滞后项构造了对应的空间滞后权重矩阵，从而准确而精细地描画了众多观测到的决策变量间复杂的互动关系，而对这一加权后的空间滞后项的系数估计不仅保证了估计结果的一致性与稳健性，且通过变换空间滞后权重矩阵，我们还得以对不同的互动模式进行成功的估计和推算。

因此，本章将利用空间计量模型中最新的估计方法（GMM），通过构造不同的空间权重矩阵来估计由于地方干部竞争而产生的各省份经济增长速度间存在的相互作用，并力图刻画这种相互作用背后所暗含的干部竞争的特点和模式。整个模型估计将分为三步。

第一步，以地理因素为主的竞争模式。考虑到地方干部在相互竞争时，往往会首先选择与自身资源禀赋水平相似的省份（即邻省）作为竞争对手，我们设计了如下计量模型：

$$Y_{it} = \lambda_1 \times (W^G \times Y)_{it} + X_{it}\beta + \mu_{it}\mu_{it}$$
$$= \rho \times (W^G \times \mu)_{it} + \varepsilon_{it}, \quad \varepsilon_{it} \sim iidN(0, \sigma^2) \tag{1}$$

模型（1）中，$Y_{it}$ 是 $i$ 省第 $t$ 年的增长速度，$X_{it}$ 为控制变量，$\mu_{it}$ 和 $\varepsilon_{it}$ 为扰动项①。$W^G$ 是空间权重矩阵，反映了不同省份之间的空间关系。作为空间权重矩阵 $W^G$ 与各省区不同年份增长速度向量 $Y$ 的乘积向量 $W^G \times Y$ 被称为各省份增长速度空间滞后变量。$(W^G \times Y)_{it}$ 是省份 $i$ 在年度 $t$ 的空间滞后形式的增长速度，即在年度 $t$ 除 $i$ 省外其他所有与 $i$ 省相邻（在行政区划图上有共同边界或顶点的省份）以空间权重形式加权平均的增长速度。$(W^G \times Y)_{it}$ 的引入为我们提供了检验省区间增长速度空间互动的可能性。

如果 $\lambda_1$ 显著，我们认为，省份间的增长速度在空间上的确存在着互动，而这一互动极有可能是地方干部间的相互竞争引起的。当然，省份间经济增长速度地理上的相互作用只能作为干部竞争治理模式的间接证据，因为这种经济增长速度地理上的效应可能是我国经济增长本身的

---

① 扰动项中出现空间加权是为了使模型的设计和估计更加精确。

地域模式造成的（徐现祥，2006）。因此，有必要进行下一步的检验分析。

第二步，考虑干部交流的竞争模式。根据这一思路，我们构造了有省长交流效应的数据样本，通过控制其他因素，检验发生交流的省份之间是否存在增长速度的互动效应。如上所述，如果干部竞争确实存在，那么发生干部交流的省份间的经济增长速度就会存在显著的相互作用。此外，考虑到干部交流的两大不同来源（即中央和其他地方）对干部交流后对地方经济贡献的影响可能存在本质的不同，在实际操作中，我们还将交流的干部按其来源划分为两个组：平行交流与中央干部调动。根据这一思路，模型（1）修正如下：

$$Y_{it} = X_{it}\beta + \lambda_1 \times (W^G \times Y)_{it} + \lambda_2 \times (W^P \times Y)_{it} + \lambda_3 \times (W^C \times Y)_{it} + \mu_{it}$$
$$\mu_{it} = \rho \times (W^G \times \mu)_{it} + \varepsilon_{it}, \quad \varepsilon_{it} \sim iidN(0, \sigma^2)$$
(2)

模型（2）中的 $W^P$ 是干部平行交流权重矩阵，如果 $i$ 省第 $t$ 年有外省干部平行交流进来，那么 $(W^P \times Y)_{it}$ 就代表了直至 $t$ 年之前（包含 $t$ 年）所有其他曾经发生干部平行交流的省份历年经济增长速度的加权平均值，其引入为我们提供了检验发生平行交流的省区间增长速度是否存在互动的可能性①。如果 $\lambda_2$ 显著为正，则可认为发生干部平行交流的省份之间的确存在着以经济增长速度为锦标的竞争，因而在某种程度上，交流干部对当地经济增长起到了积极的推动作用；反之，则可认为这种竞争并不存在，交流干部对当地经济增长的促进作用也不显著。类似地，我们设定 $W^C$ 为中央干部交流权重矩阵，如果 $i$ 省第 $t$ 年有中央干部调动进来，那么 $(W^C \times Y)_{it}$ 就代表了直至 $t$ 年之前（包含 $t$ 年）所有其他曾经发生中央干部调动的省份历年经济增长速度的加权平均值；与 $\lambda_2$ 相似，$\lambda_3$ 的显著性和符号将有助于揭示发生中央干部调动的省份间是否存在着竞争以及中央干部对当地经济增长的贡献。

此外，为了使模型更加科学合理，我们在设计干部平行交流权重矩阵 $W^P$ 和中央干部交流权重矩阵 $W^C$ 时也充分考虑了以下两点：①干部交流对经济增长的影响与其任期有关，其对到任地经济增长的影响随任

---

① 值得注意的是，省长们在制定本省某一年份的经济增长速度目标时，往往不仅考虑竞争省份当年的经济增长速度，也会溯及这些省份历年的经济增长业绩，这也正是本章在设定模型时将所有曾经发生干部交流的省份历年的经济增长速度均加权计入空间权重矩阵的原因。

期增加而逐年递减。这是因为，我国上级对下级干部的政绩考察一般在一个任期之内完成，具有显著的短期特征，一个地方干部任期越长，其获得晋升的可能性就越低。因此，随着地方干部任期的延长，他对经济增长的积极性也会随之下降，这一点在张军等（2007）以及王贤彬等（2008）的研究中也得到了验证。②干部交流对经济增长的影响在时间维度上是单向的。也就是说，历史的或者说以往的干部交流对现在或未来的经济增长是有影响的，而现在或未来的干部交流对历史的经济增长是没有影响的。

第三步，考虑到受地域差异影响的干部交流的竞争模式。在上两步的分析中，我们只考虑了干部交流的来源不同，却并未区分其前往的到任地，然而，实际上干部交流对经济增长的影响不可避免地会受到当地资源禀赋的约束，从而使得其竞争模式呈现出一种鲜明的地域差异。因此，为了考察干部交流所引发的竞争模式在空间维度上的这种不对称性，我们对模型（2）做了进一步的修正：

$$\begin{aligned} Y_{it} = & \lambda_1 \times (W^G \times Y)_{it} + \lambda_2 \times (dwg \times W^{dwgP} \times Y)_{it} + \lambda_3 \\ & \times [(1-dwg) \times W^{dwg1P} \times Y]_{it} + \lambda_4 \times (dwg \times W^{dwgC} \times Y)_{it} + \lambda_5 \\ & \times [(1-dwg) \times W^{dwg1C} \times Y]_{it} + X_{it}\beta + \mu_{it} \end{aligned} \quad (3)$$

$$\mu_{it} = \rho \times (W^G \times \mu)_{it} + \varepsilon_{it}, \quad \varepsilon_{it} \sim iidN(0, \sigma^2)$$

在模型（3）中，我们利用虚拟变量 $dwg$ 和 $(1-dwg)$ 与相应权重矩阵 $W^{dwgP}$、$W^{dwgC}$ 以及 $W^{dwg1P}$、$W^{dwg1C}$ 的交叉项来区分不同来源的干部交流到不同资源禀赋地区后对省份间经济增长速度竞争模式的不同影响。其中，$(dwg \times W^{dwgP} \times Y)_{it}$ 反映了干部平行交流至资源禀赋高的地区（即发达地区）后引发的竞争模式，$[(1-dwg) \times W^{dwg1P} \times Y]_{it}$ 则反映了干部平行交流至资源禀赋低的地区（即欠发达地区）后引发的竞争模式；类似地，$(dwg \times W^{dwgC} \times Y)_{it}$ 反映了中央干部调动至发达地区后引发的竞争模式，而 $[(1-dwg) \times W^{dwg1C} \times Y]_{it}$ 则反映了中央干部调动至欠发达地区后引发的竞争模式。

## （二）样本选择及估计方法

1. 数据选择

本章的样本是 1978～2006 年间全国 30 个省、自治区、直辖市正职书记和省长、自治区主席、市长及其相应的经济增长绩效，考虑到重庆市成立时间较晚，我们未将其列入考虑范围。其中，省长、省委书记的数据来源于徐现祥等（2007）和王贤彬等（2008）。相关的经济数据，如 1993～2004 年间的 GDP 数据来自国家统计局根据全国经济普查调整后的《中国国内生产总值核算历史资料 1952～2004》，1978～1992 年间的 GDP 数据以及 1978～2004 年的其他经济数据来自《新中国五十五年统计资料汇编》，2005～2006 年的所有经济数据来自《中国统计年鉴 2006》和《中国统计年鉴 2007》。

根据上任前的任职背景，我们把发生交流的省长、省委书记按来源分为两种类型：①外省平行调入；②来自中央。

2. 控制变量

根据目前对于经济增长的常见实证研究文献，我们选取了投资率（固定资产投资占 GDP 的比重）、人口自然增长率以及人均经济发展水平的初始值作为控制变量纳入模型，相应的数据来自《中国统计年鉴》和《新中国五十五年资料汇编》。

3. 估计方法

考虑到本章的模型为"高阶滞后空间计量模型"（high order spatial lag model），对于这类模型，MLE 和 2SLS 都不能较好地对模型进行估计。因此，本章在 Lee 等（2010）的基础上，利用 GMM 技术对模型进行了估计①。

---

① 由于目前关于存在空间扰动项的 Panel data 高阶"空间滞后"模型的估计方法（即 fixed effect 和 random effect）尚不成熟，所以，我们在估计模型（1）、模型（2）和模型（3）时选用的是 Pool 的形式，而没有考虑 fixed effect 和 random effect。另外，根据 Lee 等（2010）的研究，GMM 估计较 2SLS（Kelejian et al.，1998）更为有效和稳健。

## 四、实证结果与分析

### (一) 描述性统计

1978～2006年间,30个省、自治区、直辖市共有461人次出任省长、省委书记职务,合计为317位省长、省委书记。扣除有些省长、省委书记在任时间不足一年,我们不予考察,则1978～2006年间合计有312位省长、省委书记。其中,省长、省委书记主要来源是本省内部晋升,所占比重高达59%;外省晋升、来自中央、平调的比重基本相同[①]。从省长、省委书记去向的角度看,在1978～2006年间,43%的省长、省委书记退居二线,33%的省长、省委书记调入中央,而且后者所占比重呈现上升态势。见表2-1。

表2-1 省级干部来源及去向

| 干部交流来源 | 人次 | 比重/% | 去向 | 人次 | 比重/% |
| --- | --- | --- | --- | --- | --- |
| 本省晋升 | 192 | 59 | 调入中央 | 105 | 34 |
| 外省晋升 | 39 | 12 | 平调 | 45 | 15 |
| 平调 | 46 | 14 | 退居二线 | 133 | 43 |
| 中央干部 | 49 | 15 | 其他 | 24 | 8 |
| 合计 | 326 | 100 | 合计 | 307 | 100 |

数据来源:王贤彬等(2008)。

表2-2给出了基本变量的统计描述。为了检验模型估计结果的稳健性,我们分1978～2006年和1994～2006年两个样本对模型进行了检验。表2-2分别描述了这两个样本的数据特征。

---

① 更多的关于干部交流的描述性统计可以参考徐现祥等(2007)、王贤彬等(2008)。

表2-2　其他主要变量的统计描述

| 1978～2006年 | 经济增长速度/% | 地区生产总值/亿元 | 投资比率/% | 人口自然增长率/% |
|---|---|---|---|---|
| 均值 | 15.98 | 1665.02 | 32.97 | 10.26 |
| 最大值 | 50.78 | 22366.54 | 143.79 | 23.57 |
| 最小值 | -9.26 | 5.81 | 8.07 | -2.40 |
| 标准差 | 7.96 | 2657.10 | 13.85 | 4.93 |
| 观测值 | 870 | 870 | 870 | 870 |
| 1994～2006年 | 经济增长速度/% | 地区生产总值/亿元 | 投资比率/% | 人口自然增长率/% |
| 均值 | 16.13 | 1852.38 | 32.54 | 8.25 |
| 最大值 | 49.69 | 18305.66 | 143.79 | 21.56 |
| 最小值 | 0.06 | 51.65 | 8.07 | -2.40 |
| 标准差 | 8.22 | 2539.16 | 15.10 | 4.89 |
| 观测值 | 390 | 390 | 390 | 390 |

在1978～2006年，经济的增长速度平均为15.98%，最大年份达到50.78%，最小年份为-9.26%。这一时期，地区生产总值的投资均值为1665.02亿元，投资比例均值为32.97%，人口自然增长率为10.26%。在1994～2006年间，经济的增长速度平均为16.13%，最大年份达到了49.69%，最小年份为0.06%。这一时期，地区生产总值的投资均值为1852.38亿元，投资比例均值为32.54%，人口自然增长率为8.25%。

（二）实证分析

根据前面对模型的分析，表2-3与表2-4汇报了有关空间计量的估计结果。

表2-3　平行交流与中央干部交流的经济效应

| 变量 | 增长速度［模型（1）和模型（2）］ | | | |
|---|---|---|---|---|
| | (1) | (2) | (3) | (4) |
| 常数 | 1.4408*** | 0.6389 | 0.5806 | 0.1902 |
| | (0.5261) | (0.7662) | (0.7327) | (0.6583) |

续表 2-3

| 变量 | 增长速度 [模型 (1) 和模型 (2)] | | | |
|---|---|---|---|---|
| | (1) | (2) | (3) | (4) |
| $(W^G \times Y)_{it}$ | 0.8203*** | 0.8750*** | 0.8956*** | 0.9091** |
| | (0.0151) | (0.0587) | (0.0385) | (0.0356) |
| $(W^P \times Y)_{it}$ | | 0.0981*** | | 0.0886** |
| | | (0.0185) | | (0.0257) |
| $(W^C \times Y)_{it}$ | | | -0.0836*** | -0.0845** |
| | | | (0.0320) | (0.0297) |
| 初始值/100 | -0.0259** | -0.0246*** | -0.0215*** | -0.0219*** |
| | (0.0112) | (0.0073) | (0.0104) | (0.0096) |
| 投资比率 | 0.0377*** | 0.0313*** | 0.0327** | 0.0308** |
| | (0.0146) | (0.0088) | (0.0155) | (0.0141) |
| 人口自然增长率 | -0.0258 | -0.0268 | -0.0329 | -0.0178* |
| | (0.0692) | (0.0407) | (0.0664) | (0.0633) |
| 扰动项空间滞后 | -0.2585*** | -0.1736*** | -0.1849*** | -0.1950** |
| | (0.0547) | (0.0530) | (0.0418) | (0.0420) |
| 拟合优度 | 0.7150 | 0.6860 | 0.6915 | 0.7025 |

说明：①表中第 (2)、第 (3) 和第 (4) 列中括号内为标准差。②*、**、***分别代表 10%、5% 和 1% 的显著性水平。

表 2-4 资源禀赋与干部交流的经济效应

| 变量 | 增长速度 [模型 (3)] | | |
|---|---|---|---|
| | (1) | (2) | (3) |
| 常数 | 1.2603 | 0.2849 | 1.0235** |
| | (0.8316) | (0.5658) | (0.4318) |
| $(W^G \times Y)_{it}$ | 0.8475*** | 0.9138*** | 0.8245*** |
| | (0.0575) | (0.0285) | (0.0151) |
| $(dwg \times W^{dwgP} \times Y)_{it}$ | 0.1932*** | | 0.1806*** |
| | (0.0261) | | (0.0168) |
| $[(1-dwg) \times W^{dwg1P} \times Y]_{it}$ | -0.1610*** | | -0.0983*** |
| | (0.0409) | | (0.0318) |

续表 2-4

| 变量 | 增长速度 [模型 (3)] | | |
|---|---|---|---|
| | (1) | (2) | (3) |
| $(dwg \times W^{dwgC} \times Y)_{it}$ | | 0.1344*** | 0.1005*** |
| | | (0.0192) | (0.0198) |
| $[(1-dwg) \times W^{dwg1C} \times Y]_{it}$ | | -0.3460*** | -0.3000*** |
| | | (0.0338) | (0.0447) |
| 初始值/100 | -0.0207** | -0.0143** | -0.0188** |
| | (0.0096) | (0.0071) | (0.0084) |
| 投资比率 | 0.0225* | 0.0319*** | 0.0425*** |
| | (0.0136) | (0.0120) | (0.0122) |
| 人口自然增长率 | -0.0123 | -0.0588 | -0.0193 |
| | (0.0497) | (0.0510) | (0.0515) |
| 扰动项空间滞后 | -0.1453*** | -0.1842*** | -0.1734*** |
| | (0.0418) | (0.0408) | (0.0414) |
| 拟合优度 | 0.6963 | 0.7195 | 0.7297 |

其中，表 2-3 第（1）列汇报模型（1）的结果，第（2）～（4）列汇报了模型（2）的结果，而表 2-4 第（1）～（3）列汇报了模型（3）的估计结果。

首先，估计结果显示，在所有 3 个模型中，$(W^G \times Y)_{it}$ 的系数均显著为正。这表明周边省份经济增长速度的提高确实导致了本省份经济增长速度的提高。这一结果为"相邻地区的地方干部间存在着锦标赛竞争"这一推论提供了很好的初步论据。

其次，表 2-3 的第（2）列和第（4）列中平行交流滞后项 $(W^P \times Y)_{it}$ 的系数显著为正。这表明平行交流的干部之间存在着显著的晋升锦标赛竞争，且这种竞争最终催生了一个相互攀比的外溢效应，即竞争对手经济业绩的提升会刺激该干部更加努力地发展本地经济，以图做得比竞争对手更加优异。与之相反，表 2-3 的第（3）列和第（4）列中中央干部交流滞后项 $(W^C \times Y)_{it}$ 的系数显著为负。这表明中央干部之间并不存在着显著的"晋升锦标赛"竞争，他们对其他中央干部的地方经济发展政绩并不做出积极的反应,而是采取了一种有意无意地淡化对待的态度;更甚的是,当竞争对手的经济发展业绩较好的时候,中央干部非但不主动跟进竞争,反而采取一种放任的做法。这一结果很好地验证了上文提出的假设 1"中央干部对地方经济增长的积极作用不如平行交流干部明显"①,也与张等(2007)以及王贤彬等(2008)的发现一致。对此,我们的解释是,一方面,由于中央干部在中央工作时其管理的内容大多集中于某一领域,这往往锻炼了中央干部在某一方面的管理特长,然而,治理地方更多的是要求具备经济社会综合事务的全面管理技能,在这方面,已在地方锻炼多年的平行交流干部自然比中央干部更具优势。因此,与平行交流的干部相比,工作环境转换至地方对中央干部施政效果的负面影响会更大,从而导致其客观上无法作为,对地方经济增长的促进作用减弱。另一方面,这一结果也有可能是因为中央干部主观上缺乏积极作为的动力。由于在我国现行的干部交流制度中,故意将中央干部下调到经济增长速度比较平稳的省份进行锻炼的"镀金"现象仍相当普遍,所以下放到地方的中央干部与平行交流干部相比,其晋升危机意识较弱,对经济增长政绩的渴求程度自然也不那么强烈。

再次,从表 2-4 第 (1) ~ (3) 列中我们可以看到,发达地区的干部交流滞后项 [无论是平行交流 $(dwg \times W^{dwgP} \times Y)_{it}$ 还是中央干部交流 $(dwg \times W^{dwgC} \times Y)_{it}$],其系数都显著为正,P 表明交流至发达地区的干部间存在着明显的"锦标赛"竞争,他们对地方经济增长的积极效应十分明显。值得强调的是,中央干部交流滞后项 $(dwg \times W^{dwgC} \times Y)_{it}$ 的系数显著为正,但小于干部平行交流滞后项 $(dwg \times W^{dwgP} \times Y)_{it}$ 的系数。这表明当同样交流到发达地区后,即便是中央干部间也存在着一定程度的"晋升锦标赛"竞争,只是其竞争程度比平行交流的干部要弱得多。这一结果不仅再次验证了假设 1"与平行交流干部相比,中央干部对经济增长的积极效应更不明显",也排除了"干部交流内生性导致中央干

---

① 当然,这一结果也有可能是干部交流的内生性所致。也就是说,故意将中央干部调到经济增长速度比较平稳的省份进行锻炼,以致干部的个人作用根本无法左右到任地自身的经济发展态势,进而表现出较弱的影响关系。然而,本章随后对模型(3)估计结果的分析将很好地对这一问题进行阐析。

间竞争较弱"这一可能性。相反地,欠发达地区干部交流滞后项 $[(1-dwg) \times W^{dwg1P} \times Y]_{it}$ 和 $[(1-dwg) \times W^{dwg1C} \times Y]_{it}$ 的系数都显著为负。这表明在这些地区,无论是中央干部还是平行交流干部,交流干部之间都不存在显著的政绩竞争。上述结果很好地验证了上文提出的假设2"干部交流对地方经济增长的贡献会受到当地资源禀赋的制约,只有交流到资源禀赋好的地区的干部,其对经济的影响才有积极的效应"。正如徐现祥等(2009)的模型所述,面临相同激励的地方干部会根据当地的资源禀赋最优地采取不同的经济增长行为,因此,辖区经济绩效不尽相同。王永钦等(2007)也指出,由于比较富裕的地区更多地享受着先天的优势和收益递增机制的好处,这就使得经济较落后地区的地方干部不能在相对绩效评估的机制下获得激励,通俗地说,就是努力了也未必有用,所以相对绩效评估对落后地区的干部来说基本上是没有作用的。但是,在晋升的可能性比较小的前提下,他们可能会寻求替代的办法进行补偿,如贪污腐败,或者"破罐子破摔"。因此,从整个经济的角度来看,落后的地区越来越落后、发达的地区越来越发达的两极分化现象,实际上与本章在此验证的"干部交流对地方经济增长贡献存在着地域化差异"这一发现是密不可分的,这显然违背了中央希望通过干部交流来缓解区域经济发展不平衡的初衷。

最后,表2-3与表2-4中所有的控制变量 $X_{it}$ 的符号和显著性均与以往的研究文献基本一致,这里不再赘述。

### (三)稳健性检验

为了检验结果的稳健性,我们利用1994~2006年的数据重复了表2-3与表2-4的工作。之所以选取此期间,一方面是因为1994年分税制体制正式确立,我们想检验在 Qian 等(1997)以及 Qian 等(1998)所强调行政分权和财政分权的情况下,干部"晋升锦标赛"式的竞争是否存在;另一方面是因为1992年后,特别是邓小平南方谈话后,我国的经济改革和开放水平进入一个全新的发展阶段,我国干部交流,特别是省一级的干部交流也走向了常态化和制度化。具体估计结果见表2-5。表2-5的估计结果与表2-3和表2-4完全一致,这表明我们的结果是稳健的。具体而言,1994~2006年间,$(W^P \times Y)_{it}$ 的系数为0.16,大于1978~2006年间的0.09,增长了将近一倍。这表明改革开放后半期，平行交流干部之间的晋升锦标赛竞争变得更加激烈了。1994～2006年间，$(W^C \times Y)_{it}$的系数为 -0.11，而1978～2006年间的为 -0.08，变化并不大。这表明中央干部之间的竞争反应模式并没有随着时间的推移而发生大的变化。

表2-5 资源禀赋与干部交流的经济效应（稳健性检验）

| 变量 | 增长速度 [模型（2）] | | | |
|---|---|---|---|---|
| | （1） | （2） | （3） | （4） |
| 常数 | -1.1303*** | -0.5633*** | -0.3416 | -1.4512** |
| | (0.2291) | (0.1641) | (0.2447) | (0.6098) |
| $(W^G \times Y)_{it}$ | 0.9302*** | 0.8478*** | 0.9067*** | 0.8643*** |
| | (0.0168) | (0.0195) | (0.0328) | (0.0421) |
| $(W^P \times Y)_{it}$ | | 0.0674*** | | 0.1641** |
| | | (0.0152) | | (0.0831) |
| $(W^C \times Y)_{it}$ | | | -0.0841*** | -0.1126** |
| | | | (0.0183) | (0.0552) |
| 初始值/100 | -1.0874*** | -0.7697*** | -1.1766*** | -0.8390*** |
| | (0.2883) | (0.2783) | (0.2804) | (0.1580) |
| 投资比率 | 0.0500*** | 0.0532*** | 0.0472*** | 0.0631*** |
| | (0.0114) | (0.0066) | (0.0104) | (0.0188) |
| 人口自然增长率 | -0.0422*** | -0.0567*** | -0.0491*** | -0.0809* |
| | (0.0086) | (0.0134) | (0.0148) | (0.0414) |
| 扰动项空间滞后 | -0.1831*** | -0.1166* | -0.1529** | -0.1665*** |
| | (0.0630) | (0.0631) | (0.0771) | (0.0620) |
| 拟合优度 | 0.7539 | 0.7586 | 0.7481 | 0.7422 |

| 变量 | 增长速度 [模型（3）] | | |
|---|---|---|---|
| | （1） | （2） | （3） |
| 常数 | -1.9344*** | -1.0356*** | -0.4163 |
| | (0.4069) | (0.2441) | (0.7475) |
| $(W^G \times Y)_{it}$ | 0.7638*** | 0.9352*** | 0.8787*** |
| | (0.0682) | (0.0136) | (0.0517) |

续表 2-5

| 变量 | 增长速度 [模型 (3)] | | |
|---|---|---|---|
| | (1) | (2) | (3) |
| $dwg \times W^{dwgP} \times Y_{it}$ | 0.1907*** | | 0.1522*** |
| | (0.0135) | | (0.0125) |
| $[(1-dwg) \times W^{dwg1P} \times Y]_{it}$ | -0.0647*** | | -0.0605*** |
| | (0.0174) | | (0.0182) |
| $(dwg \times W^{dwgC} \times Y)_{it}$ | | 0.0969*** | 0.0659*** |
| | | (0.0082) | (0.0172) |
| $[(1-dwg) \times W^{dwg1C} \times Y]_{it}$ | | -0.2595*** | -0.1673*** |
| | | (0.0157) | (0.0236) |
| 初始值/100 | -1.6971*** | -0.6573*** | -0.7789* |
| | (0.5630) | (0.2187) | (0.4327) |
| 投资比率 | 0.1211*** | 0.0531*** | 0.0397*** |
| | (0.0324) | (0.0072) | (0.0110) |
| 人口自然增长率 | -0.0705* | -0.0859*** | -0.0275 |
| | (0.0374) | (0.0312) | (0.0398) |
| 扰动项空间滞后 | -0.1695** | -0.1428** | -0.1348** |
| | (0.0747) | (0.0694) | (0.0645) |
| 拟合优度 | 0.7868 | 0.7648 | 0.7352 |

## 五、本章结论与讨论

在经济学的文献里，越来越强调政府质量或治理效率（governance）在经济增长中的重要性。在这当中，政府干部的治理机制又是决定经济增长的重要制度安排。在中国，以经济增长为基础的"晋升锦标赛"结合了中国政府体制和经济结构的独特性质，在政府干部手中拥有巨大的行政权力和自由处置权的情况下，提供了一种具有中国特色的激励地方干部推动地方经济发展的治理方式（周黎安，2007）。

一般来说，干部在其管辖地区或多或少会留下自己的"烙印"，但不可否认的是，干部的这种影响不仅受其管辖地区资源禀赋的约束，而且还会受干部自身条件的影响。我们利用空间计量模型，构造了1978～2006年的省长交流与地区经济增长的面板数据，对干部交流影响和辖区资源禀赋效应进行了区分，从而在一定程度上回答了上述问题。研究表明，平行交流的干部更会围绕地区生产总值进行"晋升锦标赛"式的竞争，而中央干部的交流受到地区生产总值"晋升锦标赛"式的竞争影响不大，因此，平行交流的干部对当地经济的增长影响有积极效应，而中央干部的交流对当地经济增长有负面效应。更进一步地，交流到经济发达地区的干部对当地经济增长有积极影响，而交流到不发达地区的干部对当地经济增长则有负面效应，并且，相对于中央干部而言，平行交流干部的正面作用更大，负面作用更小。研究结果对我国地方干部的治理机制有着显著的借鉴意义。

但是要指出的是，干部围绕地区生产总值进行"晋升锦标赛"的绩效考核单一性过强，可能近期是有利于经济增长的，但增长的代价可能非常大，会影响经济社会持续健康发展。因而，近年来在新的考核内容中，中央开始明确提出要把转变增长方式与干部考核机制结合起来，既注重考核发展速度，又注重考核发展方式、发展质量；既注重考核经济建设情况，又注重考核经济社会协调发展、人与自然和谐发展。这些为我们研究地方干部的治理提出了新的研究方向。

# 第三章 地方干部晋升与环境治理

## 一、引言

中国经济自改革开放以来保持了40多年的高速增长，但在发展的同时也付出了沉重的环境代价。主要污染物排放超过环境承载能力，水、大气、土壤等污染普遍存在，固体废弃物、汽车尾气和持久性有机物等污染问题也很突出。发达国家上百年工业化过程中产生的环境问题，在中国40年的快速发展中集中出现。相关数据统计表明，在过去的10年里，中国治理环境恶化与资源枯竭的成本占GDP的比重接近10%，其中，空气污染占6.5%，水污染占2.1%，土壤退化占1.1%[①]。中国环境规划院（2010）通过全国连续5年的环境经济核算表明，尽管我国"十一五"期间节能减排取得了进展，但经济发展造成的环境代价持续增长，5年间的环境退化成本从5118.2亿元提高到8947.6亿元，增长了74.8%，虚拟治理成本从2874.4亿元提高到5043.1亿元，增长了75.4%。环境退化成本占GDP的3%左右。可见，环境问题不仅是一个重要的民生问题，而且已经成为影响中国城市可持续发展和经济稳定的重要问题。

应该说，中国所面临的环境问题并不是短期内形成的，经济高速增长与资源高消耗和环境破坏并存的现象，与中央政府对地方干部的考核机制密切相关。受发展阶段的影响，一直以来我国实行的是以地区生产总值为核心的激励方式。与此同时，在财政分权伴随着政治集权的制度背景下，地方政府干部具有非常强的政治晋升动力（周黎安，2007；Li et al.，2005；徐现祥等，2007）。因此，为了获得晋升，地方政府干部会尽一切可能整合其所能控制和影响的经济与政治资源，以推动本地区

---

[①] 世界上30个污染最严重的城市有20个在中国。大约1/5的农田受到重金属污染。资料来源：环保部（现为生态环境部）和中国工程院《中国环境宏观战略研究》，2011年。

的经济快速增长。这种为增长而竞争的激励成为地方政府推动经济增长的动力源泉。正如周黎安等（2005）所强调的，"在中国经济以奇迹般速度增长的过程中，地方干部对当地经济发展所体现出的兴趣和热情在世界范围内可能也是不多见的"。

然而，在这种以地区生产总值为核心的单维激励方式制度下，地方干部出于晋升的考虑，就会充分地激励支持本地企业和发展本地经济，不惜以牺牲资源高消耗和环境破坏为代价。现行的干部考核制度对地方干部政绩的评价与考核办法强调与其管辖地区经济发展业绩直接挂钩，强化了这种短期和本位利益。地方政府必须考虑当地的经济发展问题，而发展经济所需的资源和地方财政收入有直接关联，因此，必然会实施以强化经济增长为先、环境保护为后的发展策略。换言之，正是中国采取以地区生产总值为主的相对绩效评估标准作为地方政府干部的政绩考核机制，才使得地方政府间的竞争导致了地方公共政策的明显扭曲。其中，具有明显外部性的环境保护就往往首当其冲地成为被牺牲的一项公共职能，不少地方政府为追求经济增长而忽视环境，甚至牺牲环境的做法屡见不鲜，由此引发的社会冲突更是不断加剧（杨海生等，2008）。

为了解决当前中国城市经济发展过程中的高污染、高能耗问题，时任中共中央总书记胡锦涛同志在2003年提出了科学发展观，强调了经济发展的全面、协调和可持续。中央政府也开始转变以往单纯为了经济增长而牺牲环境容量和能力的发展道路，提出要抓紧建立对工作实绩进行考核评价的新的指标体系，不应仅仅考核地区生产总值的增长，还要考核城镇居民人均可支配收入、农民人均纯收入、环境保护和生态建设、扩大就业、完善社会保障等其他指标，引导各级干部树立正确的政绩观。近年来，中国的许多省市将领导干部环保实绩考核情况与干部任用挂钩，将环保实绩考核作为干部选拔任用的重要依据。2012年，北京市政府发布《关于贯彻落实国务院加强环境保护重点工作文件的意见》，明确提出，今后所有有关环境质量的指标，如污染物总量控制、PM2.5环境质量改善情况等，都将作为各级政府领导的考核指标，决定仕途升迁。这些零散的报道在一定程度上证明中央政府已经开始考虑环保绩效问题。那么，这种环境政绩能否真正影响地方干部的晋升？这种上层激励是否能对城市的环境和能源状况改善产生积极的影响？这些仍然是有待实证检验的问题，但对推动和完善我国环境友好型的经济发展模式具有十分重要的现实意义。

为了回答上述问题，本章尝试构建一个分析框架来解释目前中央政府倡导和推行将环保考核纳进政绩考核体系的举动，将促使地方政府干部在发展经济的同时也愈加重视环境治理，这种考核机制的变化有利于促进环境发展与经济增长的可持续性。在理论分析的基础上，本章通过大样本的证据来考察城市环境和能源指标的改善能否以及如何影响地方干部晋升的可能，并研究这种晋升机制的变化对我国城市发展过程中经济增长与环境关系产生的影响。

本章研究发现：①城市环境质量和能源利用效率的改善对市长的晋升概率已经具有一定的正向作用，这与 21 世纪以来中央政府所倡导的科学发展观理念是相一致的，也在一定程度上表明中国地方政府干部的"环境绩效考核制度"正在逐步发挥作用；并且在经济水平较高和政府行政力量较强的城市，这种环境绩效对市长的晋升更为重要。②这种环境绩效晋升激励的存在能够推动城市能源利用和环境质量的提升，有助于实现经济和环境双赢的可持续发展目标。实证结果表明，在经济水平较高的城市，环境污染水平（PM10 浓度）将更早地进入环境库兹涅茨曲线（Environmental Kuznets Curve，EKC）的下降期，在政府行政力量较强、市长受教育水平和民众受教育水平相对较高的城市，单位地区生产总值能耗和环境污染水平都将更早地进入 EKC 的下降期。③高污染企业投资水平与干部晋升呈现负相关关系，并且这种关联性在发达地区更加显著，且其重要性随着中央逐步强调科学发展观和绿色 GDP 考核而有所提高。以上结论表明，中央政府把环保问题纳入地方政府政绩考核内容后，能够促使地方政府在环境治理与经济发展之间寻求更好的平衡，使地方干部加大对环境治理的重视程度，进而促进环境的改善，为实现"美丽中国"和"生态文明"的国家发展战略提供了有效的政策工具。

## 二、理论分析和文献梳理

### （一）地方干部的政治激励与环境治理

中国的经济奇迹引起了大量的争论与研究，从经济理论的角度来看，中国经济增长奇迹的神秘之处在于其"非常规"的性质：从经济增长理论所强调的若干增长条件（如自然资源禀赋、物质和人力资源积累以及技术创新能力）来看，中国与其他国家相比并无独特之处。而如果说长期经济增长取决于制度安排（North，1990；Acemoglu et al.，2005），那么正如 Allen et al. （2005）所指出的那样，按照西方主流文献所列出的评判标准（López 等，1998），中国目前的司法及其相关制度，如投资者保护、公司治理、会计标准和政府质量均排在世界大多数国家的后面。尽管如此，中国经济却始终保持如此高速的增长，这正是 Allen 等 （2005）所提出的"中国之谜"。我们认为，出现这一现象的一个非常重要的原因是中国特殊政治体制背景下的经济增长激励机制。Easterly （2005）指出，增长需要提供"合适的激励"才会产生，因为人们确实会对激励做出反应。而影响这一激励的任何因素都会最终影响经济增长。对经济转型而言，最重要的可能并不是"做对价格"（getting prices right），而应该是"做对激励"（getting incentives right），因为在市场不完备的情况下，并不存在正确的价格，而激励机制则是经济发展中更为深刻的主题，价格机制不过是激励机制的一种方式而已。

在我国经济快速增长的过程中，有许多迹象表明，地方干部扮演着积极的角色，比如，在推动经济体制改革、招商引资、发展民营经济、加强地方基础设施、区域经济合作等方面均是如此。因此，对中国经济增长的激励关键是对地方干部的激励。Qian 等（1998）的"中国特色的联邦主义"认为，分权式改革与财政包干等都是地方政府激励的重要来源。对此，周黎安（2007）提出了不同的意见。他认为，行政和财政分权确实构成了地方政府激励的重要来源，但是单纯的行政和财政分权不足以构成地方政府全部的激励，而很重要的一点应该从政府干部晋升激励的角度来分析地方政府对经济发展的推动作用。作为行政"金字塔"之中的干部固然关心地方的财政收入，但他们更在意的是其政治生涯中的升迁机会，而这种激励在现实中往往来得更直接（Blanchard et al.，2001；Maskin et al.，2000）。Li 等（2005）、周黎安等（2005）证实了地方干部在任期间良好的经济绩效能够显著提高其晋升和连任的概率，徐现祥等（2010）则验证了地方干部对政治激励做出有利于辖区经济增长的反应。

过去 40 多年间，中国实行的是以地区生产总值为核心的激励方式。

这种以地区生产总值为核心的单维激励方式，就可能导致地方政府一心一意地发展经济，不顾地方保护主义、重复建设以及跨区污染等负外部效应。仲伟周等（2010）指出，地方干部的决策行为在实现经济增长的同时，对当地的能源效率产生了巨大的副作用。当前，尽管中央政府已经意识到环境保护问题的紧迫性与必要性，但是地方政府无法从整体视角面对和看待经济增长的质量以及生态环境损失。相反，在财政收入以及政治晋升机会的激励下，地方政府为了吸引外来资本，竞相降低环境保护门槛，甚至通过干预建设项目环境影响评价和审批，促成污染项目的破土动工等形式来实现上述目的。此外，地方政府还可能给予企业在土地、信贷方面的优惠政策，压低生产要素价格，间接造成了对企业继续采用原有技术、不思减排的逆向激励（沈坤荣等，2006；周权雄，2009）。地方政府甚至还会与排污企业进行利益合作，导致"资本挟持环境治理"（郑周胜，2012）①。特别是在一些中小城市，地方政府考虑到企业对地方财政收入的贡献，不仅纵容企业的排污行为，而且会出现地方政府出面干涉阻挠环保部门执法的现象。而越是发展相对落后的城市，地方政府越是依赖地方的"明星"企业，它们之间越容易形成利益联盟，从而使地方环境质量趋于恶化。Lopez等（2000）在分析政府寻租腐败行为与环境污染的关系时指出，政府与企业合作将增加环境污染排放量，进而提高环境库兹涅茨曲线（EKC）拐点。

正所谓"上有好者，下必甚焉"。傅勇（2008）指出，中国政府的转型首先是在中央层面上发生的。因此，要改变当前的问题，中央政府就要改变对地方政府的政绩考核方式。基于对我国环境与发展问题的深刻思考，党中央、国务院一直试图把环境保护摆在更加重要的战略位置。如国务院于1996年发布了《国务院关于环境保护若干问题的决定》，明确地方各级人民政府对本辖区环境质量负责，实行环境质量行政领导负责制。但是，在国家"十五"规划执行情况中，地方政府的环境污染减排仍是唯一未达标的项目，而且工业二氧化硫排放不仅没有

---

① 地方政府会以优惠的政策措施吸引企业投资、留住资本，而投资者则会以资本为筹码阻碍严格的环境治理标准。这就出现了"资本挟持环境治理"的特殊现象。地方政府需要企业来促进本地区经济增长、增加地方财政收入以及创造就业机会等，必然在一定限度上屈从资本的意志，纵容企业的污染行为。反之，如果地方政府坚决执行环保政策，企业就会"用脚投票"，将资本转移到其他地区，给该地区造成经济损失。

降低，反而有所反弹（崔亚飞等，2010）。面对这种鼓励效果不佳的状况，国务院 2005 年发布的《国务院关于落实科学发展观加强环境保护的决定》指出，要把环境保护纳入领导班子和领导干部考核的重要内容，并将考核情况作为干部选拔任用和奖惩的依据之一。党的十七大更是将环境保护作为实现全面建设小康社会的奋斗目标的新要求，提出要增强发展的协调性、转变发展方式，在优化结构、提高效益、降低消耗和保护环境的基础上，实现人均地区生产总值到 2020 年比 2000 年翻两番。党的十八大进一步提出，要把生态文明建设放在突出地位，融入经济建设、政治建设、文化建设、社会建设各方面和全过程，努力建设美丽中国，实现中华民族永续发展。尽管这种晋升激励机制刚刚提出不久，但相关数据显示这一举措确实取得了一定的效果，特别是"十一五"规划以来，中国城市主要污染物的排放量有了显著的下降，化学需氧量（chemical oxygen demand，COD）和二氧化硫排放量从 2006 年以来保持年均 12%～14% 的下降速率，单位地区生产总值能耗较"十五"期间也下降了 20%。从目前阶段来看，要使干部环保绩效考核制度真正发挥作用，就必须将领导干部环保实绩考核结果与干部任用挂钩。对于各级干部来说，升迁是个人发展奋斗的目标和动力，因此，切实将环保政绩与干部任用和升迁挂钩将成为未来推动中国城市实现可持续发展战略的一个关键点和突破点。

### （二）环境治理与经济发展

世界上许多国家和地区都面临着严峻的环境问题。随着经济的发展，经济增长与环境污染的矛盾日益突出，如何实现经济增长和环境质量的协调发展成为社会发展的重要议题，也引起了经济学家的广泛兴趣。发达国家的发展经验表明，在经济发展初期，随着经济发展水平的提高，环境质量下降；当经济发展到一定阶段，随着经济水平的提高，环境质量得到改善，即环境质量与经济发展（人均收入水平）呈倒"U"形曲线关系，也就是环境库兹涅茨曲线（EKC）。EKC 假设给出了经济增长与环境污染之间的长期关系，这种现象的产生受到诸多因素，如人口密度、经济结构、技术进步、贸易开放度、环保政策等的影响。基于 EKC 假设，一些研究发现，对环境质量需求的增加，产业结构改变、技术更新等都会推动该地区更早地进入 EKC 曲线的下降段（Selden et al.，1994；Markus，2002；Andreoni et al.，2001；Stokey，1998）。

政府政策和行为同样是影响 EKC 的重要因素，例如，Lopez 等（2000）在分析政府寻租腐败行为与环境污染的关系时指出政府与企业合作将增加环境污染排放量，进而提高环境库兹涅茨曲线拐点。Torras 等（1998）的研究发现地方政府的环境治理投资和环境监管对改善环境质量十分重要，一些发展中国家环境保护政策相对薄弱，而发达国家的民主政策更有助于环保政策的实施，因此，有学者认为 EKC 的下降主要得益于政府环境政策的实施。在国内，李树等（2013）利用 2000 年中国对《大气污染防治法》（APPCL 2000）进行修订的这样一个自然实验，评估了 APPCL 2000 的修订对中国工业行业全要素生产率增长的影响。研究发现，中国 APPCL 2000 的修订显著提高了空气污染密集型工业行业的全要素生产率，且其边际效应随着时间的推移呈递增趋势，即实施严格且适宜的环境管制可能会使中国经济赢得提高环境质量和生产率增长的"双赢"结果。

也有一些学者对 EKC 假设的有效性提出了质疑，主要集中在经济增长与环境污染的二次曲线关系，例如，Harbaugh 等（2002）指出，EKC 的形状会受所研究的时间范围和地区特征的影响，也可能表现为"N"形或"S"形。彭水军等（2006）运用 1985～2003 年我国省际面板数据的六类环境污染指标，对我国经济增长与环境污染指标之间的关系进行了实证检验，发现环境库兹涅茨倒"U"形曲线很大程度上取决于污染指标以及模型估计方法的选取。尽管从理论方面可以对 EKC 的形状有不同的解释，但是 EKC 假说从实证的角度给我们提供了一种研究环境污染和经济发展相关关系的方法或工具。

本章的实证部分分两步探讨地方干部晋升与城市环境治理的相关性问题。首先，分析环境质量和能源利用效率的改善对地方干部（市长）晋升的作用，验证环境绩效考核制度的存在性，并根据中国城市不同的发展特征和区域间差异对城市进行分组分析，观察在不同城市中，环保政绩对地方干部晋升影响作用的差异；其次，基于 EKC 假设，重点讨论环境绩效考核（来自上层的压力）是否能够推动城市环境/能源与经济的可持续发展，即能够更早地跨过环境污染和单位地区生产总值能耗在 EKC 曲线上的拐点。

## 三、地方干部晋升与环保政绩

### （一）研究设计

王贤彬等（2011）以及 Li 等（2005）学者在关于地方干部晋升的模型中重点关注了地区生产总值增长对地方干部晋升概率的影响。在此基础上，Wu 等（2013）将环境治理投资变量引入模型，分析地方干部的环境治理行为对其晋升概率的影响。本章将表征能源利用效率和环境污染状况的变量引入地方干部的晋升模型，分析城市的能源使用效率和环境质量改善对地方政府干部晋升的影响，并讨论中央政府是否已经开始逐步将城市的"绿色可持续发展"纳入地方干部的政绩考核中。

为验证结果的稳健性，本章从 3 个不同的角度选取了 3 个指标对各地区/城市的环境治理和投资绩效进行度量。

首先，本章用单位地区生产总值能耗［能源利用强度（energy intensity，EI）］作为各城市能源使用情况的度量指标，即单位地区生产总值产出的能源消耗量（吨标准煤/万元）。我们之所以选择这个指标，是因为在第十一个五年规划中，中央政府将节能目标写入规划，并列为"约束性指标"，之后通过一系列政策文件，确立了节能目标责任制，在实质上确立了以各级地方政府为主体的属地管理体系。在地方干部的考核计分表中，单位地区生产总值能耗是核心考核指标，约占 40% 的比重（齐晔，2013），其他考核项，如节能工作组织、节能投入、节能技术推广、节能法规执行等则是一些节能措施。因此，单位地区生产总值能耗是地方政府干部非常关注的关键性考核指标。2007 年 11 月，国务院下发《国务院批转节能减排统计监测及考核实施方案和办法的通知》，其中，《单位 GDP 能耗统计指标体系实施方案》和《单位 GDP 能耗监测体系实施方案》的出台，标志着国家层面单位 GDP 能耗统计、监测制度的正式建立。本章中，单位地区生产总值能耗计算公式如（1）式所示：

$$EI_{it} = \frac{Energy_{it}}{GDP_{it}} = \frac{\sum_{j}^{J}(GDP_{ijt} \cdot EI_{jt})}{GDP_{it}} = \frac{\sum_{j}^{J}\left(GDP_{ijt} \cdot \frac{Energy_{jt}}{GDP_{jt}}\right)}{GDP_{it}} \quad (1)①$$

式中，下标 $i$ 表示城市，$t$ 表示年份，$j$ 表示产业。能源消耗量和地区生产总值数据均来自 2005～2010 年的《中国城市统计年鉴》数据库。可以看出，实际上是以该城市的产业结构作为权重来加权各产业的单位地区生产总值能耗。对于某个城市而言，全国平均的各产业能耗强度是给定的，因此，产业结构决定该城市的单位地区生产总值能耗。地方政府可以通过调整城市产业结构来降低城市总的能耗强度，从而改善环境质量。所以，这里我们用单位地区生产总值能耗及其变化来描述地方政府通过调整产业结构来改善环境和节约能源的行为。

第二个指标是用来表征各城市空气质量的指标——可吸入颗粒物（PM10）的浓度。该数据由各城市的空气污染指数（air pollution index，API）计算得到。从 2004 年开始，中国环境保护部（现生态环境部）网站②每日公布 86 个重点城市的空气污染指数，利用官方提供的空气污染指数计算方法，可以反算出各城市的 PM10 浓度（毫克/米³）。我们计算了各城市每年的 PM10 浓度平均值（PM10）。与单位地区生产总值能耗这一逐级上报的官方统计指标不同，可吸入颗粒物浓度能够更有效地反映人民群众切身感受到的环境质量。类似的环境和资源问题影响了社会稳定。自 1996 年以来，与环境有关的群体性事件以年均 29% 的速度增长，1995～2006 年环境信访的总数增长了 10 倍之多，2011 年重大环保事件更是比上年同期增长了 120%，中国已经进入环境群体性事件的高发期③。当前，中央政府也将社会稳定作为考核地方政府干部业绩的核心内容，因此，当地民众是否能够享受到蓝天碧水，是否对实际的环境质量满意，也是地方政府干部所要面对的压力。

第三个指标是用来反映该城市在城市环境污染治理投资的指标——废气处理设施运行费用，即当年该城市用于废气处理的设施运行费用，数据来自 2005～2010 年《中国环境年鉴》。我们用这个指标来反映地

---

① 此公式中的 GDP 实为地区生产总值，为方便使用，用 GDP 替代。后文亦有此情况。
② http://datacenter.mep.gov.cn/。
③ 见中华人民共和国环境保护部（现生态环境部）原总工程师杨朝飞在十一届全国人大常委会第二十九次会议之后举行的专题讲座（2012 年 10 月 26 日）。

方政府在环境治理方面的投入和努力。

一些学者（Wang，2013）指出，目前中央政府以及上一级政府在考核下一级政府干部的节能环保绩效时，存在的一个问题是，考核指标往往仅和统计数据（例如，单位地区生产总值能耗、污染物排放量和治污投资额等，其中各类污染物排放量与单位地区生产总值能耗高度相关，本书在实证研究中没有重复讨论）相关，而缺乏与环境改善的实际效果相联系的考核指标（例如，可吸入颗粒物浓度）。这可能导致地方政府干部做一些"表面文章"，例如投资建设污水处理厂、安装废气脱硫装置。但由于缺乏足够的后续监督检查措施和监测技术手段，许多设备实际上并未投入使用，而仅仅是为了应付上级检查。因此，我们选择了上述 3 个指标，从各个角度来考察地方政府干部对晋升机制中节能环保考核激励的反应。

方程（2）给出了考察地方干部晋升与环保政绩的实证模型：

$$Promotion_{it} = \beta_0 + \beta_1 \cdot GDP\_Growth_{it} + \beta_2 \cdot ENV\_Improve_{it}$$
$$+ \sum_{j=1}^{J} \beta_{3j} \cdot Z_{ijt} + City\ fised\ effects + Year\ fixed\ effects + \delta_{it} \quad (2)$$

模型采用面板数据结构，以分年度的城市样本作为分析单元。方程的被解释变量 $Promotion_{it}$ 为二元变量，表征城市 $i$ 的市长[①]在年份 $t$ 的升迁情况。其中，$Promotion_{it} = 1$ 表示升迁，$Promotion_{it} = 0$ 表示没有升迁。在方程的右边，我们首先控制了相对地区生产总值增长率，$GDP\_Growth_{it}$ 表示该市长在任期城市地区生产总值的年均增长率与前任市长任职期间地区生产总值年均增长率的差值（Wu 等，2013）[②]。

---

① 本章讨论的地方干部在实证中之所以是以市长为切入点，原因在于：第一，姚扬等（2013）发现在干部晋升问题上，个人效应对市长很重要，但对书记没有作用，其解释可能跟两位干部的分工有关。名义上，书记负责人事工作，并且负责大局性的决策，市长则负责具体政策的制定和实施。从组织部门的考核来说，更着重市长对当地经济的个人贡献是有一定道理的。同样，在本章中，我们也是基于这样的考虑，认为以市长为切入点在一定程度上能够说明地方干部在环境治理中的作用。第二，我们实际上也调查了书记对环境治理的影响，但是结果并不显著，这跟陈艳艳等（2012）所研究的地方干部跟投资的关系的结果基本类似。

② Wu 等（2013）的论文分别尝试了 3 种不同的地区生产总值考核指标：现任干部在任期的平均地区生产总值增长率、该城市地区生产总值增长率与所在省其他城市的地区生产总值增长率的比较，以及现任干部任期内地区生产总值增长率与同城市上一期干部在任期地区生产总值增长率的差，结果发现只有第三个指标对干部的晋升具有显著的正向作用。本章实证过程中同样对以上 3 个指标进行了测算，得到的结论与 Wu 等（2013）的发现十分类似，因此只选用第三个指标进行展示。

在该模型中，我们重点关注与城市能源/环境治理绩效相关的变量 $ENV\_Improve$。其中，$EI\_Decline_{it}$ 表示与上一年度相比，当年单位地区生产总值能耗降低的百分比，即能源利用效率提高的百分比；$PM10\_Decline_{it}$ 表示与上一年度相比，当年 PM10 浓度减少的百分比，即空气环境质量改善情况；此外，我们用上一年该城市废气设施处理费用 [$Facility\_Exp$（lag1）] 度量该城市政府在环境治理方面的投入。

该模型同时控制了市长的个人特征变量，包括年龄（$Age\_mayor$）、受教育程度（$Master\_mayor$）和在任时间（$Term\_mayor$），以及城市固定效应和年份固定效应。各变量的统计值见表 3-1。

表 3-1 变量定义和描述性统计

| | 变量 | 定义 | 样本量 | 均值 | 标准差 |
|---|---|---|---|---|---|
| 环境相关变量 | $PM10$ | 当年 PM10 浓度平均值/（毫克·米$^{-3}$） | 498 | 0.09 | 0.03 |
| | $PM10_{p75}$ | 当年 PM10 浓度 75 分位值/（毫克·米$^{-3}$） | 498 | 0.12 | 0.03 |
| | $PM10\_Decline$ | 与上一年相比 PM10 浓度平均值下降的百分比 | 498 | -0.02 | 0.11 |
| | $PM10_{p75}\_Decline$ | 与上一年相比 PM10 浓度 75 分位值下降的百分比 | 498 | -0.02 | 0.11 |
| | $EI$ | 单位 GDP 能耗（能源利用强度）：单位 GDP 产出的能源消耗量/（吨标准煤·万元$^{-1}$） | 498 | 1.05 | 0.26 |
| | $EI\_DECLINE$ | 单位 GDP 能耗的下降比例 | 498 | 0.09 | 0.09 |
| | $FACILITY\_EXP$ | 废气处理设施费用/万元 | 498 | 32255.86 | 80206.28 |
| 市长数据 | $Promotion\_M$ | 市长是否升迁：1=是，0=否 | 484 | 0.21 | 0.41 |
| | $Age\_Mayor$ | 市长年龄 | 484 | 51.13 | 4.21 |
| | $Master\_Mayor$ | 市长是否为研究生及以上学历：1=是，0=否 | 484 | 0.40 | 0.49 |
| | $Term\_Mayor$ | 市长是否处于第二届任期：1=是，0=否 | 484 | 0.07 | 0.25 |

续表 3-1

| | 变量 | 定义 | 样本量 | 均值 | 标准差 |
|---|---|---|---|---|---|
| 城市基础数据变量 | GDPPC | 每年人均 GDP/元，2003 年价格 | 498 | 2.58 | 1.67 |
| | GDP_Growth | 在任市长任期内的年均地区生产总值增长率与前任市长任期内年均地区生产总值增长率的差 | 461 | 0.03 | 0.04 |
| | POP | 城市总人口 | 498 | 535.16 | 397.17 |
| | ELDER | 老年人口（年龄≥64）比重/% | 186 | 9.02 | 1.81 |
| | RAIN | 1999 年年均降水量/毫米 | 31 | 922.99 | 568.28 |
| | TEMP | 气温（不）舒适度指数，1999 年数据① | 31 | 19.61 | 6.11 |

### （二）回归结果

表 3-2 报告了市长晋升概率的 Probit 模型的回归结果。首先在第（1）列中仅加入该市长在任期间的相对地区生产总值增长率（与上一任市长在任期间的年均增长率相比）和市长的个人特征，GDP 相对增长率对市长的晋升具有十分显著的正向作用。从第（2）～（5）列的回归结果中可以看到，GDP_Growth 对市长晋升的作用十分稳健，在控制了城市固定效应后，GDP_Growth 增加 1 个单位的标准差，该市长的晋升概率将提高 15.36%②。此外，年龄和任期对市长的晋升也有十分显著的作用，年龄越大，在任期越长的市长晋升的概率也越大；市长的受教育程度对其晋升有一定的正向作用，但影响效果并不显著。在此基础上，我们在第（2）～（5）列中加入了表明城市环境质量改善和能源利用效率提高的变量。首先，在第（3）列和第（4）列中加入了表征能源结构改善的变量——单位地区生产总值能耗的下降比重，来分析城市的能源结构改善对市长晋升的影响，EI_Decline 的系数在 10% 的显著性水平下为正，即城市能源利用效率的提高对市长的晋升具有显著

---

① 具体计算方法参照 Zheng，Kahn and Liu（2010）。
② GDP_Growth 系数取 3.7 计算得到：0.00415 × 3.7 = 15.36%。

的正向作用，在控制城市固定效应后，单位地区生产总值能耗对市长晋升的影响作用有所下降，单位地区生产总值能耗降低1个标准差，市长晋升的概率提高2.88%。在第（3）列加入了PM10年平均浓度（每年较严重空气污染天数里的PM10浓度）下降比重，该变量的系数在10%的显著性水平下显著为正，表明城市当年的空气质量改善对市长的晋升具有较为显著的正向作用，环境质量提高（PM10浓度降低）1单位标准差，市长的晋升概率提高3.54%。在表3-2的第（4）列中我们引入了废气处理设施费用变量（上一年），结果显著为正，即在废气处理方面投资较多的城市，市长的晋升概率更大。最后第（5）列同时引入3个变量，结果仍较为稳定，3个变量都显著为正，且$F$统计量在1%的置信水平下显著。

表3-2　市长晋升模型的全样本回归结果

| 变量 | (1) | (2) | (3) | (4) | (5) |
| --- | --- | --- | --- | --- | --- |
| $GDP\_Growth$ | 3.710*** | 3.745*** | 3.673*** | 3.738*** | 3.741*** |
|  | (4.61) | (4.62) | (4.61) | (4.64) | (4.66) |
| $EI\_Decline$ |  | -0.312* |  |  | -0.331* |
|  |  | (-1.70) |  |  | (-1.82) |
| $PM10\_Decline$ |  |  | -0.319* |  | -0.333* |
|  |  |  | (-1.67) |  | (-1.75) |
| $Facility\_Exp$（lag1） |  |  |  | 0.952*** | 1.009*** |
|  |  |  |  | (2.83) | (3.01) |
| $Age\_Mayor$ | 0.0188** | 0.0185** | 0.0180** | 0.0184** | 0.0170* |
|  | (2.11) | (2.08) | (2.00) | (2.08) | (1.92) |
| $Master\_Mayor$ | 0.0643 | 0.0606 | 0.0578 | 0.0661 | 0.0561 |
|  | (0.91) | (0.86) | (0.82) | (0.94) | (0.81) |
| $Term\_Mayor$ | 0.466*** | 0.456*** | 0.477*** | 0.472*** | 0.477*** |
|  | (2.69) | (2.60) | (2.76) | (2.74) | (2.74) |
| 城市固定效应 | 是 | 是 | 是 | 是 | 是 |
| 年份固定效应 | 是 | 是 | 是 | 是 | 是 |
| 样本数 | 422 | 422 | 422 | 422 | 422 |

续表 3-2

| 变量 | (1) | (2) | (3) | (4) | (5) |
|---|---|---|---|---|---|
| $Pseudo\ R^2$ | 0.227 | 0.230 | 0.232 | 0.235 | 0.245 |
| $F$ 检验 [$EI\_Decline$,$PM10\_Decline$、$Facility\_Exp$（lag1）] | | | | | 7.02** (0.071) |

说明：①回归系数结果显示的是边际影响效果；②括号里为 $t$ 统计量；③***、**、*分别表示在 1%、5%、10% 的显著性水平下显著；④在没有控制城市固定效应的模型中，残差按城市集簇；⑤变量定义见表 3-1。

以上结果表明，在本章研究的时间范围（2004～2009 年）内，城市的环境质量和能源利用效率的改善对市长的晋升具有一定的正向作用，这与 21 世纪以来中央政府所倡导的科学发展观理念是相一致的，也在一定程度上表明中央政府所建立的地方政府干部"环境绩效考核制度"正在逐步体现效果。

在此基础上，我们根据城市发展规模以及政府行政力量强弱对城市进行分组，对第（2）列进行回归，对比分析在不同的城市，这种环境考核机制的强度差异。我们认为，在经济发展水平相对较高的大中城市，中央政府将会更加重视其经济的可持续发展和环境状况的改善，因此，在这些城市，环保政绩对地方干部的晋升意义更为重要；而在政府行政力量较强的城市，地方政府能够以更多的资源（和手段）来响应中央政府的相关规定。同时，这些城市往往经济增长并不十分强劲，当地经济增长在晋升中处于非优势地位，所以地方干部会想办法从另外一方面来找到"亮点"，因此，环境绩效也许会成为一个切入点。

首先，我们根据城市的经济发展规模将所有 86 个城市分成两组：第一组是 35 个大中城市，包括直辖市、省会城市和经济特区；第二组是除以上 35 个大中城市之外的 51 个地级以上市。其中，35 个大中城市是各地区的经济、政治和文化中心，国家制定政策和调控通常都会以这 35 个城市作为先行城市。所以，本章一个重要的假设，是环境和能源考核机制首先在这些城市中展开，即在这些城市中，环境质量和能源使用效率的改善对地方干部的晋升影响将更加显著。其结果如表 3-3 第（1）列和第（2）列所示。首先，在第（1）列中，单位 GDP 能耗下降比重的系数在 10% 的显著性水平下为显著，且 $F$ 统计量都在 1% 的显著性水平下显著。这表明在 35 个大中城市中，PM10 浓度的下降和单位 GDP 能耗的降低对市长的晋升确实存在更为显著的影响。而其他城市样本的回归结果［第（2）列］中 3 个变量都不显著，且 $F$ 统计量也较小。同时，我们还可以看到，在 35 个大中城市样本模型中，3 个变量的系数都大于其他城市的回归结果，即环境指标对市长晋升的影响作用更大。我们也可以发现，地区生产总值增长率对市长晋升的作用在 35 个大中城市中显著降低。这表明地方政府干部的考核机制正在逐渐从以地区生产总值为中心向更为综合的方式转变，并且大城市起到了先行带头作用。

接下来，我们按政府行政力量强弱程度对城市进行分组。中国的特殊之处在于不同地区存在治理环境差异。何梦笔（2001）指出，全国统一的经济转型政策将引发各地政治经济的不同反应，进而促使各地逐渐形成不同的转型路径，且因各地施政条件千差万别、利益均衡点不同，各地市场化进展很不平衡。樊纲等（2010）编制的市场化进程指数系列报告已广泛应用于研究中国各地区的制度环境，我们采用樊纲等的报告中"减少政府对企业的干预"这一指标来测量政府干预程度。这一指标值越大，说明该地区政府干预市场的程度越低（或者说是政府行政力量弱）。我们按照这个指数把所有样本按照所在省份进行了分组①。其结果如表 3-3 第（3）列和第（4）列所示：PM10 浓度的下降在不同政府行政力量强度的地区影响不大，但是单位地区生产总值能耗下降比重以及废气处理设施费用变量的系数在政府行政力量强的地区都显著为正，而在政府行政力量弱的地区不显著或者相反。这在一定程度上印证了治理环境的差异，也将影响中央政策在地方层面的执行。从 $F$ 统计量（PM10 浓度下降比重、单位地区生产总值能耗下降比重、上一年废气处理设施费用）的结果来看，在政府行政力量强的地区，单位地区生产总值能耗的下降和环境污染的改善对市长晋升的影响更为显著，这与我们的预期是一致的，在政府行政力量较强的地区，地方政府更有动机响应中央政府关于环境质量改善的号召，采取更多的措施来推动辖区的"绿色发展"。

---

① 这个按照樊纲等（2010）编制的指数分组与按照城市大小分组是有所不同的，因为有的在政府干预大的地区可能城市规模是比较大的。

表 3-3 按城市级别和政府行政干预力量分样本的市长晋升模型回归结果

| 变量 | 城市级别 | | 政府行政干预力量 | |
|---|---|---|---|---|
| | 35个大中城市 | 其他城市 | 行政力量强 | 行政力量弱 |
| | (1) | (2) | (3) | (4) |
| $GDP\_Growth$ | 2.782*** | 4.964*** | 1.740 | 4.912*** |
| | (2.63) | (4.87) | (1.60) | (5.05) |
| $EI\_Decline$ | -0.321** | -0.0920 | -0.425** | -0.244 |
| | (-2.10) | (-0.24) | (-1.97) | (-0.77) |
| $PM10\_Decline$ | -0.523* | -0.390 | -0.296 | -0.276 |
| | (-1.80) | (-1.64) | (-0.92) | (-1.24) |
| $Facility\_Exp$ (lag1) | 1.332** | 0.543 | 1.251*** | -4.209* |
| | (2.52) | (1.04) | (2.97) | (-1.66) |
| $Age\_Mayor$ | -0.00412 | 0.0299** | 0.0230* | 0.0111 |
| | (-0.33) | (2.50) | (1.82) | (0.97) |
| $Master\_Mayor$ | 0.162 | -0.0190 | 0.0701 | 0.0384 |
| | (1.56) | (-0.21) | (0.73) | (0.35) |
| $Term\_Mayor$ | 0.748*** | 0.159 | 0.552*** | 0.564** |
| | (4.95) | (0.64) | (2.97) | (2.27) |
| 城市固定效应 | 是 | 是 | 是 | 是 |
| 年份固定效应 | 是 | 是 | 是 | 是 |
| 样本数 | 173 | 249 | 202 | 220 |
| $Pseudo\ R^2$ | 0.338 | 0.265 | 0.209 | 0.365 |
| $F$ 检验 | 16.60*** | 4.05 | 13.80*** | 5.39 |
| | (0.001) | (0.256) | (0.003) | (0.145) |

说明：①回归系数结果显示的是边际影响效果；②括号里为 $t$ 统计量；③***、**、*分别表示在1%、5%、10%的显著性水平下显著；④变量定义见表3-1。

## 四、重污染企业投资与干部晋升

前面两节已经验证,环保绩效与经济增长质量确实与干部晋升相挂钩。本节继续对这一话题进行拓展,将研究对象拓展至市委书记和市长,而将环保绩效延伸至重污染企业投资。

对现阶段的中国来说,重污染企业扮演着双重角色。环保部(现为生态环境部)《上市公司环境信息披露指南》规定的火电、钢铁、化工等16类重污染行业大都是中国经济的支柱产业,也是很多地方的地区生产总值以及财政收入的重要来源之一,国家所有以及规模较大的特点更使这些企业成为当地的"明星"企业,对经济欠发达或者不发达的城市来说尤为如此。但我国目前仍属于粗放型经济发展方式,资源消耗大,导致环境污染和生态退化严重(林毅夫,2007;张卓元,2005)。重污染企业要发展,必然要进行投资。这些行业大都是制造业和能源利用率较低的重型化产业,很多企业生产设备和工艺落后,而我国环境政策仍以事后治理为主,无法有效地减少经济增长所引起的环境成本(张卫东等,2007),因此,重污染企业的投资和发展势必会带来严重的环境污染。于文超等(2013)发现一地区高污染产业比重越高,环境污染事故越严重。陶然等(2009)也得出21世纪以来工业污染造成的恶性环境事件日益增多,而这些事件往往发生在招商引资最为活跃的地区的研究结果。即便如此,很多地方干部为了晋升,仍会不惜以环境为代价引进和鼓励重污染企业投资,对污染企业的监管也相对弱化,因为污染企业不仅为地方带来更多的地区生产总值和财税收入,也可能通过寻租活动为地方干部带来私人收益(于文超等,2013)。特别是在一些中小城市,地方政府考虑到企业对地方财政收入的贡献,不仅纵容企业的排污行为,而且会出现地方政府出面干涉阻挠环保部门执法的现象。梁平汉等(2014)以及张俊等(2014)都证实了这种"政企合谋"行为的普遍存在。但随着中央逐步强调晋升考核体系科学化,重污染企业投资又可能给干部晋升带来负面的绩效影响。因此,本节着力于考察重污染企业投资与干部晋升的关系,以及该关系是否与地区的发达程度或经济发展模式相关。

## (一) 研究设计

根据理论分析及设计的变量，我们采用 Probit 模型来研究重污染企业投资对干部晋升的影响：

$$Promotion_i = \beta_0 + \beta_1 IK_i + \sum Control + Year_i + Province_i + \varepsilon_i$$

式中，$IK$ 表示重污染企业投资，$Control$ 表示控制变量，包括年龄、任期、学历、区域，模型控制了年份效应与省份效应。在此模型下，除了获取基本结果，为了检验区域和规模差别对结果的影响，本章还将按照区域和城市规模分组进行检验。进一步地，为了探究这种关系是否只是存在于科学发展观相关政策出台之后，我们以 2005 年为界，在模型中加入交互项 $Policy$ 和 $IK*Policy$ 进行检验。

$Promotion$ 为虚拟变量，当干部晋升时定义为 1。重污染企业投资（$IK$）是本章的解释变量。已有文献中主要以以下几种方式对企业投资支出变量进行刻画：①辛清泉等（2007）和花贵如等（2010）采用的资本性支出 $I/K$，即以期末构建固定资产、无形资产和其他长期资产所支付的现金与期初账面资产总额之比来衡量。之所以用投资与资本存量之间的相对数作为表示投资规模的变量，是为了消除企业规模对投资的影响。②魏明海等（2007）和蔡卫星等（2011）采用购建固定资产、无形资产和其他长期资产所支付的现金、购买和处置子公司及其他营业单位所支付的现金、权益性投资和债权性投资支出所支付现金之和与资产总额的比值来衡量企业投资。③还有一些刻画方式，如以 $t+1$ 年的固定资产原值改变量除以 $t$ 年末的固定资产净值（如 Fazzari et al., 1988；辛清泉等，2006），以 $t+1$ 年的固定资产净值改变量除以 $t$ 年末的固定资产净值（如 Aivazian et al., 2005）以及以 $t+1$ 年的长期资产改变量除以 $t$ 年末的总资产（如 Loughran et al., 1995）。

综合而言，本章采用了较为常用的第一种方法，即以期末构建固定资产、无形资产和其他长期资产所支付的现金与期初账面资产总额之比来衡量重污染企业投资（$IK$）。这样的资本性衡量方式能消除企业规模对投资的影响。此外，我们认为，这一来自现金流量表的"购建固定资产、无形资产和其他长期资产所支付的现金"数据比来自资产负债表的固定资产净值等数据准确，因为在我国，利用资产减值操纵利润的例子比比皆是，而且固定资产项目也是企业制造利润的重要项目，相对而言，现金流量表的数据较难操纵。我们将同一城市的公司投资进行平均，得到城市层面数据。

其他变量的定义如表3-4所示，在此不再赘述。

表3-4 研究变量及定义

| | 变量 | 简写 | 定义 |
|---|---|---|---|
| 主要变量 | 地方干部晋升 | Promotion_s | 市委书记任期结束后晋升时为1，否则为0 |
| | | Promotion_m | 市长任期结束后晋升时为1，否则为0 |
| | 重污染企业投资 | IK | 期末构建固定资产、无形资产和其他长期资产所支付的现金与期初账面资产总额之比 |
| 其他变量 | 干部年龄 | Age_s | 书记年龄，大于等于组中值为1，否则为0 |
| | | Age_m | 市长年龄，大于等于组中值为1，否则为0 |
| | 干部任期 | Tenure_s | 市委书记当年任期 |
| | | Tenure_m | 市长当年任期 |
| | 干部学历 | Bachelor_s | 市委书记有大学及以上学历时为1，否则为0 |
| | | Bachelor_m | 市长有大学及以上学历时为1，否则为0 |
| | 干部是否本地 | Local_s | 市委书记是本地人时为1，否则为0 |
| | | Local_m | 市长是本地人时为1，否则为0 |
| | 任期内经济增长 | GDPgrowth_s | 市委书记任期内地区生产总值移动平均增长率 |
| | | GDPgrowth_m | 市长任期内地区生产总值移动平均增长率 |
| | 城市所属区域 | East | 城市位于东部时为1，否则为0 |
| | | West | 城市位于西部时为1，否则为0 |
| | 城市规模① | Population | 大及以上城市为1，中小城市为0 |
| | 政策年份 | Policy | 虚拟变量，2005~2010年为1，1999~2004年为0 |

## （二）重污染企业投资描述性统计

本章收集了16个重污染行业的601家上市公司，分布在191个城

---

① 超大城市：市区非农业人口在200万人口以上的城市。特大城市：市区非农业人口为100万~200万的城市。大城市：市区非农业人口为50万~100万的城市。中等城市：市区非农业人口为20万~50万的城市。小城市：市区非农业人口在20万以下的城市。

市，分布状况如图3-1所示。大部分城市拥有5家以下的重污染上市公司，拥有5家以上的城市占少数，可见重污染上市公司在191个城市的分布较为分散，为本章的研究奠定了一定的基础。

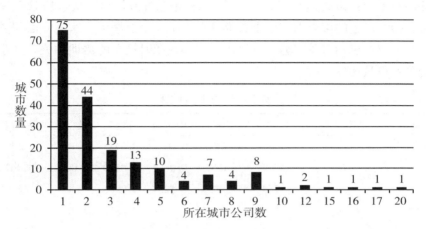

图3-1 601家公司在191个城市的分布状况

表3-5给出了601家重污染行业上市公司的区域分布、城市规模分布以及上市时间分布。从区域分布上看，一半以上的重污染上市公司在东部区域，中西部分别有27.6%和16.3%的重污染上市公司。而69.7%的重污染上市公司在大及以上城市，另外30.3%则坐落在中小城市。从上市时间来看，2005年以前（含2005年）上市的企业有419家，占比69.7%；2005年以后上市的企业有182家，占30.3%。

表3-5 重污染上市公司分布状况

| 变量 | 所在区域 | | | 所在城市规模 | | 公司上市年份 | |
|---|---|---|---|---|---|---|---|
| | 东部 | 中部 | 西部 | 大及以上 | 中小 | 2005年前 | 2005年后 |
| 公司数 | 337 | 166 | 98 | 419 | 182 | 419 | 182 |
| 样本总量 | 601 | 601 | 601 | 601 | 601 | 601 | 601 |
| 占比 | 56.1% | 27.6% | 16.3% | 69.7% | 30.3% | 69.7% | 30.3% |

表3-6给出了主要变量的描述性统计。1999～2010年间，各城市重污染企业平均资本性支出为0.1087，最大值和最小值差异较大。在

总样本中，85.96%的市委书记和86.72%的市长任期结束后得到了晋升。市委书记和市长的平均年龄仅为51.9岁和50.2岁，小于中央规定的法定退休年龄。从干部任期来看，市委书记最长任期为10年，最短任期为1年；市长最长任期为9年，最短任期为1年。从学历状况来看，90%以上的市委书记和市长都具有大学及以上学历，这一方面与委任时的考核机制有关，另一方面也与干部在职时接受的培训相关。其余变量不再赘述。

表3-6 描述性统计

| 样本 | 变量名称 | 观察值 | 均值 | 中位值 | 标准差 | 最小值 | 最大值 |
|---|---|---|---|---|---|---|---|
| 市委书记 | $Promotion\_s$ | 1774 | 0.8596 | 1 | 0.3475 | 0 | 1 |
| | $IK$ | 1774 | 0.1087 | 0.0884 | 0.0870 | 0.0002 | 0.7467 |
| | $Age\_s$ | 1754 | 51.8883 | 52 | 3.9906 | 40 | 68 |
| | $Local\_s$ | 1720 | 0.3913 | 0 | 0.4882 | 0 | 1 |
| | $Tenure\_s$ | 1774 | 2.6697 | 2 | 1.5772 | 1 | 10 |
| | $GDPgrowth\_s$ | 1774 | 0.1260 | 0.1312 | 0.0517 | -0.565 | 0.495 |
| | $Bachelor\_s$ | 1731 | 0.9336 | 1 | 0.2491 | 0 | 1 |
| | $Population$ | 1774 | 0.3145 | 0 | 0.4645 | 0 | 1 |
| | $East$ | 1774 | 0.4634 | 0 | 0.4988 | 0 | 1 |
| | $West$ | 1774 | 0.1392 | 0 | 0.3463 | 0 | 1 |
| | $Policy$ | 1774 | 0.5750 | 1 | 0.4945 | 0 | 1 |
| 市长 | $Promotion\_m$ | 1769 | 0.8672 | 1 | 0.3395 | 0 | 1 |
| | $IK$ | 1769 | 0.1079 | 0.0880 | 0.0871 | 0.0001 | 0.7585 |
| | $Age\_m$ | 1753 | 50.1814 | 50 | 4.2386 | 36 | 63 |
| | $Local\_m$ | 1608 | 0.3905 | 0 | 0.4880 | 0 | 1 |
| | $Tenure\_m$ | 1769 | 2.4409 | 2 | 1.4222 | 1 | 9 |
| | $GDPgrowth\_m$ | 1769 | 0.1272 | 0.1310 | 0.0517 | -0.565 | 0.495 |
| | $Bachelor\_m$ | 1702 | 0.9083 | 1 | 0.2886 | 0 | 1 |
| | $Population$ | 1769 | 0.3132 | 0 | 0.4639 | 0 | 1 |
| | $East$ | 1769 | 0.4618 | 0 | 0.4987 | 0 | 1 |
| | $West$ | 1769 | 0.1441 | 0 | 0.3513 | 0 | 1 |
| | $Policy$ | 1769 | 0.5794 | 1 | 0.4938 | 0 | 1 |

最后，图3-2展示了样本企业母公司构建固定资产、无形资产和其他长期资产所支付现金占合并报表中该数目的比重。全部公司的平均占比为64.1%，污染尤其严重的钢铁、冶金、化工等所占比重甚至更高。样本城市大都为重污染企业母公司所在地，结果显示重污染企业母公司的投资占了非常大的比重，其相应带来的污染也大部分发生于样本城市中，这使得数据更具代表性和可信度。

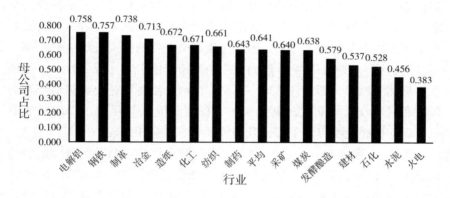

图3-2　601家重污染企业母公司构建固定资产、无形资产和其他长期资产所支付现金占合并报表中该数目的比重

## （三）回归结果

1. 重污染企业投资与市委书记晋升

表3-7中第（1）列报告了市委书记样本回归的基本结果。结果表明，重污染企业投资这一指标在5%的统计水平上显著为负，验证了假设1，也就是说，重污染企业投资的增加会显著减小该城市市委书记的晋升概率。辖区内重污染企业投资的增加不仅没有给市委书记带去"应有的好处"，反而使市委书记"得不偿失"。这说明环境保护绩效已经成为干部晋升的重要考核标准之一。同时，随着近年来环境问题日益突出并直接威胁到人们的生命安全，民众对干部的负面评分也可能是导致显著负相关的因素之一。

考虑到我国不同规模和区域的城市之间经济社会发展水平存在较大的差距，本章将分样本进行实证估计，进而考察规模和区域差别对重污染企业投资与干部晋升关系的影响。

首先，本章按照规模将城市分成大及以上城市和中小城市两组。表3-7第（2）～（3）列的回归结果显示，在大及以上城市，重污染企业投资增加对市委书记晋升概率的负面影响比中小城市大。对于大城市而言，城市地区生产总值增长和财政收入对重污染企业依赖程度较小，经济发展也不是摆在绝对的第一位，环境、民生等问题逐渐摆上更高位置，重污染企业带来的环境污染负面影响就会超过其带来的经济贡献；同时，大城市往往也是综合政治绩效考核改革的先行者，环境绩效在干部考核中发挥较大作用，因此，重污染企业的投资可能会使干部的晋升受到更大的负面影响。然而，中小城市经济欠发达或不发达，经济发展仍然为城市干部晋升的第一要义，同时，重污染企业给当地带来的经济和财政收入贡献大，也会在一定程度上掩盖其环境污染的负面效果，重污染企业投资对干部晋升的负面影响就会相对较小。

表3-7第（4）～（5）列显示了按照东部和中西部区域分组的检验结果。在东部城市中，重污染企业投资变量系数为-0.630，在10%的水平显著；在中西部城市中，重污染企业投资变量系数为-0.554，但不显著。这在一定程度上表明，东部城市重污染企业投资对市委书记晋升概率的负面影响比中西部城市显著。这与大小城市的区别类似，经济社会发展的差距使重污染企业投资给干部晋升带来的影响各异。综上，假设2在市委书记样本中得到了验证。此外，经济增长总体来说对干部晋升无显著影响，基本结果已做解释，此处不再赘述。

针对干部考核的"唯GDP论"，国务院于2005年印发《关于落实科学发展观加强环境保护的决定》，明确将环境保护工作纳入领导班子和领导干部考核体系，并将考核情况作为干部选拔任用和奖惩的依据之一。我们以2005年为分界点，在基本模型上加入重污染企业投资变量和政策年份虚拟变量之间的交互项 $IK*Policy$ 以及 $Policy$。表3-7第（6）列报告了回归结果。结果显示，重污染企业投资变量 $IK$ 系数为-0.809，在10%的水平上显著；交互项 $IK*Policy$ 系数为-0.416，但不显著。可以看到，2005年国务院发布《关于落实科学发展观加强环境保护的决定》之前，重污染企业投资的增加对市委书记的晋升概率已经有显著的负面影响，政策发布之后，重污染企业投资的增加对市委书记的晋升概率的负面影响增强，但是并不显著。这说明，环境绩效纳入干部升迁考核标准之一的改革政策发挥了初步作用,但是仍有待继续落实。此外,经济增长变量无显著影响。

表3-7 重污染企业投资与干部晋升关系市委书记样本回归结果

| 解释变量 | 基本结果 (1) | 大及以上城市 (2) | 中小城市 (3) | 东部 (4) | 中西部 (5) | 政策效应 (6) |
|---|---|---|---|---|---|---|
| $IK$ | -0.617** | -1.819*** | -0.505 | -0.630* | -0.554 | -0.809* |
|  | (-2.34) | (-2.86) | (-1.19) | (-1.89) | (-1.34) | (-1.66) |
| $Age\_s$ | -0.196*** | -0.351*** | -0.202*** | -0.233*** | -0.209*** | -0.184*** |
|  | (-8.80) | (-4.68) | (-7.03) | (-7.31) | (-6.74) | (-8.01) |
| $Local\_s$ | -0.114 | -1.629*** | 0.394** | -0.364 | 0.215 | -0.0824 |
|  | (-0.75) | (-3.39) | (2.11) | (-1.63) | (1.07) | (-0.53) |
| $Tenure\_s$ | 0.176*** | 0.160 | 0.221*** | 0.174*** | 0.238*** | 0.219*** |
|  | (4.04) | (1.30) | (3.95) | (2.82) | (4.04) | (4.82) |
| $Bachelor\_s$ | -0.299 | 3.676*** | -1.113*** | -0.0234 | -0.855* | -0.157 |
|  | (-1.12) | (2.74) | (-2.94) | (-0.07) | (-1.87) | (-0.57) |
| $GDPgrowth\_s$ | -2.870** | -18.45** | -1.886 | -3.572** | 2.296 | -2.055 |
|  | (-2.20) | (-2.14) | (-1.52) | (-2.16) | (1.28) | (-1.53) |
| $East$ | -0.0578 | -0.983 | 0.0731 |  |  | -0.0616 |
|  | (-0.16) | (-0.66) | (0.19) |  |  | (-0.17) |
| $West$ | -0.900* | -2.016 | -0.852* |  |  | -0.918* |
|  | (-1.83) | (-0.92) | (-1.74) |  |  | (-1.86) |
| $IK*Policy$ |  |  |  |  |  | -0.416 |
|  |  |  |  |  |  | (0.81) |
| $Policy$ |  |  |  |  |  | -1.549*** |
|  |  |  |  |  |  | (-6.50) |
| $Constant$ | 13.31*** | 26.23*** | 13.54*** | 15.30*** | 13.32*** | 12.24*** |
|  | (10.29) | (5.09) | (8.20) | (8.46) | (7.30) | (9.26) |
| $Year$ | Y | Y | Y | Y | Y | Y |
| $Province$ | Y | Y | Y | Y | Y | Y |

续表 3-7

| 解释变量 | 基本结果 (1) | 大及以上城市 (2) | 中小城市 (3) | 东部 (4) | 中西部 (5) | 政策效应 (6) |
|---|---|---|---|---|---|---|
| Log pseudo-likelihood | -438.15 | -108.65 | -288.83 | -212.80 | -268.97 | -420.26 |
| N | 1681 | 535 | 1146 | 793 | 888 | 1681 |

说明：①表中报告的是利用 Probit 模型回归的结果，括号表示回归得出的稳健标准差。②***、**、* 分别表示通过显著水平为 1%、5%、10% 的检验。

2. 重污染企业投资与市长晋升

表 3-8 中第（1）列报告了市长样本回归的基本结果。结果与市委书记样本回归的结果类似，而且负面效果更显著。这可能与市委书记和市长的职能分工有关。名义上，书记负责人事工作，并且负责大局性的决策，市长则负责具体经济、环境等政策的制定和实施。因此，重污染企业投资带来的环境污染对市长晋升的影响相对较大。

表 3-8 第（2）～（3）列报告了按照城市规模分组的检验结果，第（4）～（5）列显示了按照东部和中西部区域分组的检验结果，重污染企业投资的增加对市长的晋升概率已有显著负面影响，第（6）列汇报了 $IK$ 与和政策实施时间分界点的回归结果。这些结果基本都与市委书记样本回归保持一致，整体而言，重污染企业投资与干部晋升的关系在经济发达的城市中更加显著，且这种关系随着中央逐步贯彻落实科学发展观和绿色 GDP 考核后得到加强。

表 3-8 重污染企业投资与干部晋升关系市长样本回归结果

| 解释变量 | 基本结果 (1) | 大及以上城市 (2) | 中小城市 (3) | 东部 (4) | 中西部 (5) | 政策效应 (6) |
|---|---|---|---|---|---|---|
| $IK$ | -1.125*** | -1.976*** | -0.123 | -1.497*** | -0.878** | -0.809* |
|  | (-4.57) | (-4.23) | (-0.27) | (-3.74) | (-2.34) | (-1.66) |
| $Age\_m$ | -0.107*** | -0.0880** | -0.127*** | -0.238*** | -0.0422 | -0.122*** |
|  | (-5.39) | (-2.14) | (-4.54) | (-5.99) | (-1.59) | (-5.60) |
| $Local\_m$ | 0.294* | 0.625* | 0.313 | 0.858*** | 0.142 | 0.369** |
|  | (1.91) | (1.95) | (1.55) | (3.03) | (0.70) | (2.26) |

续 3-8

| 解释变量 | 基本结果 (1) | 大及以上城市 (2) | 中小城市 (3) | 东部 (4) | 中西部 (5) | 政策效应 (6) |
|---|---|---|---|---|---|---|
| Tenure_m | 0.122** | 0.0444 | 0.196*** | 0.306*** | 0.0220 | 0.175*** |
|  | (2.55) | (0.50) | (2.96) | (3.70) | (0.34) | (3.48) |
| Bachelor_m | -0.0662 | 0.640 | -0.545 | 0.232 | -0.545 | -0.0414 |
|  | (-0.28) | (1.37) | (-1.56) | (0.72) | (-1.26) | (-0.17) |
| GDPgrowth_m | 1.117 | 0.486 | 1.101 | -2.441* | 2.939*** | 1.526** |
|  | (1.54) | (0.28) | (1.29) | (-1.88) | (3.09) | (2.03) |
| East | 0.254 | -0.406 | 0.339 |  |  | 0.361 |
|  | (0.79) | (-0.58) | (0.85) |  |  | (1.09) |
| West | 0.121 | 0.219 | 0.237 |  |  | 0.103 |
|  | (0.27) | (0.19) | (0.43) |  |  | (0.22) |
| IK*Policy |  |  |  |  |  | -0.286 |
|  |  |  |  |  |  | (-0.62) |
| Policy |  |  |  |  |  | -1.132*** |
|  |  |  |  |  |  | (-5.30) |
| Constant | 7.217*** | 6.954*** | 8.411*** | 14.45*** | 4.242*** | 7.717*** |
|  | (6.63) | (2.93) | (5.65) | (6.64) | (2.97) | (6.57) |
| Year | Y | Y | Y | Y | Y | Y |
| Province | Y | Y | Y | Y | Y | Y |
| Log pseudo-likelihood | -454.10 | -156.75 | -282.34 | -176.27 | -260.99 | -432.73 |
| N | 1553 | 488 | 1065 | 741 | 812 | 1553 |

说明：①表中报告的是利用 Probit 模型回归的结果，括号表示回归得出的稳健标准差。②\*\*\*、\*\*、\* 分别表示通过显著水平为 1%、5%、10% 的检验。

## 五、本章结论与讨论

考虑在过去和当前的经济增长模式下环境的不可持续性，以及维持经济繁荣所需的环境基础承受着不可逆转的风险，中国政府在国家第十二个"五年规划"中提出了绿色发展的战略方向，党的十八大更是提出了建设"美丽中国"和"生态文明"的目标。世界银行（2012）的报告提出绿色发展模式理念，也就是说，经济增长要摆脱对资源使用、碳排放和环境破坏的过度依赖，通过新的绿色产品市场、绿色技术、绿色投资，改变消费行为和加强环保来促进增长。在目前中国经济发展和环境治理的制度环境下，实现这一目标的成败关键往往并不在于中央政府，而在于地方政府的行为。Wang 等（2002）通过对中国 85 个地方城镇的实证分析发现，地方政府对环境污染治理的偏好会受到上级政府干预以及本辖区居民抱怨的影响，即上级政府对环境保护的重视程度和本辖区居民对环境污染的投诉会提升地方政府对环境污染的治理程度。

本章以 2004～2009 年中国 86 个重点城市的面板数据为样本，考察能源与环境指标是否真正被纳入地方干部业绩考核和晋升机制当中，以及这种晋升激励能否为城市环境带来乐观的前景。我们的实证结果表明，城市环境质量和能源利用效率的提高对市长的晋升概率已经具有一定的正向贡献。这表明中央政府所建立的地方政府干部的"环境绩效考核制度"正在逐步发挥作用，并且在经济水平较高和政府行政力量较强的城市，这种环境绩效对市长的晋升更为重要。我们接着利用环境库兹涅茨曲线（EKC）作为实证工具，探讨上述激励机制的导向是否能够帮助城市更早地跨过环境污染在 EKC 上的拐点。数据表明，单位地区生产总值能耗与人均地区生产总值之间存在倒"U"形曲线关系，而城市的空气污染（PM10 浓度）与人均地区生产总值之间存在"S"形曲线关系（目前中国大多数城市位于曲线的后半段倒"U"形曲线部分）。这意味着随着人均地区生产总值的增加，单位地区生产总值能耗和空气污染都会经历先升高后降低的过程。在政府行政力量较强、市长受教育水平和民众受教育水平相对较高的城市，单位地区生产总值能耗和环境污染都将会更早地进入 EKC 的下降段。同时，在经济发展规模较大的城市，空气污染也有望更早跨过 EKC 的拐点。

本章将研究拓展至重污染企业投资与市委书记和市长晋升的关联性。结果显示，辖区重污染企业投资的增加对市委书记和市长的晋升概率都有显著的负面影响。这说明环境绩效已经在干部升迁中扮演着重要的角色，政府对干部升迁考核制度的改革起到了初步的作用。与此同时，重污染企业投资和干部晋升之间的关系也受所在区域和城市规模的影响而有所差别。相较于中小城市，在大及以上城市中，辖区内重污染企业的投资对市委书记和市长晋升概率都有更大的负面影响，这与不同规模的城市之间经济社会发展的差距有很大的关系。相较于中西部城市，在东部城市，重污染企业的投资对市委书记和市长晋升概率负面影响更大。2005年国务院《关于落实科学发展观加强环境保护的决定》发布之后，上述关系得到强化。

以地区生产总值为核心的单维激励模式造成地方政府忽略环境保护的扭曲结果。只要这种激励结构不发生根本的变化，地方政府就没有治理污染、改善生态环境的积极性。基于此，我们认为，把环保绩效纳入干部的政绩考核范畴不单是理论可行，更是实践可行，因此应该着力推行。另外，由于环境污染对于生产企业来说是一种附带产出，特别是对于一些高能源消耗性产业而言，治理环境污染与其追求经济产出的目标是相悖的，因此大多数企业没有动力进行环境污染控制和治理。从这一角度来看，增加地方政府在环境治理方面的行政干预对改善环境污染问题就显得十分迫切和重要。本章的不足之处在于，我们只能通过地方干部的事后升迁来判断环保考核的影响，如果能进一步考察地方干部在经济增长与环保投入中的行为，可能对我们理解该问题会有更好的帮助。

# 第四章 地方干部晋升、任期与民生发展

## 一、引言

民生问题一直是最受民众以及中央政府重视的问题之一,党的十八大更是第一次将"民生"写入报告,指出"加强社会建设,必须以保障和改善民生为重点"。但相对于西方国家而言,中国的民生发展程度远远落后于经济增长。目前的文献普遍将其归因于中国式财政分权体制的影响(乔宝云等,2005;晏小敏,2008)。虽然财政分权理论较好地解释了地方政府的扩张性财政政策行为(钱颖一等,1998),但未能充分解释地方政府公共资源配置的动机及行为。相比之下,政治晋升的激励作用可能加大了地方政府在发展经济方面的投入(李宏彬等,2005),比如基础设施、企业投资增长等,而对医疗、教育、卫生等对地区生产总值增长没有显著作用的投资则冷漠对待(丁菊红等,2009;陈健,2008)。但此类文献通常仅停留在理论层面,缺乏足够的实证支撑。因此,从"政治锦标赛"对地方政府的激励作用入手,实证研究地方政府在民生投入方面的行为将具有深远的意义。

本章首先对干部在任期内的民生投入行为进行理论分析,认为地方干部在任期前期进行民生投入的期望效用较任期末期高,但在有限的财力和任期下,地方干部对经济增长的热情对任期前期的民生支出产生"挤出效用",而任期末期地方干部的晋升压力增大或"自私性努力"使民生支出受到进一步的抑制,导致民生支出在地方干部任期内的发展呈非线性关系。在此基础上,我们收集了2003~2009年间中国272个地级市的市委书记数据,在控制财政分权、财政压力、经济建设变量的基础上研究市委书记个人特征对民生投入的影响。研究表明,民生支出在市委书记任期内呈现先增后减的趋势,与市委书记的在任年数形成倒"U"形关系,并在任期第三年和第四年,即任期中期达到最大值。同

时，我们还发现，在前任干部与新上任干部的共同作用下，发生新旧市委书记交替的年度城市民生支出有所下滑。因此，过短的任期以及过高的变更频率对地方的民生问题改善将带来负面的影响。

## 二、理论分析与假设提出

在我国"任命制 + 任期制"的人事干部管理制度下，干部一般只对其任职期间的事务负责，而不需要对其任期外的事务负责。在这种情形下，地方干部如果预期到自己担任某个职位的时间有限，则有动机做出某些损害长期利益的举动来增进当前利益。张军等（2007）发现，干部的任期时间长短会显著影响其施政行为和策略，干部任期过短会造成短视性的行为，而干部的任期过长则可能导致其目标函数的改变。王贤彬等（2008）也发现任期对干部在经济绩效上的影响存在显著的异质性。因此，我们认为，从干部任期的角度入手，研究政府行为背后的实质性个体——干部，对经济资源配置的影响是一个十分深远而又有意义的话题。

相对于固定资产投资等"硬公共品"而言，教育等"软公共品"具有时滞性和时间累加性两个显著的特征。前者指民生投入对经济增长的推动作用无法在投入当期显现。时滞性是使追求短期经济增长最大化的政府轻视民生支出而重视基础性支出，从而使得财政支出结构扭曲的重要原因（傅勇等，2007；吕伟等，2008）。此外，民生投入具有时间累加性，短期内的教育投入可能对经济增长只有较弱的促进作用，但如果教育投入长期累加，则可以对经济增长产生较强的影响（郭庆旺等，2006）。因此，为了使民生投入能够转化为经济增长并在有限的任期内显示出来，地方干部在任期前期进行民生投入的期望效用大于任期末期。

如果仅从民生的"软公共品"性质和干部对经济增长的角度来看，那么民生投入在干部任期可能呈现线性递减的特征。但在财政分权体制和任命制下，地方干部往往面临"财权"与"事权"不对称的困境，这迫使地方干部必须利用十分有限的财力在民生投入与"硬公共品"间进行资源配置。为了尽快显示个人能力，政府公共投资总是优先用于与经济增长紧密相关的项目（张军等，2007；丁菊红等，2008；中国经济增长前沿课题组，2011；等等）。另外，考虑经济发展也可能存在时滞性，地方干部为了能在任期内显现出经济结果，通常选择在任期初期大力发展经济（王贤彬等，2009）。因此，即使地方干部在任期初期进行民生投入的期望效用较高，但干部对短期经济增长的需求对民生发展产生"挤出效应"，抑制了任期初期的民生投入。随着其在任时间的增加，干部在政策性约束和地方舆论压力增加，而民生投入的期望效用仍然较高时，逐渐增加对民生的投入。而在任期末年，干部面临更大的晋升压力，存在晋升希望的干部为了争取最后的晋升机会而进行地区生产总值"冲刺"，从而只关注经济增长；而不存在晋升希望的干部则开始关注个人收益，并进一步降低晋升预期，设法提高地方留存收益或者追求纯粹私人利益（田伟，2009），加上此时民生支出的期望效用相对较低，干部在任期末期缺乏民生投入的动力。基于上述分析，我们提出假设1。

H1：地方干部在任期内对民生投入的热情先增后减。

根据前文的分析，若上一届政府任期过短或过长，则政府交接时期的城市民生发展水平较低。此外，地方干部新上任，短期内将沿袭上一届干部的做法（王贤彬等，2009），民生支出无法得到及时改善。若上一届政府任期处于民生支出的拐点，则政府交接时期的城市民生发展水平处于较高水平。此时，新上任干部至少面临着职权变化、环境变化其中之一的问题，有些甚至两者兼具。干部上任时面对不同的领导班子以及所管辖区域的经济环境变化，存在一个适应期和调整期，在这个时期地方投资与政策措施均处于不稳定状态；另外，受到相对绩效考核体制的影响，地方干部将选择最大化经济增速。考虑到经济政策可能存在的滞后性，新上任干部为了在任期内显示出经济成果，通常在上任初期便关注经济发展（王贤彬等，2009；张军等，2007），民生支出被经济发展诉求挤出。因此，我们提出假设2。

H2：干部更替对地方民生支出将带来负面影响。

## 三、研究设计

### （一）样本选择

我们通过地方年鉴、网络搜索（www.baidu.com）等各种途径，完成了全国272个城市[①]连续11年（1999～2009年）的地方干部数据的收集工作。我们收集了这些城市的市委书记的如下指标：上任时间、任期、年龄、学历、来源、去向等，进而构造了相应的研究指标。

城市层面的变量来自"中经网统计数据库"中的城市年度数据库以及历年的《中国城市统计年鉴》。由于我们的研究重点在于城市在民生方面的表现，而《中国城市统计年鉴》数据中相关指标包括各城市预算内财政收支、预算内教育支出、抚恤和社会福利救济支出、社会保障支出等指标。其中，《中国城市统计年鉴》仅从2007年开始较为完整地报告了各城市的抚恤和社会福利救济支出、社会保障支出两个指标，而预算内教育支出在2002年及以前仅报告了市辖区的支出情况，因此，最终我们将研究年限确定在2003～2009年。

## （二）模型与变量

### 1. 模型设定

我们将在干部个人效用函数与任期关系的基础上设定如下三个模型：

$$Livelihood_{it} = \beta_0 + \beta_1 Tenure_{it} + \sum Control + Province + Year + \epsilon_{it} \quad (1)$$

$$Livelihood_{it} = \beta_0 + \beta_1 Tenure_{it} + \beta_2 Tenuresq_{it} + \sum Control + Province + Year + \epsilon_{it} \quad (2)$$

$$Livelihood_{it} = \beta_0 + \beta_1 Change + \sum Control + Province + Year + \epsilon_{it} \quad (3)$$

式中，$Livelihood$代表民生支出；$Tenure$代表市委书记当年任期；$Change$代表当年是否发生干部变更；$\sum Control$代表控制变量，包括干部年龄、干部教育程度、干部就职来源、人均地区生产总值、财政盈余、财政自由度、对外开放度；$Province$和$Year$分别代表省份（或城市）效应与年份效应；$\epsilon_{it}$为随机扰动项。

模型（1）是针对干部当年任期的回归。根据我们的分析，教育支出与干部任期呈现非线性关系，因此，$\beta_1$的符号无法确定。模型（2）在模型（1）的基础上加入了当年任期的平方项。我们预期$\beta_1 > 0$，

---

[①] 全国一共有656个城市，但有很多城市是县级市，数据不具有可收集性。我们主要是以"中经网统计数据库"中的城市年度数据库中的地级市（一共有335个）作为数据收集的基础。

$\beta_2 < 0$，市委书记的民生投入热情与任期呈现倒"U"形关系，民生热情呈现先增后降的过程。模型（3）是研究城市民生投入与干部变更的关系模型，$Change$ 表示当年是否发生干部变更，"1"代表变更，"0"代表非变更。我们预期 $\beta_1 < 0$，干部变更将对城市民生发展产生负面影响。

2. 变量定义

由于数据的可得性限制，本章将从教育领域对干部的民生投入行为进行研究。基于两个主要原因，我们认为用义务教育来反映政府的民生努力是合理的。其一，由于私人投资的意愿及能力无法满足社会的总体需求，因此教育属于公共品（陈共，1999），其非竞争性与非排他性是民生项目最重要的基本特征；其二，在财政分权框架内，义务教育外溢性最大。义务教育不以营利为目的，对人力资本的推动见效很缓慢，对拉动短期 GDP 的增长率是没有贡献的（华萍，2005）。由此，我们认为教育领域在研究地方干部的民生投入行为方面具有一定的代表性。在我们的计量模型中，我们从"投入"及"结果"两个维度对干部的民生投资行为分别进行研究。我们用"当年预算内教育支出/当年预算内支出"来衡量干部的民生投入动力。考虑到地区的教育发展除了受到教育投入的影响，还受到政策等因素的影响。此外，教育资金的投资方式以及管理运用模式也会对当地的教育发展产生重要影响。因此，我们在研究"投入"的基础上，增加对民生发展"结果"的考核，该模型采用的是"中小学学生人数/总人口"这一指标。其他变量的定义如表 4-1 所示，在此不再赘述。

表 4-1 变量定义

| 变量 | 定义 |
| --- | --- |
| $E/P$ | 预算内教育支出/本级预算内财政支出 |
| $CE$ | 义务教育普及率：（小学生人数 + 中学生人数）/总人口 |
| $Tenure$ | 市委书记当年任期 |
| $Age$ | 市委书记当年年龄 |
| $Local$ | 市委书记来源：1 = 从本城市就职；0 = 从其他城市就职 |
| $Dedu$ | 市委书记学历：1 = 硕士及以上；0 = 硕士以下 |
| $PerGDP$ | 人均地区生产总值 |
| $FD$ | 财政分权：本级支出/（本级支出 + 省级支出） |

续表 4-1

| 变量 | 定义 |
|---|---|
| SR | 财政支出压力：（本级收入－本级支出）/本级地区生产总值 |
| PD | 人口密度 |
| FDI | 对外开放度：实际利用外资额/本级地区生产总值 |

## 四、实证结果与分析

### （一）描述性统计

图 4-1 反映了进入 21 世纪以来中国财政预算三大板块的发展情况。在十年间我国预算内教育支出占 GDP 比重维持在 3% 上下，但远低于 4% 的目标（《中国教育改革和发展纲要》，1993）。与此形成鲜明对比的是预算内收入占比与预算内支出占比的情况。预算内收入占 GDP 比重由 21 世纪初的 15% 上升到 2010 年的 21%，十年间增速维持在 20% 左右，并在绝大多数年份高于教育支出增速，后者维持在 15% 左右。上述结果说明地方干部在经济增长、提高预算内收入以及行政管理支出的热情明显高于改善当地教育投入方面的热情。

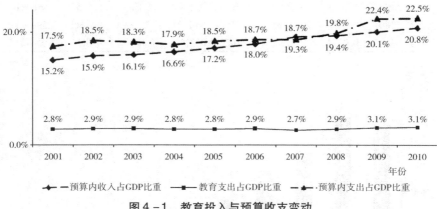

图 4-1 教育投入与预算收支变动

本章在 1% 水平对所有连续变量进行 Winsorize 处理。预算内教育支出占财政支出的平均值为 19.01%，由于我们并未考虑预算外支出与制度外支出，该值实际上被大大高估。而义务教育在读学生占总人数的均值为14.81%，在我国大力普及义务教育的举措下，我国的适龄儿童获得了更多接受教育的机会。另外，任期的平均值为2.85年。为了更加详细地了解干部的任期结构，我们报告了处于不同在任年数的频率。在我们的样本区间2003～2009年之间，处于任期第二年、任期第一年的频率最高，处于任期第五年之后的样本频率较低，只有少部分市委书记能够任满5年。这说明我国干部的变更频率较快，干部任期呈现短期化特点。而在2003～2009年间总样本干部变更的次数为460次。其他变量的描述在此不再赘述。见表4-2、图4-2。

表4-2 描述性统计

| 变量 | Obs | Mean | Std. | Min | Max | 25% | 50% | 75% |
|---|---|---|---|---|---|---|---|---|
| E/P | 1807 | 0.1901 | 0.0502 | 0.0015 | 0.4943 | 0.1549 | 0.1899 | 0.2251 |
| CE | 1806 | 0.1481 | 0.0369 | 0.0489 | 0.4999 | 0.1231 | 0.1627 | 0.1675 |
| Tenure | 1807 | 2.8480 | 1.6589 | 1 | 10 | 2 | 3 | 4 |
| Change | 1807 | 0.2427 | 0.4289 | 0 | 1 | 0 | 0 | 0 |
| Age | 1807 | 51.4607 | 3.7023 | 39 | 67 | 49 | 52 | 54 |
| Local | 1807 | 0.4291 | 0.4951 | 0 | 1 | 0 | 0 | 1 |
| Dedu | 1807 | 0.6674 | 0.4713 | 0 | 1 | 0 | 1 | 1 |
| perGDP | 1807 | 20594.50 | 25683.51 | 2339.46 | 342287 | 8512.886 | 13268.62 | 23070.55 |
| FD | 1807 | 0.4110 | 0.1123 | 0.1633 | 0.7103 | 0.3374 | 0.3996 | 0.4732 |
| SR | 1807 | 0.0685 | 0.0540 | -0.0041 | 0.2686 | 0.0305 | 0.0555 | 0.0924 |
| PD | 1807 | 405.6899 | 296.7690 | 4.7 | 2661.54 | 179.83 | 337.865 | 598.45 |
| FDI | 1807 | 0.0238 | 0.0278 | 0.0021 | 0.3758 | 0.0060 | 0.0137 | 0.0320 |

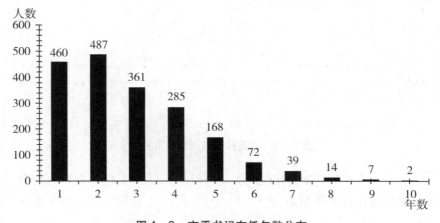

图4-2 市委书记在任年数分布

第四章 地方干部晋升、任期与民生发展

## (二) 回归结果

1. 教育投入变量与任期的关系

(1) 总样本回归见表4-3。

**表4-3 教育投入与在任年数总样本回归**

| 变量 | 预算内教育支出/财政预算内支出 | | | 义务教育普及率 | | |
|---|---|---|---|---|---|---|
| | (1) | (2) | (3) | (4) | (5) | (6) |
| Tenure | -0.0001 | 0.0021** | 0.0022** | 0.0016* | 0.00001 | 0.0016** |
| | (0.0004) | (0.0009) | (0.0009) | (0.0009) | (0.0003) | (0.0007) |
| Tenuresq | | -0.0003** | -0.0003*** | -0.0002** | | -0.0002** |
| | | (0.0001) | (0.0001) | (0.0001) | | (0.0001) |
| Age | 0.00001 | -0.0000 | -0.0001 | -0.0000 | -0.0005*** | -0.0005*** |
| | (0.0002) | (0.0002) | (0.0002) | (0.0002) | (0.0002) | (0.0002) |
| Local | -0.0008 | -0.0009 | -0.0011 | -0.0024* | -0.0009 | -0.0010 |
| | (0.0015) | (0.0012) | (0.0012) | (0.0012) | (0.0012) | (0.0011) |
| Ded | -0.0040** | -0.0041*** | -0.0047*** | -0.0044*** | -0.0017 | -0.0018 |
| | (0.0017) | (0.0013) | (0.0014) | (0.0013) | (0.0014) | (0.0014) |
| perGDP | 0.0037*** | 0.0037*** | 0.0031*** | 0.0030*** | -0.0025** | -0.0025* |
| | (0.0011) | (0.0005) | (0.0006) | (0.0006) | (0.0013) | (0.0013) |
| FD | -0.3322*** | -0.3327*** | -0.2956*** | -0.3177*** | 0.0067 | 0.0058 |
| | (0.0253) | (0.0128) | (0.0223) | (0.0231) | (0.0158) | (0.0158) |
| SR | -0.0909*** | -0.0914*** | -0.1573*** | -0.1149*** | -0.1921*** | -0.1908*** |
| | (0.0279) | (0.0195) | (0.0248) | (0.0282) | (0.0256) | (0.0254) |
| PD | -0.1421** | -0.1406*** | -0.1365** | -0.1458*** | -0.1833 | -0.1812 |
| | (0.0597) | (0.0416) | (0.0549) | (0.0544) | (0.1658) | (0.1658) |
| FDI | 0.0244 | 0.0273 | 0.0391 | 0.0252 | 0.0128 | 0.0149 |
| | (0.0327) | (0.0288) | (0.0306) | (0.0358) | (0.0367) | (0.0367) |
| _cons | 0.3554*** | 0.3540*** | 0.3303*** | 0.3356*** | 0.1712*** | 0.1698*** |
| | (0.0157) | (0.0126) | (0.0128) | (0.0138) | (0.0118) | (0.0117) |

95

续表 4-3

| 变量 | 预算内教育支出/财政预算内支出 | | | 义务教育普及率 | | |
|---|---|---|---|---|---|---|
| | (1) | (2) | (3) | (4) | (5) | (6) |
| Year | Y | Y | Y | Y | Y | Y |
| Province | Y | Y | N | N | N | N |
| City | N | N | Y | Y | Y | Y |
| Year * Province | N | N | N | Y | N | N |
| Sample | 1807 | 1807 | 1807 | 1807 | 1806 | 1806 |
| Group | 272 | 272 | 272 | 272 | 272 | 272 |
| R-square | 0.3443 | 0.3440 | 0.347 | 0.469 | 0.5678 | 0.5690 |

说明：①***、**、*分别表示在1%、5%和10%统计水平上显著；②括号中报告了稳健标准误下的标准误。

表4-3汇报了总样本回归结果，第（1）、第（5）列分别从"投入"和"结果"的角度出发报告了模型（1）的回归结果，可以看到仅加入干部所在任期一次项的结果并不显著，由此我们验证了地方干部在民生方面的投入及发展结果与干部当年任期并非线性关系。干部对民生投入的热情随着在任年数的变化而不断发生改变，进而影响干部的决策行为。第（2）～（4）列以及第（6）列报告了加入当年任期平方项的结果。为了使结果更加稳健，我们分别采用不同的方法对模型（2）进行估计。其中，第（2）列控制了省份和年份的双向固定效应，我们假设同省的城市面对相同的政策和激励；第（4）列和第（6）列控制了城市和年份的双向固定效应，进一步控制了遗漏变量的影响；第（5）列则在第（4）列的基础上加入了省份和年份哑变量的交叉项，允许各省的教育投入和教育政策具有潜在的趋势①。结果显示，无论采用何种方法，干部当年任期一次项均在统计水平上显著为正，而任期二次项在1%统计水平上显著为负。即市委书记在民生方面的投入与发展结果的确与当年任期形成倒"U"形关系，民生发展动力在干部任期内先增后减。按照回归结果计算，教育投入与当年任期关系的拐点处于第三年至第四年之间（按照教育支出占财政支出比重来计算为3.40，按照义务

---

① 十分感谢匿名审稿人提出的宝贵意见。

教育普及率计算为 3.52①),见图 4-3。

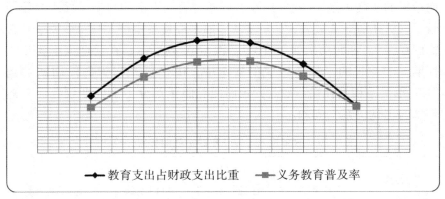

图 4-3　教育投入与在任年数的倒"U"形关系

在其他变量方面,人均 GDP 越高的地区,市场化程度一般越高,教育等公共服务配套措施也越健全。而财政分权 FD 和财政支出压力 SR 均在 1% 统计水平上显著为负。由于我国的财政分权体制采用经济分权与垂直管理的形式,分权程度越高的地区,政府拥有越高的经济决策权与经济收入,因而政府在相对绩效考核体制以及提高地方财政收入的共同作用下,拥有更大的动力并且拥有更高的能力和权力投入经济建设,从而忽视了民生方面的投入。而财政支出压力 SR 也在 1% 水平上显著为负,这意味着当干部认为财政压力较大时,干部在进行缩减财政开支决策时更倾向于削减对经济发展成效不大的教育支出,以此缓解当年财政压力。

(2)按任期长短分组。为了使倒"U"形的结果更加稳健,我们尝试将观测值按照市委书记在任年数进行分组,以 4 年作为临界值进行划分,采用模型(1)进行回归。而表 4-4 报告的回归结果也验证了倒"U"形趋势的一致性,市委书记在任年数小于临界值时,教育投入与在任年数呈同向线性关系,而当市委书记年数在临界值之后时,教育投入与在任年数呈反向线性关系。此外,考虑到部分干部的任期较短(两

---

① 此处利用更加精细的回归系数进行计算。其中,教育支出占财政支出作为因变量的在任年数一次项、二次项系数分别为 0.002052,-0.0003;义务教育普及率作为因变量分别为 0.001626,-0.00023。

年以下），最后估计出来的倒"U"形可能是不同干部处于不同任期点而结成的"伪关系"。我们剔除了任期过短的干部的数据，仅研究任期较长（大于等于3或者大于等于4）的干部样本中倒"U"形关系是否稳健存在①。回归结果如第（3）、第（4）列所示，在任期大于3年或任期大于4年的干部所组成的样本中，民生投入与干部任期间的倒"U"形关系稳健存在，如此，我们便克服了部分干部任期较短而可能带来的"伪关系"问题。

表4-4 教育投入与在任年数按任期长短分组回归

| 变量 | （1）在任年数≤3 | （2）在任年数≥4 | （3）总任期≥3 | （4）总任期≥4 |
|---|---|---|---|---|
| Tenure | 0.0019*** | -0.0026*** | 0.0019** | 0.0021** |
|  | (0.0007) | (0.0010) | (0.0009) | (0.0010) |
| Tenuresq |  |  | -0.0003** | -0.0003** |
|  |  |  | (0.0001) | (0.0001) |
| Age | -0.0002 | 0.0004 | -0.0000 | 0.0001 |
|  | (0.0002) | (0.0005) | (0.0002) | (0.0003) |
| Local | -0.0018 | 0.0048 | -0.0014 | -0.0016 |
|  | (0.0013) | (0.0043) | (0.0015) | (0.0019) |
| Ded | -0.0044*** | -0.0118*** | -0.0045*** | -0.0043** |
|  | (0.0016) | (0.0044) | (0.0017) | (0.0020) |
| perGDP | 0.0037*** | 0.0008 | 0.0030*** | 0.0035*** |
|  | (0.0006) | (0.0012) | (0.0006) | (0.0007) |
| FD | -0.3340*** | -0.4353*** | -0.2969*** | -0.2983*** |
|  | (0.0147) | (0.0516) | (0.0237) | (0.0258) |
| SR | -0.0661*** | -0.1557*** | -0.1559*** | -0.1439*** |
|  | (0.0237) | (0.0502) | (0.0261) | (0.0296) |
| PD | -0.0501 | -0.3765*** | -0.1410** | -0.1349** |
|  | (0.0528) | (0.1045) | (0.0563) | (0.0602) |

---

① 十分感谢匿名审稿人提出的宝贵意见。

续表 4-4

| 变量 | (1)<br>在任年数≤3 | (2)<br>在任年数≥4 | (3)<br>总任期≥3 | (4)<br>总任期≥4 |
|---|---|---|---|---|
| FDI | 0.0269 | 0.0139 | 0.0378 | 0.0375 |
|  | (0.0343) | (0.0678) | (0.0318) | (0.0339) |
| _cons | 0.3628*** | 0.3856*** | 0.3243*** | 0.3174*** |
|  | (0.0145) | (0.0310) | (0.0148) | (0.0171) |
| Year | Y | Y | Y | Y |
| City | Y | Y | Y | Y |
| N | 1234 | 564 | 1632 | 1393 |
| $R^2$ | 0.3671 | 0.436 | 0.339 | 0.350 |

说明：①***、**、*分别表示在1%、5%和10%统计水平上显著；②括号中报告了稳健标准误下的 $t$ 统计量。

2. 教育投入与干部变动的关系

我们对干部的变更进行了一个大致的描述，在我们的研究区间 2003~2009 年间，272 个城市 7 年间发生 460 次变更，每个城市平均发生 1.7 次干部更替，干部的变动周期均短于 5 年，从这个角度来看，我国干部的变更过于频繁。见图 4-4。

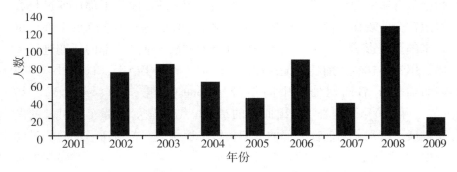

图 4-4 2001~2009 年地级市发生市委书记更替人数

在研究教育投入与干部变更关系之前，我们对变更周期内的教育投入变动进行大致的描述。为了更方便地描述变更周期，我们将其划分为变更年、变更前一年、变更后一年以及非变更年度四个阶段。以非变更年度作为基准年，将变更前一年、变更年、变更后一年分别采用Dummy

变量的形式表现，简单地构建模型（4）。结果见图4-5，干部变更周期内城市的教育投入情况确实发生了较大的波动，且在发生干部变更的年度，城市的教育投入情况出现明显下滑。

$$Livelihood_{it} = \beta_0 + \beta_1 LChange_{it} + \beta_2 Change_{it} + \beta_3 FChange$$
$$+ \sum Control + Province + Year + \varepsilon_{it} \qquad (4)$$

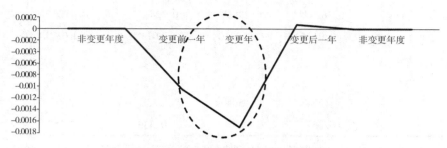

图4-5　干部变更与教育投入的关系

表4-5报告了模型（3）的回归结果。从第（1）、第（2）列的结果来看，干部变更年度在5%的统计水平上显著为负，城市当年发生干部变更将导致当年教育支出占财政支出比重下降0.16个百分点，使义务教育普及率在当年下降0.08个百分点。这与我们的预期符合，民生支出在发生干部更替的年份显著下滑。此外，考虑到前任干部的任期长短会显著影响现任干部当选时的民生发展基础①，前任干部任期过长或过短都会使现任干部面临的民生发展水平过低，这显然会降低干部变更带来的负面影响。因此，我们采用分组的方法将前任干部的任期进行控制，第一组样本为前任干部在任期内前两年和5年以上（Lower）；另一组为前任干部任期处于中间年份（Upper）。第（2）、第（3）、第（5）、第（6）列报告了分组回归的结果。结果显示干部变更引发的民生发展下滑现象与前任干部的任期长短密切相关，若前任干部卸任时处于倒"U"形的顶端（即在任年限处于3～4年），那么，干部变更对民生发展的负面影响将更加显著；相反，若前任干部任期过长或过短，那么，干部更替对民生发展的负面影响则并不显著。

---

① 十分感谢匿名审稿人提出的宝贵修改意见。

表4-5 教育投入与干部变更回归

| 变量 | 教育支出占财政支出比重 | | | 义务教育普及率 | | |
| --- | --- | --- | --- | --- | --- | --- |
| | (1) 全样本 | (2) Upper | (3) Lower | (4) 全样本 | (5) Upper | (6) Lower |
| Change | -0.0016* | -0.0022* | 0.0004 | -0.0008* | -0.0011* | 0.0002 |
| | (0.0009) | (0.0013) | (0.0016) | (0.0005) | (0.0007) | (0.0008) |
| Age | -0.0002 | 0.0001 | -0.0005 | -0.0005*** | -0.0005** | -0.0006* |
| | (0.0002) | (0.0003) | (0.0004) | (0.0002) | (0.0002) | (0.0003) |
| Ded | -0.0047*** | -0.0044* | -0.0024 | -0.0017 | -0.0029 | 0.0011 |
| | (0.0018) | (0.0024) | (0.0030) | (0.0014) | (0.0018) | (0.0018) |
| perGDP | 0.0032** | 0.0025 | 0.0045* | -0.0025* | -0.0022 | -0.0037* |
| | (0.0013) | (0.0018) | (0.0027) | (0.0013) | (0.0014) | (0.0020) |
| FD | -0.2918*** | -0.2929*** | -0.1966*** | 0.0064 | 0.0186 | -0.0024 |
| | (0.0403) | (0.0586) | (0.0660) | (0.0158) | (0.0160) | (0.0235) |
| SR | -0.1602*** | -0.1430*** | -0.2255*** | -0.1935*** | -0.2124*** | -0.1710*** |
| | (0.0399) | (0.0525) | (0.0617) | (0.0254) | (0.0255) | (0.0382) |
| PD | -0.1345 | -0.1338 | -0.0724 | -0.1825 | -0.2788 | 0.0518 |
| | (0.0858) | (0.1530) | (0.0540) | (0.1660) | (0.1906) | (0.0485) |
| FDI | 0.0395 | 0.0302 | 0.0122 | 0.0122 | 0.0094 | 0.0035 |
| | (0.0321) | (0.0321) | (0.0586) | (0.0366) | (0.0416) | (0.0386) |
| _cons | 0.3364*** | 0.3196*** | 0.3103*** | 0.1729*** | 0.1726*** | 0.1677*** |
| | (0.0199) | (0.0259) | (0.0353) | (0.0117) | (0.0136) | (0.0195) |
| Year | Y | Y | Y | Y | Y | Y |
| City | Y | Y | Y | Y | Y | Y |
| N | 1801 | 1118 | 683 | 1800 | 1117 | 683 |
| Group | 272 | 220 | 160 | 272 | 220 | 160 |
| $R^2$ | 0.341 | 0.339 | 0.354 | 0.488 | 0.3050 | 0.3879 |

说明：①***、**、*分别表示在1%、5%和10%统计水平上显著；②括号中报告了稳健标准误下的t统计量。

## 五、稳健性检验

首先,为了进一步检验倒"U"形结果的稳定性,我们在前文城市个体的基础上加入了以干部个体作为观测值的回归方法。我们利用两种方法进行测试。其一,我们将干部作为个体,计算了观测期内干部的总任期、上任年龄、学历、晋升途径以及任期的教育支出占财政支出比重均值、义务教育普及率均值、人均 GDP 均值、FD 均值、SR 均值、人口密度均值,进而形成混合截面数据;其二,我们在原有模型(1)的基础上,考虑了干部个体固定效应模型,干部个体固定模型关注的是同一名干部随着任期的增加,民生支出的变化情况。由于处于相同城市的干部可能面临类似的政策或资源条件,我们在干部个体效应模型中控制了城市层面的 clustering 效应。第(1)、第(2)列报告了参照模型(1)及模型(2)的计量方法对混合截面数据进行回归的结果,第(3)、第(4)列报告了干部个体固定效应模型的回归结果,结果与前文保持一致。见表 4-6。

表 4-6 以干部作为个体的回归结果

| 变量 | 横截面数据 | | 干部个体固定效应 | |
| --- | --- | --- | --- | --- |
| | (1) 在任年数≤3 | (2) 在任年数≥4 | (3) 总任期≥3 | (4) 总任期≥4 |
| Tenure | -0.0002 | 0.0035* | -0.0004 | 0.0026** |
| | (-0.43) | (1.72) | (0.0004) | (0.0013) |
| Tenuresq | | -0.0004** | | -0.0004** |
| | | (-1.96) | | (0.0002) |
| Age | 0.0002 | 0.0002 | 0.0000 | -0.0000 |
| | (1.36) | (1.29) | (0.0002) | (0.0002) |
| Local | 0.0001 | -0.00006 | -0.0002 | -0.0002 |
| | (0.06) | (-0.03) | (0.0013) | (0.0013) |
| Ed | 0.0002 | 0.0002 | -0.0012 | -0.0014 |
| | (0.46) | (0.50) | (0.0015) | (0.0015) |

续表 4-6

| 变量 | 横截面数据 | | 干部个体固定效应 | |
|---|---|---|---|---|
| | (1) 在任年数≤3 | (2) 在任年数≥4 | (3) 总任期≥3 | (4) 总任期≥4 |
| perGDP | 0.0040*** | 0.0041*** | 0.0028* | 0.0027* |
| | (4.76) | (4.77) | (0.0016) | (0.0015) |
| FD | -0.3304*** | -0.3303*** | -0.2596*** | -0.2645*** |
| | (-17.97) | (-17.93) | (0.0506) | (0.0507) |
| SR | 0.0605** | 0.0623** | -0.1691*** | -0.1683*** |
| | (2.41) | (2.48) | (0.0445) | (0.0437) |
| PD | -0.0397 | -0.0360 | -0.2663* | -0.2828* |
| | (-0.95) | (-0.86) | (0.1338) | (0.1307) |
| FDI | -0.3586 | -0.3494 | 0.0265 | 0.0309 |
| | (-1.43) | (-1.40) | (0.0346) | (0.0357) |
| _cons | 0.3336*** | 0.3277*** | 0.3250*** | 0.3264*** |
| | (26.03) | (25.01) | (0.0278) | (0.0272) |
| City | Y | Y | — | — |
| Province | — | — | Y | Y |
| City clustering | — | — | Y | Y |
| Sample | 615 | 615 | 1807 | 1807 |
| R-square | 0.715 | 0.716 | 0.353 | 0.360 |

说明：①***、**、*分别表示在1%、5%和10%统计水平上显著；②括号中报告了稳健标准误差下的 $t$ 统计量。

其次，考虑到干部从决策到执行以及从执行到见效之间可能存在一定的时滞，我们对教育投入的变量进行了滑动平均处理，利用当期和下一期的平均值来考核当期干部在教育方面的努力。对教育投入进行时滞处理后，我们能够降低干部的决策时滞、执行时滞以及教育支出对结果带来的影响。我们对模型（2）进行验证，回归结果表明，教育投入和产出在任期内均呈现倒"U"形变化，拐点处在 3.5496 年①。

---

① 为节省篇幅，回归表格在此不予汇报。

最后，我们尝试研究市长任期是否会对辖区内的民生支出产生影响。回归结果见表4-7，其中，第（1）～（3）列分别为模型（1）～（3）的回归结果。从回归系数来看，3个模型的系数均与预期一致：任期与任期平方项［模型（2）］的系数分别为0.0011和-0.0002，而市长更替的系数小于0。市长的"异质性"对民生支出的影响远小于市委书记，其中部分原因是在我们的干部管理体制下，市委书记对辖区内重要决策的影响力度要大于市长。虽然在统计上并不显著，但我们仍可以判断市长任期与民生支出基本也呈非线性关系，且市长的更替会对民生投入产生负面影响。

表4-7 市长任期长度与民生支出回归结果

| 变量 | (1) | (2) | (3) |
| --- | --- | --- | --- |
| Tenure | -0.0002 | 0.0011 | |
| | (0.0004) | (0.0009) | |
| Tenuresq | | -0.0002 | |
| | | (0.0001) | |
| Change | | | -0.0007 |
| | | | (0.0008) |
| Age | -0.0001 | -0.0001 | -0.0002 |
| | (0.0002) | (0.0002) | (0.0002) |
| Ed | -0.0047** | -0.0047** | -0.0048** |
| | (0.0018) | (0.0019) | (0.0019) |
| perGDP | 0.0030** | 0.0029** | 0.0031** |
| | (0.0013) | (0.0013) | (0.0014) |
| FD | -0.2933*** | -0.2928*** | -0.2913*** |
| | (0.0425) | (0.0425) | (0.0420) |
| SR | -0.1585*** | -0.1572*** | -0.1597*** |
| | (0.0412) | (0.0411) | (0.0414) |
| PD | -0.1395 | -0.1389 | -0.1347 |
| | (0.0927) | (0.0933) | (0.0922) |
| FDI | 0.0348 | 0.0343 | 0.0380 |
| | (0.0334) | (0.0336) | (0.0338) |

续表 4-7

| 变量 | (1) | (2) | (3) |
|---|---|---|---|
| _cons | 0.3356*** | 0.3343*** | 0.3372*** |
|  | (0.0207) | (0.0209) | (0.0205) |
| City | Y | Y | Y |
| Sample | 1807 | 1807 | 1807 |
| R-square | 0.3416 | 0.3426 | 0.3376 |

## 六、本章结论与讨论

本章首先对干部在不同在任年数的民生投入行为进行理论分析，认为在干部"晋升锦标赛"以及财政分权体制的共同作用下，干部在任期内注重经济增长及财政收入，并在任期末年由"援助之手"转为"攫夺之手"，开始关注个人的私人收益，建设支出在初期和末期均显著挤出民生投入。在此基础上，我们利用 2003～2009 年间全国各地级市市委书记的个人详细信息以及城市经济增长和财政收支数据库，对上述假设进行了实证检验。研究发现，在中国，市委书记在任年数与教育投入的关系呈现倒"U"形关系，干部任期内民生投入热情的变化的确对其决策以及政绩表现产生显著影响，并深刻影响地方的经济发展与公共资源配置。干部在任期内的教育投入经历了先增后减的过程，通过计算得出，我国地级市市委书记的任期确定为单任 4 年时，对地方的教育投入改善效果最佳，任期过长或过短都容易造成干部过分注重经济增长或个人效益而忽视民生的"极端化"行为。

此外，我们还发现城市发生干部变更的年度教育投入及义务普及率均相对有所下滑，这再次强化了我们对倒"U"形逻辑关系的认识。作为当地政策和资源配置的决策与执行者的地方干部，其民生意识以及晋升动机对当地教育投入的确产生了重要的影响，新上任干部由于"惯性"，在短期内沿袭上一届干部退休前的政策方针，加上晋升激励的共同作用，因而过度忽视民生支出，大力发展经济，导致变更年度教育投入有所下降。因此，过度频繁地更替干部会对地方教育投入带来负面影响，由此可见，市委书记的任期不宜过短。

# 第五章　地方干部更替与经济增长

## 一、引言

近年来,越来越多的国内外研究发现,干部变更导致的政策不稳定性对一国的宏观经济增长有显著的负面影响(Barro,1991;Alesina et al.,1994;Jones et al.,2005)。以美国为例,根据斯坦福大学和芝加哥大学经济学家的计算,2012 年的美国大选使得当年下半年的政策不稳定性大大高于过去 25 年;而资本市场对这一事件的反应则表现为大选第二天金融市场的大跌,当日纽约股市三大股指跌幅均超过 2%,蓝筹道琼斯指数和大盘标准普尔指数也均创下 3 个月低点,国际油价更是重挫超过 4%;据当时超党派的国会预算办公室(Congressional Budget Office)预测,仅财政悬崖(fiscal cliff)带来的政策不稳定性便足以使经济增速下滑 0.5 个百分点。此外,还有大量文献发现,干部变更会对企业投资、资本市场等产生显著的抑制作用,从而进一步从微观角度佐证了政策不稳定性对经济增长的负效应(Julio et al.,2012;Liu,2010;Durnev et al.,2012)。

无独有偶,中国政府也于 2012 年进入一个政坛更替时期,而领导人换届与中国经济增长及其波动历来有着密不可分的关系。Imai(1994)发现,中国的经济周期呈现投资周期现象;Tao(2003)则进一步指出,自 1987 年以来,中国总固定资产投资增长率的 4 次峰值分别出现在党的十三大、十四大、十五大和十六大召开的次年;张军等(2007)以及王贤彬等(2009)通过对省级干部变动数据的实证检验均发现,省长、省委书记的变更对其辖区的经济增长有显著的负面影响;曹春芳(2013)以及徐业坤等(2013)则进一步从微观企业投资的角度验证了干部变更与经济增长之间的负向联系。

事实上,除中美两国外,法国、俄罗斯、墨西哥、韩国、西班牙等

56 个国家均于 2012 年举行了政府换届大选①。不难想象，在这日益动荡的世界政治格局中，政府换届、内阁更替以及干部变动等政治事件的经济影响已远远超过事件本身的政治含义。因此，如何更准确地解读干部变更、政策不稳定性与经济增长之间的关系，无论是对更稳定地推动经济发展，还是对更有效地实现各种经济调控措施的软着陆而言，无疑都具有重大的理论前瞻性与现实指导性。在此背景下，本章拟通过地市级地方干部变动的微观数据，运用时间序列及因果分析的最新实证技术，采用 VAR 框架下的 GARCH-in-Mean 模型，对由干部变更引起的政策不稳定性与经济增长之间的动态关系和影响机制进行系统而深入的阐析，进而为我国的经济发展战略提供有针对性的政策建议。

## 二、文献回顾与理论假设

作为近年来最受经济学家们关注的课题，对政策不稳定性与经济增长之间关系的研究大多围绕着两个中心问题：①如何衡量政策不稳定性的程度；②政策不稳定性是通过什么渠道来影响经济增长的。

### （一）政策不稳定性的衡量：干部变更

目前，对政策不稳定性的衡量指标大体上可分为两大类：一类是影响一个国家整体政治格局的宏观指标，包括战争、动乱骚乱、政变、刺杀、革命、起义、游行、政治清洗、国家分裂等（Venieris et al.，1986；Londregan et al.，1990；Alesina et al.，1996）；另一类则是在国家整体政局稳定的框架下对施政执政体系进行微调的微观指标，如政党选举、内阁成员更替、干部变动等（Alesina et al.，1989；Glazer，1989；Perrson et al.，1989；Tabellini et al.，1990；Bestley et al.，1998）。显然，后者的经济学含义远比前者的政治学含义更有助于我们解读政策不稳定性对经济增长的影响，也更适合分析类似中国这样的政权稳定的经济体。

事实上，由于决定经济增长的企业以及个人投资者的经济活动很大

---

① 2012 年全球有 58 个国家和政府进行换届，见中国青年网（http://www.youth.cn），2012 年 1 月 2 日。

程度上会受到其所面临的各种经济政策的直接影响，而干部（尤其是地方干部）正是这些经济政策的直接制定者和执行者，因此，可以说，干部变更是所有政策不稳定因素中对经济活动具有最直接也最强烈影响的一个变量。另外，由于干部的年龄、教育背景、任职经历、工作经验等特征存在本质区别，所以干部在其任期内的经济行为与政策决定大多存在着明显的异质性（张军等，2007；王贤彬等，2008；张尔升，2010），而这种异质性正是导致政策不稳定的一个直接根源。最后，进一步考虑到现有研究选取的衡量政策不稳定性的指标绝大多数均为虚拟变量（dummy variable），只能定性地描述政策不稳定事件对经济增长的影响方向，却无法定量考察政策不稳定事件的影响程度。因此，本章选取了可以进行连续度量的干部变动率作为我们的目标考察变量。

更具体而言，目前虽然已有大量国外文献通过国家层面的"选举年度"事件来刻画上述这一作用机制（Bialkowski et al., 2008; Boutchkova et al., 2012），但考虑到地方政府的高度自治权以及宏观政策从制定到执行全过程的漫长时滞，最高领导人的这种变动对私人企业和投资者的经济决策来说显然过于宏观。特别是，在我国"政治分权"与"财政分权"相结合的体制下，城市层面的地方政府往往掌握着地方国企的经济管理权以及区域内行政审批、土地征用、贷款担保、政策优惠等重要资源，从而拥有较大的权力去自主发展经济和制定经济发展政策（傅勇等，2007；周黎安，2007；Xu，2011）。与此同时，在相对绩效为核心的晋升体制下，地方政府大多承担着比上一级政府更大的经济压力，其对社会经济增长的推动往往也比上一级政府更加投入（Walder，1995）。因此，相较中央或省级干部而言，从地市级地方干部变更的角度来考察政策不稳定对经济增长的影响无疑更为直观和科学。

此外，我国城市层面的地方干部变更是一种常态，不仅每年均会发生，且每年发生的频率都不尽相同（王贤彬等，2009；李维安等，2012；陈艳艳等，2013）[①]。干部变更的这种频繁性和差异化极大地完善了数据的统计特征，改进了时序研究的数据可获性问题，从而有助于

---

① 根据陈艳艳等（2012）对2000～2008年277个地级市地方干部变更比例的统计，发现每年干部变更比例的均值为33.77%，最高为2001年的43.38%，最低为2004年的21.43%。

我们获得更为稳健的实证结果。

基于上述原因,本章最终将实证研究的样本定位于地市级的地方干部变动。

**(二) 政策不稳定性对经济增长的影响渠道**

当前研究的一个普遍共识是,干部变更引起的政策不稳定性会通过两个渠道影响经济增长。

一方面,职务更替加剧了干部的短视行为,为了尽快和尽可能地在任期内做出成绩,多数干部倾向于采取诸如高投资或过度借贷等对经济增长有较强的短期刺激作用,但长期来看往往存在副作用的经济政策,本章将上述现象定义为政策短视行为效应(policy myopic effect)。这种由干部变更引起的短视性政策行为直接降低了经济决策的效力,并最终抑制了宏观经济的长期稳定发展。对这一影响渠道的考察主要集中于检验干部任期时间与各种扩张性的经济政策之间是否存在显著的正向关系,其中的绝大多数研究都得到了肯定的结论(Alesina et al., 1989; Glazer, 1989; Perrson et al., 1989; Tabelline et al., 1990; Bestley et al., 1998; 张军等,2007; 钱先航等,2011)。

另一方面,干部变更引起的政策不稳定还会刺激微观经济个体形成政策不确定预期,进而抑制消费和投资积累,并最终拖慢经济增长的步伐(Barro, 1991; Benhabib et al., 1994),本章将这一现象定义为政策不确定性效应(policy uncertainty effect)。首先,干部变更往往会带来政府工作的"低效期"甚至"断档期",进而直接导致政策制定和执行效率的下降,而这种效率损失的发作时点与程度通常都是不可预期的。其次,干部变更还会造成政策的不连续性,这不仅是由于变更干部本身的异质性,更有相当一部分是源自继任干部希望尽快改变上任干部留下的旧局面进而开辟新政绩的惯性行为,而二者均不同程度地向市场传递出政策倾向不可预测的信号。因此,从投资者的角度来看,无论是政府工作效率降低还是政策不连续所导致的政策不确定性(political uncertainty),出于规避风险的考虑,一个理性的选择必然是观望和延迟投资(Bernanke, 1983; Ingersoll et al., 1992),进而延缓经济增长的速度。遗憾的是,对这一影响渠道的研究至今为止仍是相当零散和割裂的。虽然有相当一部分研究找到了政策不稳定事件与微观经济活动负相关的实证证据，但对二者的影响机制往往简单地归咎于不确定性，而没有足够的经验数据支持。

因此，为了更完整地考察政策不稳定对经济增长的影响渠道，本章一方面将政策不稳定变量及其波动率同时作为解释变量引入实证模型，以直接考察干部变更导致的政策短视行为效应和政策不确定效应的并存影响；另一方面通过分解地方干部可直接影响的不同政策工具，更详尽地刻画了干部变更引起的政策不稳定性对经济增长的影响机制。

### （三）理论假设提出

依据上文思路，干部变更通常会从两个渠道影响经济增长。一方面，随着干部变更比率的提高，干部的平均任期缩短，在迅速做出政绩动机的激励下，干部往往竞相采取高投入、高负债等具有强烈短期刺激作用的经济政策，从而在一定程度上损害了经济稳定协调发展的长期基础。本章以干部变更比率的均值来衡量这种政策短视行为效应。另一方面，干部变更也给经济增长带来了额外的政策不确定性，伴随这种政策不确定性而来的则是生产效率和投资积累的阻滞，其最终结果必然是经济增长速度受到了拖累。由于从本质上来看，政策不确定性是政策风险的一个外化表现，因此，我们认为，以干部变更比率的方差而非均值来度量这一政策不确定性效应显然更为直观和准确。综合上述观点，本章提出了如下假设：

H1：干部变更对经济增长会产生负面影响，且这种抑制作用将通过短视行为效应（均值影响）和政策不确定性效应（方差影响）两个渠道得以具体体现。

此外，由于高速增长仅仅是宏观经济健康发展的一个方面，而平稳运行才是保证宏观经济持续快速增长的前提条件。然而，目前绝大多数研究往往只关注干部变更对经济增长速度的影响，却几乎没有考虑干部变更对经济增长风险的作用，这显然局限了我们研究问题的客观性与全局观。因此，为了更全面深入地了解干部变更与经济增长的联系，我们也有必要从经济增长的风险角度对干部变更的影响进行考察检验。由于理论上我们暂无法事先判定这种由干部变更引起的政策风险对宏观经济增长的风险究竟是起放大作用还是衰减作用，为方便实证检验，我们不妨先假定，干部变更的波动率所刻画的政策风险对经济增长的风险有放大作用①，即假设如下。

H2：政策风险放大了宏观经济增长的风险。

本章关注的第三个假设是干部变更引起的政策不稳定性与经济增长之间的内生性。也就是说，不仅干部变更会显著影响经济增长，经济增长对干部变更也有显著作用。实际上，在众多实证研究成果的支持下，Alesina 等（1996）早就总结指出，政策不稳定与经济增长之间存在紧密的相互依存关系。一方面，当某个外部因素（如非经济相关的政治冲突加剧）提高了一国的政策不稳定程度时，投资和经济增长都会随着政治动荡的加深而下滑，并进一步加剧该国的政策不稳定；另一方面，当某个外部因素（如非政治相关的贸易条件恶化）削弱了一国的经济增长时，该国国民往往会将经济衰退归咎于政府，进而加剧该国的政策不稳定，并促使经济增长进一步下滑。类似地，周黎安（2007）的研究也表明，中国的干部晋升制度存在明显的锦标赛性质，地方经济的增长速度正是这种锦标赛式晋升制度中最核心的考核指标。然而，现有文献大多将干部变更事件视为严格外生的解释变量，从而通过将其与经济增长变量进行简单的普通最小二乘法（ordinary least square，OLS）回归来研究干部变更与经济增长之间的关系，这种方法不仅忽视了二者之间存在内生性的事实，也有悖于 OLS 的基本假设条件，从而势必造成估计结果的偏误。基于如上考虑，本章构建了一个 VAR 框架②下的实证模型来充分反映干部变更与经济增长之间的内生性，并依据上述理论思路提出如下假设。

H3：宏观经济增长对干部变更有显著影响，具体表现如下。

H3.1：宏观经济增长对干部变更有抑制作用，即经济增长速度越快，干部变更比率越低。

H3.2：宏观经济增长风险对干部变更有刺激作用，即经济增长风险越大，干部变更比率越高。

H3.3：宏观经济增长风险对干部变更波动衡量的政策风险有放大

---

① 类似地，为方便实证检验，我们下面将统一假定所有的风险之间均存在放大关系。须注意的是，这些关于风险放大的假设并不具有必然成立的理论意义。

② 与诸如工具变量估计等其他解决内生性的方法相比，VAR 框架是最直接也最客观的一种解决内生性的估计方法，它对解决问题所需要的先决条件提出的要求最少，评断的标准也最客观。

作用，即经济增长的波动率会进一步扩大干部变更的波动率，进而放大政策风险。

完成对干部变更与经济增长的框架性假设描述后，我们还希望进一步剖析二者之间的政策传导渠道。一般来说，地方干部能直接控制和影响的经济政策主要有两大类：地方财政政策和地方信贷政策。事实上，由于信贷政策和货币政策密切相关，故地方信贷政策往往被视为地方版货币政策的一个投影。由于干部变更会通过两种形式的政策传导渠道（政策短视行为效应和政策不确定性效应）来影响经济增长，所以我们将区别分析上述财政政策变量与信贷政策变量的均值变化与波动率变化，以分别衡量政策短视行为效应和政策不确定性效应的影响。因此，本章有如下预测。

H4：干部变更与经济增长之间存在显著的政策短视行为效应（均值影响），具体表现如下。

H4.1：干部变更与具有短视性的经济政策之间有着显著的正相关关系，即随着干部变更比率的提高，财政政策与信贷政策均有明显的扩张迹象。

H4.2：干部变更波动衡量的政策风险与具有短视性的经济政策之间有着显著的正相关关系，即随着干部变更波动率的增大，财政政策与信贷政策均有明显的扩张迹象。

H4.3：政策的短视行为对经济增长有显著的抑制作用，即扩张性的财政政策和信贷政策会降低经济增长的速度。

H5：干部变更与经济增长之间存在显著的政策不确定性效应（方差影响），具体表现如下。

H5.1：干部变更波动衡量的政策风险与政策不确定性有显著的放大关系，即干部变更的波动率会进一步扩大财政政策与信贷政策的波动率。

H5.2：政策不确定性对经济增长有显著的抑制作用，即财政政策与信贷政策波动率的增大会降低经济增长的速度。

最后，通过分别考察财政政策不确定性与信贷政策不确定性在政策风险与宏观经济增长风险之间的传导渠道，我们还可以对政策不稳定与经济增长之间的风险影响机制进行更细致的分析。为此，本章提出如下假定。

H6：政策风险会通过财政政策不确定性与信贷政策不确定性对宏观经济增长风险产生放大作用，即财政政策与信贷政策的波动率会进一步扩大经济增长的波动率。

## 三、实证设计

从实证角度来看，要想精确衡量干部变更与经济增长之间的关系，特别是二者之间的政策传导渠道，我们还必须解决以下几个问题。

首先，诚如上文所述，干部变更与经济增长之间的影响是相互的。一方面，干部作为执政机构的代理人，能够通过其法定权力来改变经济计划和政策，这样一来，由干部变更带来的政策波动必然会对经济增长产生影响；另一方面，在"任命制＋任期制"的人事干部管理制度下，干部考核和升迁最为重要的指标——经济增长的波动必然会对干部变更产生影响。因此，为了更准确地刻画干部变更与经济增长之间相互依存的内生性，本章选取了 VAR 模型作为我们实证检验的计量框架。

其次，通过表 5-1 的基本统计描述我们可以看到，在 1999～2009 年间，我国 GDP 增长和干部变更比率的波动都极不稳定（经济增长的变动幅度超过 20%，而干部变更比率的变化幅度大概为 14%①）。更准确地说，经济增长和干部变更这两个变量均呈现出显著的右偏及尖峰肥尾的非正态特征。因此，我们选用的实证模型就不能只是简单地直接套用传统的 OLS 估计方法，而是必须能够很好地刻画并切合上述数据特征。

表 5-1　经济增速与干部变更比率的描述性统计

单位：%

| 变量 | 均值 | 中位数 | 最大值 | 最小值 | 标准差 | 偏度 | 峰度 | J-B 统计量 |
|---|---|---|---|---|---|---|---|---|
| GDP 月度增长率（$y_t$） | 1.0059 | 1.1516 | 12.8728 | -7.6797 | 2.5818 | 0.8774 | 9.4342 | 244.6313*** [0.0000] |
| 干部变更比率（$p_t$） | 2.2309 | 1.7909 | 13.7184 | 0.0000 | 1.9808 | 2.5198 | 12.6607 | 652.9951*** [0.0000] |

数据来源：①由于 GDP 没有月度数据，作者采用了工业增加值作为衡量月度

---

① 即干部变更比率的最大值与最小值相差约 14%，同理类推。

GDP 增速的指标,并通过月度工业品出厂价格指数将名义工业增加值调整为以 2005 年为基期的实际工业增加值(月度宏观数据全部来源于中经网,下同)。此外,考虑到工业增加值月度数据还会受到季节变动的影响,作者进一步对实际工业增加值进行了季节调整。②干部变更比率的月度数据来自陈艳艳等(2012)。

说明:①方括号内的数值是 $p$ 值,下同。②$^{***}$表明在 1% 的水平上显著,$^{**}$表明在 5% 水平上显著,$^{*}$表明在 10% 水平上显著,下同。

为了解决上述问题,在借鉴 Engle 等(1987,1995)思想的基础上,我们设计了如下 GARCH-in-Mean 模型。

### (一) 政策不稳定性与经济增长

$$Y_t = \mu + \sum_{i=1}^{q} \Gamma_i Y_{t-i} + \Psi \sqrt{h_t} + \varepsilon_t, \quad \varepsilon_t \mid \Omega_t \sim N(0, H_t) \quad (1)$$

$$H_t = C'C + A'\varepsilon_{t-1}\varepsilon'_{t-1}A + B'H_{t-1}B \quad (2)$$

为叙述方便,我们称方程(1)为均值方程,它由一个二元向量自回归(VAR)过程及其扰动项的标准差向量构成。

式中,$Y_t = \begin{bmatrix} p_t \\ y_t \end{bmatrix}$ 代表 $t$ 期的干部变更比率和经济增速构成的被解释变量向量,而 $Y_{t-i} = \begin{bmatrix} p_{t-i} \\ y_{t-i} \end{bmatrix}$,$i = 1, \cdots, q$ 则代表被解释变量的 $i$ 阶滞后向量;$\Gamma_i = \begin{bmatrix} \gamma^i_{pp} & \gamma^i_{py} \\ \gamma^i_{yp} & \gamma^i_{yy} \end{bmatrix}$ 是滞后变量的自回归系数矩阵;$\mu = \begin{bmatrix} \mu_p \\ \mu_y \end{bmatrix}$ 是常数向量;$\varepsilon_t = \begin{bmatrix} \varepsilon_{p,t} \\ \varepsilon_{y,t} \end{bmatrix}$ 是干部变更比率和经济增速在 $t$ 期的扰动,且 $\varepsilon_t \mid \Omega_t \sim N(0, H_t)$,即给定 $t$ 时刻的信息 $\Omega_t$,$\varepsilon_t$ 服从均值为零,协方差矩阵为 $H_t$ 的正态分布;$\sqrt{h_t} = \begin{bmatrix} \sqrt{h_{pp,t}} \\ \sqrt{h_{yy,t}} \end{bmatrix}$ 是干部变更比率和经济增速的标准差向量,分别来自协方差矩阵 $H_t = \begin{bmatrix} h_{pp,t} & h_{py,t} \\ h_{yp,t} & h_{yy,t} \end{bmatrix}$ 的对角线元素的开方。利用均值方程,我们首先可以在考虑内生性的情况下,通过自回归系数矩阵 $\Gamma_i$ 来衡量干部变更比率和经济增长之间的相互影响。具体来说,$\gamma^i_{py}$ 衡量了历史

各期经济增速对当期干部变更比率的影响,而 $\gamma^i_{yp}$ 则衡量了历史各期干部变更比率对当期经济增速的影响。事实上,我们不仅可以利用 $\gamma^1_{py} = \cdots = \gamma^q_{py} = 0$ 和 $\gamma^1_{yp} = \cdots = \gamma^q_{yp} = 0$ 两个约束检验,对经济增长与干部变更比率之间的相互影响的显著性进行准确的统计推断,还可以参照 Grier 等 (2007) 的方法,直接计算出二者相互作用的长期影响。其次,我们还可以通过系数矩阵 $\Psi = \begin{bmatrix} \psi_{pp} & \psi_{py} \\ \psi_{yp} & \psi_{yy} \end{bmatrix}$ 的对角线元素来考察政策风险(即干部变更的波动率)对经济增长以及经济增长风险(即经济增速的波动率)对干部变更比率的相互影响。其中,$\psi_{py}$ 衡量了经济增长风险对干部变更比率的影响,而 $\psi_{yp}$ 则衡量了政策风险对经济增长的影响。

相应地,我们将方程(2)简称为方差方程,其设定遵从 Engle 等 (1995) 提出的 BEKK 模型。其中,$C = \begin{bmatrix} c_{pp} & c_{py} \\ 0 & c_{yy} \end{bmatrix}$①,$B = \begin{bmatrix} b_{pp} & b_{py} \\ b_{yp} & b_{yy} \end{bmatrix}$,$A = \begin{bmatrix} a_{pp} & a_{py} \\ a_{yp} & a_{yy} \end{bmatrix}$,分别代表常数矩阵、协方差自回归(autoregressive average,AR)系数矩阵和协方差移动平均(moving average,MA)系数矩阵。鉴于方差方程的二次型结构,$b^2_{yp}$ 和 $a^2_{yp}$ 分别衡量了经济增长风险对政策风险的短期和长期滞后影响,而 $b^2_{py}$ 和 $a^2_{py}$ 则分别衡量了政策风险对经济增长风险的短期和长期滞后影响。基于 BEKK 设定的 GARCH-in-Mean 模型②不仅很好地刻画了干部变更和经济增长序列的非正态特征,更重要的是,该模型有助于我们直观简便地考察干部变更与经济增长之间的风险影响机制。

### (二) 政策不稳定性与经济增长的政策传导渠道

如上文所述,作为地方版的财政政策和货币政策③,地方财政政策

---

① 对常数矩阵 $C$ 的上对角化设定保证了协方差矩阵 $H_t$ 的半正定性。
② 关于多元 GARCH 模型的应用综述见 Bauwens 等 (2006) 以及 Silvennoinen 等 (2008) 的文章。
③ 虽然表面上看来,地方干部对货币政策的制定并不具有影响力,但作为货币政策的最终地方执行者,地方干部依然可以对货币政策的实施效力产生影响,而信贷政策就是其最有效的货币政策工具之一。

和信贷政策是最能体现地方干部变更引起的政策不稳定性的经济政策工具。进一步考虑到财政支出比财政收入具有更高的地方自主性,而相对于信贷利率来说,信贷投放也更能体现地方干部的执政理念,且二者对企业和私人投资者的投资决策都有显著的直接影响,我们最终选取了财政支出和银行信贷两个经济政策变量分别作为衡量地方财政政策和信贷政策的载体。前者体现了地方干部对经济活动的公共管理职能,而后者则反映了地方干部对经济活动的信贷调控效能。由于财政支出增长率及银行信贷增长率这两个序列都有着与干部变更比率以及经济增速相似的非正态特征,故借鉴前文思路,我们进一步设定了如下四个 GARCH-in-Mean 模型。

(1) 干部变更与财政政策波动:

$$Y_t = \mu + \sum_{i=1}^{q} \Gamma_i Y_{t-i} + \Psi \sqrt{h_t} + \varepsilon_t, \quad \varepsilon_t \mid \Omega_t \sim N(0, H_t) \quad (3)$$

$$H_t = C'C + A'\varepsilon_{t-1}\varepsilon'_{t-1}A + B'H_{t-1}B \quad (4)$$

式中,$Y_t = \begin{bmatrix} p_t \\ e_t \end{bmatrix}$ 代表 $t$ 期的干部变更比率和财政支出增长率,$H_t = \begin{bmatrix} h_{pp,t} & h_{pe,t} \\ h_{ep,t} & h_{ee,t} \end{bmatrix}$ 代表干部变更比率和财政支出增速的协方差矩阵,其对角线元素的开方构成了均值方程(3)中的 GARCH 项 $\sqrt{h_t} = \begin{bmatrix} \sqrt{h_{pp,t}} \\ \sqrt{h_{ee,t}} \end{bmatrix}$。

(2) 干部变更与信贷政策波动:

$$Y_t = \mu + \sum_{i=1}^{q} \Gamma_i Y_{t-i} + \Psi \sqrt{h_t} + \varepsilon_t, \quad \varepsilon_t \mid \Omega_t \sim N(0, H_t) \quad (5)$$

$$H_t = C'C + A'\varepsilon_{t-1}\varepsilon'_{t-1}A + B'H_{t-1}B \quad (6)$$

式中,$Y_t = \begin{bmatrix} p_t \\ l_t \end{bmatrix}$ 代表 $t$ 期的干部变更比率和银行信贷增长率,$H_t = \begin{bmatrix} h_{pp,t} & h_{pl,t} \\ h_{lp,t} & h_{ll,t} \end{bmatrix}$ 代表干部变更比率和银行信贷增速的协方差矩阵,其对角线元素的开方构成了均值方程(6)中的 GARCH 项 $\sqrt{h_t} = \begin{bmatrix} \sqrt{h_{pp,t}} \\ \sqrt{h_{ll,t}} \end{bmatrix}$。

(3) 财政政策波动与经济增长:

$$Y_t = \mu + \sum_{i=1}^{q} \Gamma_i Y_{t-i} + \Psi \sqrt{h_t} + \varepsilon_t, \quad \varepsilon_t \mid \Omega_t \sim N(0, H_t) \quad (7)$$

$$H_t = C'C + A'\varepsilon_{t-1}\varepsilon'_{t-1}A + B'H_{t-1}B \quad (8)$$

式中,$Y_t = \begin{bmatrix} e_t \\ y_t \end{bmatrix}$ 代表 $t$ 期的财政支出增长率和 GDP 增长率,$H_t = \begin{bmatrix} h_{ee,t} & h_{ey,t} \\ h_{ye,t} & h_{yy,t} \end{bmatrix}$ 代表财政支出增速和经济增速的协方差矩阵,其对角线元素的开方构成了均值方程(8)中的 GARCH 项 $\sqrt{h_t} = \begin{bmatrix} \sqrt{h_{ee,t}} \\ \sqrt{h_{yy,t}} \end{bmatrix}$。

(4) 信贷政策波动与经济增长:

$$Y_t = \mu + \sum_{i=1}^{q} \Gamma_i Y_{t-i} + \Psi \sqrt{h_t} + \varepsilon_t, \quad \varepsilon_t \mid \Omega_t \sim N(0, H_t) \quad (9)$$

$$H_t = C'C + A'\varepsilon_{t-1}\varepsilon'_{t-1}A + B'H_{t-1}B \quad (10)$$

式中,$Y_t = \begin{bmatrix} l_t \\ y_t \end{bmatrix}$ 代表 $t$ 期的银行信贷增长率和 GDP 增长率,$H_t = \begin{bmatrix} h_{ll,t} & h_{ly,t} \\ h_{yl,t} & h_{yy,t} \end{bmatrix}$ 代表银行信贷增速和经济增速的协方差矩阵,其对角线元素的开方构成了均值方程(10)中的 GARCH 项 $\sqrt{h_t} = \begin{bmatrix} \sqrt{h_{ll,t}} \\ \sqrt{h_{yy,t}} \end{bmatrix}$。

根据上述设定,本章须进行的实证检验与第三部分提出的理论假设对应见表 5-2:

表 5-2 理论假设与实证检验系数对应一览

| | 理论假设 | 实证检验 |
|---|---|---|
| H1 | 干部变更对经济增长会产生负面影响,且这种抑制作用将通过短视行为效应和政策不确定性效应两个渠道得以具体体现 | $\sum_{i=1}^{q} \gamma_{yp}^{i} < 0$① $\psi_{yp} < 0$ |
| H2 | 政策风险放大了宏观经济增长的风险 | $b_{py}^2 > 1$,$a_{py}^2 > 1$ |
| H3 | 宏观经济增长对干部变更有显著影响 | |

---

① 参见 Wooldridge (2009)。

续表 5-2

| | 理论假设 | 实证检验 |
|---|---|---|
| H3.1 | 宏观经济增长对干部变更有抑制作用，即经济增长速度越快，干部变更比率越低 | $\sum_{i=1}^{q} \gamma_{py}^{i} < 0$ |
| H3.2 | 宏观经济增长风险对干部变更有刺激作用，即经济增长风险越大，干部变更比率越高 | $\psi_{py} > 0$ |
| H3.3 | 宏观经济增长风险对干部变更波动衡量的政策风险有放大作用，即经济增长的波动率会进一步扩大干部变更的波动率，进而放大政策风险 | $b_{yp}^{2} > 1, a_{yp}^{2} > 1$ |
| H4 | 干部变更与经济增长之间存在显著的政策短视行为效应 | |
| H4.1 | 干部变更与具有短视性的经济政策之间有着显著的正相关关系，即随着干部变更比率的提高，财政政策和信贷政策均有明显的扩张迹象 | $\sum_{i=1}^{m} \gamma_{ep}^{i} > 0$ <br> $\sum_{i=1}^{n} \gamma_{lp}^{i} > 0$ |
| H4.2 | 干部变更波动衡量的政策风险与具有短视性的经济政策之间有着显著的正相关关系，即随着干部变更波动率的增大，财政政策与信贷政策均有明显的扩张迹象 | $\psi_{ep} > 0$ <br> $\psi_{lp} > 0$ |
| H4.3 | 政策的短视行为对经济增长有显著的抑制作用，即扩张性的财政政策和信贷政策会降低经济增长的速度 | $\sum_{i=1}^{r} \gamma_{ye}^{i} < 0$ <br> $\sum_{i=1}^{s} \gamma_{yl}^{i} < 0$ |
| H5 | 干部变更与经济增长之间存在显著的政策不确定性效应 | |
| H5.1 | 干部变更波动衡量的政策风险与政策不确定性有显著的放大关系，即干部变更的波动率会进一步扩大财政政策与信贷政策的波动率 | $b_{pe}^{2} > 1, a_{pe}^{2} > 1$ <br> $b_{pl}^{2} > 1, a_{pl}^{2} > 1$ |
| H5.2 | 政策不确定性对经济增长有显著的抑制作用，即财政政策与信贷政策波动率的增大会降低经济增长的速度 | $\psi_{ye} < 0$ <br> $\psi_{yl} < 0$ |
| H6 | 政策风险会通过财政政策不确定性与信贷政策不确定性对宏观经济增长风险产生放大作用，即财政政策与信贷政策的波动率会进一步扩大经济增长的波动率 | $b_{ey}^{2} > 1, a_{ey}^{2} > 1$ <br> $b_{ly}^{2} > 1, a_{ly}^{2} > 1$ |

## 四、实证结果与分析

利用 1999 年 1 月至 2009 年 12 月的月度数据,我们首先对干部变更比率、GDP 增速、财政支出增长率以及银行信贷增长率 4 个时间序列进行了平稳性检验。结果表明,经过季节调整和一阶差分的各宏观经济变量时序以及干部变更比率时序均是平稳的。其次,通过 Ljung-Box 检验和 LM 检验,我们发现,这 4 个时间序列均存在着显著的自相关和 GARCH 效应,因此,前文的 GARCH-in-Mean 模型是适用的。最后,利用 QMLE 的方法,我们分别对上述的 GARCH-in-Mean 模型进行了估计,对估计残差的检验进一步支持了上文的实证模型设定。

因此,对照前文提出的理论假设,我们将主要实证结果归纳汇报如下。

### (一)政策不稳定性与经济增长:总体影响

从表 5 - 3 中我们可以看到,干部变更引起的政策不稳定性与经济增长彼此之间的确存在着十分显著的相互作用与深刻影响。

表 5 - 3  干部变更与经济增速 GARCH-in-Mean 模型的估计结果

A. Conditional Mean Equations:$y_t = \mu + \sum_{i=1}^{q} \Gamma_i y_{t-i} + \Psi \sqrt{h_t} + \varepsilon_t$

where $y_t = \begin{pmatrix} p_t \\ y_t \end{pmatrix}$ with $q = 4$

| | Equation 1:PGROW ($p_t$) | Equation 2:GDPGROW ($y_t$) |
|---|---|---|
| $\mu$ | 0.8959 | -0.8005 |
| | (0.0000) | (0.0000) |
| $p_{t-1}$ | 0.7647 | -0.5058 |
| | (0.0000) | (0.0000) |
| $p_{t-2}$ | -0.2848 | -1.1889 |
| | (0.0000) | (0.0000) |
| $p_{t-3}$ | 0.1350 | 0.3912 |
| | (0.0000) | (0.0000) |

续表 5-3

A. Conditional Mean Equations: $y_t = \mu + \sum_{i=1}^{q} \Gamma_i y_{t-i} + \Psi \sqrt{h_t} + \varepsilon_t$

where $y_t = \begin{pmatrix} P_t \\ y_t \end{pmatrix}$ with $q = 4$

|  | Equation 1: PGROW ($p_t$) | Equation 2: GDPGROW ($y_t$) |
|---|---|---|
| $p_{t-4}$ | -0.1750 (0.0000) | 0.0488 (0.0000) |
| $y_{t-1}$ | -0.0738 (0.0000) | -0.2717 (0.0000) |
| $y_{t-2}$ | 0.0339 (0.0000) | -0.1339 (0.0000) |
| $y_{t-3}$ | -0.0047 (0.0000) | 0.0096 (0.0000) |
| $y_{t-4}$ | 0.0512 (0.0000) | 0.1505 (0.0000) |
| $\sqrt{h_{pp,t}}$ | 1.7123 (0.0000) | -5.9849 (0.0000) |
| $\sqrt{h_{yy,t}}$ | -0.8839 (0.0000) | 4.5645 (0.0000) |

B. Conditional Variance-Covariance Structure:

$H_t = C'C + \sum_{l=1}^{f} B'_l H_{t-l} B_l + \sum_{k=1}^{g} A_k \varepsilon_{t-k} \varepsilon'_{t-k} A_k$  with $f = g = 1$

$C = \begin{bmatrix} 0.5152 & 0.2247 \\ (0.0000) & (0.0000) \\ & 1.3811 \\ & (0.0000) \end{bmatrix}$; $B = \begin{bmatrix} -0.5494 & -0.9052 \\ (0.0000) & (0.0000) \\ 0.3951 & 0.6303 \\ (0.0000) & (0.0000) \end{bmatrix}$; $A = \begin{bmatrix} 0.5061 & -1.6020 \\ (0.0000) & (0.0000) \\ & -0.3712 \\ & (0.0000) \end{bmatrix}$

C. 假设检验

| | | |
|---|---|---|
| 经济增速对干部变更比例无影响 | $H_0: \gamma_{py}^{(1)} = \gamma_{py}^{(2)} = \gamma_{py}^{(3)} = \gamma_{py}^{(4)} = 0$ | 0.0000 |
| 干部变更比例对经济增速无影响 | $H_0: \gamma_{yp}^{(1)} = \gamma_{yp}^{(2)} = \gamma_{yp}^{(3)} = \gamma_{yp}^{(4)} = 0$ | 0.0000 |

续表 5-3

| | | |
|---|---|---|
| 宏观经济增长风险对干部变更比例无影响 | $H_0: \psi_{py} = 0$ | 0.0000 |
| 政策风险对经济增速无影响 | $H_0: \psi_{yp} = 0$ | 0.0000 |
| 政策风险对宏观经济增长风险无影响 | $H_0: a_{py} = b_{py} = 0$ | 0.0000 |
| 宏观经济增长风险对政策风险无影响 | $H_0: a_{yp} = b_{yp} = 0$ | 0.0000 |

D. 长期均衡影响①

| | 干部变更→经济增长 | 经济增长→干部变更 |
|---|---|---|
| 均值影响 | -1.9954 | 0.0503 |
| 方差影响 | -9.5182 | -6.7311 |

首先，干部变更比例与经济增速相互之间有着显著的内生影响。一方面，Grier 等（2007）提出的关于长期均衡效应的计算思路而测算得到的长期影响表明，干部变更对经济增长有显著的负面影响，干部变更比率每提高一个百分点，GDP 将平均下降 1.9954 个百分点。这一发现验证了理论假设 H1 中的政策短视行为效应。另一方面，经济增长对干部变更比率则有正向的刺激作用，经济增速越快，干部变更越频繁。这一结果与理论假设 H3.1 恰好相反。我们认为，这种与一般理论相反的现象主要源自中国干部晋升制度中的特殊文化。通常来说，中国的干部变更很少有直接降职，对政绩考评较差的干部大多采取保留级别但调离职务（或是明升实降）的处理措施。因此，我们观察到的干部变更大多反映的是升迁（或至少是名义上的升迁）。很显然，经济增长对主要由升迁构成的干部变更来说，必然是有积极作用的。

其次，由干部变更引起的不确定性对经济增长有更为显著的抑制作用，干部变更波动率每增大一个百分点，GDP 将下降 9.5182 个百分点。这一对经济增长的方差影响约为其均值影响的 4.77 倍，这与理论假设

---

① 水平对水平的影响取自 Grier 等（2007）定义的长期均衡效应，即 $A$ 的水平值对 $B$ 的水平值的长期影响 $\gamma_{BA}^{LR} = \frac{\sum_{i=1}^{p} \gamma_{BA}^{(i)}}{1 - \sum_{i=1}^{p} \gamma_{BA}^{(i)}} \sigma_A$。类似地，$A$ 的风险对 $B$ 的水平值的长期影响 $\psi_{BA}^{LR} = \frac{\psi_{BA}}{1 - \sum_{i=1}^{p} \gamma_{BB}^{(i)}} \sigma \sqrt{h_{AA}}$。

H1 中提出的政策不确定性效应是相吻合的。

再次，宏观经济增长风险对干部变更也有显著的负影响，经济风险越高，干部变更越迟缓。我们认为，与 H3.1 类似，这一与理论假设 H3.2 相反的现象同样是由于中国的干部变更大多表现为一种升迁而非降职，因此，经济风险的增大必然成为干部升迁考核中的一个负面指标。

最后，干部变更引起的政策风险与宏观经济增长风险之间也有着显著的内生影响。如表 5-3 所示，显著的 $b_{py}^2 \approx 1$ 和 $a_{py}^2 > 1$ 表明，从短期来看，政策风险将近似等幅地传导至宏观经济增长风险中，但长期来看，政策风险对宏观经济增长风险有放大作用，这与理论假设 H2 基本一致。由于政策风险是影响经济增长风险（尤其是长期风险）最重要的因素之一，所以政策风险对经济增长风险的长期放大作用是显而易见的。然而，与理论假设 H3.3 相反的是，$b_{yp}^2$ 和 $a_{yp}^2$ 都显著地小于1。干部变更引起的政策不稳定并不是纯粹的经济事件，政策风险对经济风险必然不会太敏感；再考虑到干部变更很大程度上也有稳定经济波动的政策意图，宏观经济增长的波动在影响干部变更波动的过程中所发生的自然衰减也就不难理解了。

### （二）政策不稳定性与经济增长：财政影响渠道

限于篇幅，这一部分我们将集中讨论与上文理论假设相关的部分实证结果。从表 5-4 的汇总整理结果中我们发现，干部变更引起的政策不稳定对经济增长的财政影响十分显著。

表 5-4　干部变更与经济增长之间的政策影响渠道：
GARCH-in-Mean 模型估计结果（汇总整理）

| 财政政策渠道 | | 干部变更⇨财政扩张 | | 财政扩张⇨经济增长 |
| --- | --- | --- | --- | --- |
| 均值→均值 | $\gamma_{ep}^{LR}$ | 0.0237*** [0.0000] | $\gamma_{ye}^{LR}$ | -1.7355*** [0.0000] |

续表 5-4

| 财政政策渠道 | | 干部变更⇨财政扩张 | | 财政扩张⇨经济增长 | |
|---|---|---|---|---|---|
| 方差→均值 | $\psi_{ep}^{LR}$ | 0.9977*** [0.0000] | $\psi_{ye}^{LR}$ | -2.3407*** [0.0000] | |
| 方差→方差 | $a_{pe}$ | 0.4879 [0.1129] | $a_{ey}$ | -0.0540*** [0.0089] | |
| | $b_{pe}$ | -0.3908* [0.0976] | $b_{ey}$ | 0.4394*** [0.0000] | |
| 信贷政策渠道 | | 干部变更⇨信贷扩张 | | 信贷扩张⇨经济增长 | |
| 均值→均值 | $\gamma_{lp}^{LR}$ | 0.1327** [0.0000] | $\gamma_{yl}^{LR}$ | 0.1454 [0.5039] | |
| 方差→均值 | $\psi_{lp}^{LR}$ | 0.4823*** [0.0006] | $\psi_{yl}^{LR}$ | -62.8335*** [0.0001] | |
| 方差→方差 | $a_{pl}$ | -0.1184*** [0.0000] | $a_{ly}$ | -4.7998*** [0.0000] | |
| | $b_{pl}$ | 0.0590*** [0.0000] | $b_{ly}$ | -0.0136 [0.9476] | |

首先，由干部变更的绝对水平提高衡量的政策不稳定刺激了地方财政支出的扩张（$\sum_{i=1}^{5}\gamma_{ep}^{(i)}>0$），而这一具有短视性的财政支出扩张对经济增长产生了显著的抑制作用（$\sum_{i=1}^{5}\gamma_{ye}^{(i)}<0$）。上述发现分别验证了前文提出的 H4.1 和 H4.3 中关于财政政策短视行为效应的假设。它表明，随着干部变更比率的提高，其平均任期时间缩短，而缩短的任期刺激了地方干部短视性的财政支出扩张，并对经济增长产生了负面影响。更具体地，我们认为，财政支出扩张对经济增长的抑制作用，一方面是为了支撑财政扩张而必须维持的高税收对生产性经济活动的打击；另一方面则是扩张性财政政策对私人投资的挤出效应以及政府干预造成的竞争效率扭曲。事实上，已有相当一部分实证工作证实了财政支出扩张对经济

增长并不存在必然的刺激作用。如严成等（2009）就发现，即便是生产性公共支出也并不一定总能促进经济增长；郭庆旺等（2009）的实证工作也表明，地方政府在财政支出方面存在的竞争行为对经济增长有显著的不利作用；吕冰洋（2011）则进一步指出，财政扩张同样是经济失衡的重要原因，从长期来看，旨在消除危机的财政扩张可能成为下一次危机的诱因。

其次，由干部变更波动率所衡量的政策风险对地方财政支出扩张也有刺激作用（$\psi_{ep}>0$），从而进一步增强了对经济增长的抑制作用。这一发现补充验证了 H4.2 中对财政政策短视行为效应的理论假设。它表明，除了平均任期时间，对职务更替的不确定预期进一步强化了干部尽快实现政绩目标的短期扩张动机。干部面临不确定性时的这种加速支出的行动规则显然与微观个体在面临不确定性时延缓投资的行动规则有明显的不同，我们认为，这种区别源自二者在决策过程中扮演的不同角色和所处的不同地位。对微观企业来说，它们是其投资项目的所有者，对其投资决策承担长期责任，因此，在面临不确定性时，企业有动力通过等待来实现长期的全局最优化；而地方干部仅是经济政策的执行代理人，对其政策收益并不具有完全的所有权，故只承担其政策决策的短期责任，因此，在面临不确定性时，为了实现短期的局部最优化，地方干部会更希望通过加速行动而不是等待来规避不确定性。

再次，干部变更的波动率所衡量的政策风险对财政政策不确定性也有显著影响（$b_{pe}$ 显著），且其导致的财政政策不确定性不仅对经济增长产生了进一步的抑制作用（$\psi_{ye}<0$），还对宏观经济增长风险产生了显著影响（$a_{ey}$ 和 $b_{ey}$ 均显著）。这些发现与 H5 及 H6 中关于财政政策不确定性效应的假设是基本一致的。它表明，我国微观个体的生产性活动的确存在着显著的财政风险制约机制。

最后，我们还发现，政策风险对财政政策不确定性，以及财政政策不确定性对经济增长风险都存在着衰减作用（$b_{pe}^2<1$，$a_{ey}^2<1$ 和 $b_{ey}^2<1$）。这表明，在政策风险向宏观经济增长风险传导的过程中，财政政策起到了较好的风险缓冲作用。由于财政支出是地方干部最容易直接掌控的政策工具，且财政扩张对经济活动的调节作用也最为直接和强烈，所以财政政策往往比其他政策工具更有助于平缓干部变更所带来的政策不稳定，进而更易达成稳定经济的宏观政策目标。

## （三）政策不稳定性与经济增长：信贷影响渠道

见表 5-4，干部变更引起的政策不稳定性对经济增长的信贷影响渠道同样十分显著，但其作用相对来说要弱于财政政策的影响。

首先，无论是干部变更比率的水平变化，还是干部变更波动率引发的政策不稳定，对银行信贷扩张均有显著的刺激作用（$\sum_{i=1}^{3}\gamma_{lp}^{(i)}>0$ 以及 $\psi_{ep}>0$），这与假设 H4.1 和 H4.2 的描述是一致的，它表明干部平均任期时间的缩短以及对职务更替的不确定预期都会刺激地方干部短视性的信贷扩张；但银行信贷扩张对经济增长的抑制作用并不明显（$\sum_{i=1}^{2}\gamma_{yl}^{(i)}$ 不显著），这与假设 H4.3 不相吻合，它表明信贷扩张对经济增长的抑制作用并不显著，因而干部变更对经济增长不存在显著的信贷政策短视行为效应。我们认为，虽然干部变更同样会刺激具有短视性的信贷扩张，但信贷扩张对经济增长的作用是不确定的。一方面，信贷扩张会刺激投资进而促进经济增长；而另一方面，信贷扩张也易催生通货膨胀，进而通过打击长期的消费和投资计划对经济增长（尤其是长期增长）起到阻碍作用。事实上，现有文献对信贷扩张与经济增长之间的关系也始终未有定论。张军（2006）指出，由于更多的信贷分配给了低效率的国有企业，中国银行部门的总体信贷增长对经济增长的贡献并不显著；金成晓等（2010）也发现，信贷增长率与经济增长率之间的关系并不总是保持正向的，而是会随着时期不同而呈现出非对称的相关关系；王立勇等（2010）同样检验发现，信贷的产出扩张效应在不同的增长状态下呈现出显著的非对称性；李连发等（2012）则指出，由于历次信贷扩张后都存在较持久的通胀压力，信贷总量适度的逆周期变化有助于减少宏观经济的波动和相应的福利损失。

其次，虽然干部变更引起的政策不稳定对经济增长的短视性信贷扩张效应并不明显，但其对经济增长的信贷政策不确定性效应却十分显著。见表 5-4，干部变更波动率会显著影响信贷政策的不确定性（$a_{pl}$ 和 $b_{pl}$ 均显著），进而对经济增长产生显著的抑制作用（$\psi_{yl}<0$）。这一发现支持了我们在 H5 和 H6 中提出的关于信贷政策影响渠道的理论假设。事实上，由于信贷风险与货币风险密切相关，不确定的信贷政策不仅意味着通货膨胀风险的蕴积，对众多微观投资个体来说，更意味着其资金链的脆弱性提高以及融资成本的上升。这些不利因素都将对生产性

经济活动产生抑制作用。

此外，进一步考察政策风险、信贷政策不确定性与经济增长风险之间的影响系数，我们还发现，虽然政策风险在影响信贷政策不确定性的过程中是逐渐衰减的（$a_{pl}^2<1$ 以及 $b_{pl}^2<1$），但信贷政策对经济增长风险有放大作用（$a_{ly}^2>1$），且这一放大作用远远超过了政策风险最初带来的衰减效应（$a_{ly}^2 \gg a_{pl}^2+b_{pl}^2$）。我们认为，由于信贷扩张并不完全受地方干部掌控，且其对经济活动的影响远比财政政策更为间接，故从短期来看，信贷扩张对干部变更引起的政策风险的反应远不如财政政策的反应敏感（$b_{pl}^2<b_{pe}^2$）；但从长期来看，与经济活动具有更高关联度的信贷政策将比财政政策更能体现由干部变更引起的政策不稳定性的长期影响（$a_{pl}$ 比 $a_{pe}$ 显著）。类似地，信贷政策对经济增长的影响也更多地表现为长期效应，且随着时间的积累，其特有的乘数效应将使得信贷政策不确定性对宏观经济增长风险的影响以倍增的速度膨胀。因此，从控制风险的角度来看，干部变更对经济增长的信贷风险影响有必要得到更严密的监控。

总结上述结论，我们发现，在干部变更对经济增速的抑制机制中，财政政策所起的作用主要体现为短视性的财政支出扩张以及由此引起的财政政策不确定性对经济增长的负面影响（即政策的短视行为效应）；而信贷政策所起的作用则主要是通过由干部变更引发的信贷政策不确定性对经济增长产生抑制作用（即政策不确定性效应），且信贷影响渠道的这种政策不确定性效应还进一步地体现在对经济增长风险的放大作用上（即政策风险效应）。我们也可以图 5-1 来概括描述干部变更与经济增长及其风险间的政策影响渠道的上述实证结果。

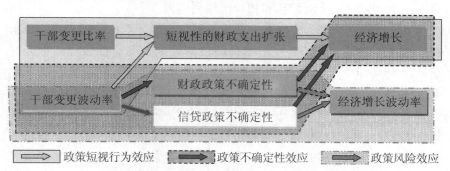

图 5-1　政策不稳定性与经济增长及其风险之间的政策影响渠道

为了更好地比较干部变更对经济增长及其风险的影响机制中财政影响渠道与信贷影响渠道的作用,我们进一步对表5-4的实证结果进行整理,进而具体测算出图5-2中所描述的三种政策效应的综合影响(见表5-5)。

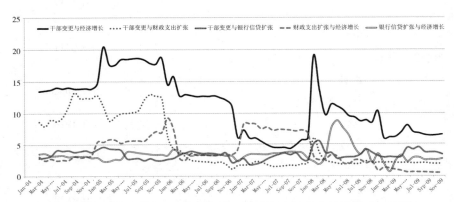

图 5-2 政治不稳定、政策变动与经济增长之间溢出效应的动态路径

表 5-5 干部变更对经济增长及其风险的三种政策效应的综合影响

| 干部变更对经济增长的影响 | | | | | |
|---|---|---|---|---|---|
| | | 政策短视行为效应 | | 政策不确定性效应 | |
| 财政影响渠道 | 干部变更比率(政策变动) $\gamma_{ep}^{LR} \times \gamma_{ye}^{LR}$ | -0.0411 | 短期 $\|b_{pe}\| \times \psi_{ye}^{LR}$ | -0.9147 | |
| | 干部变更波动率(政策风险) $\psi_{ep}^{LR} \times \gamma_{ye}^{LR}$ | -1.7315 | 长期 $\|a_{pe}\| \times \psi_{ye}^{LR}$ | Insignificant | |
| | 总影响 | -1.7726 | 总影响 | -0.9147 | |
| 信贷影响渠道 | 干部变更比率(政策变动) $\gamma_{lp}^{LR} \times \gamma_{yl}^{LR}$ | Insignificant | 短期 $\|b_{pl}\| \times \psi_{yl}^{LR}$ | -3.7072 | |
| | 干部变更波动率(政策风险) $\psi_{lp}^{LR} \times \gamma_{yl}^{LR}$ | Insignificant | 长期 $\|a_{pl}\| \times \psi_{yl}^{LR}$ | -7.4395 | |
| | 总影响 | Insignificant | 总影响 | -11.1467 | |

续表 5-5

干部变更对经济增长风险的影响

| | | 政策风险效应 |
|---|---|---|
| 财政影响渠道 | 短期 $\|b_{pe}\| \times \|b_{ey}\|$ | 0.1717 |
| | 中期 $\|a_{pe}\| \times \|b_{ey}\| + \|b_{pe}\| \times \|a_{ey}\|$ | 0.0211 |
| | 长期 $\|a_{pe}\| \times \|a_{ey}\|$ | Insignificant |
| | 总影响 | 0.1928 |
| 信贷影响渠道 | 短期 $\|b_{pl}\| \times \|b_{ly}\|$ | Insignificant |
| | 中期 $\|a_{pl}\| \times \|b_{ly}\| + \|b_{pl}\| \times \|a_{ly}\|$ | 0.2832 |
| | 长期 $\|a_{pl}\| \times \|a_{ly}\|$ | 0.5683 |
| | 总影响 | 0.8515 |

不难看出，从总体来看，在干部变更对经济增长的影响机制中，信贷政策的影响（-11.1467）大于财政政策的影响（-2.6873[①]）。然而，信贷政策的影响渠道却比财政政策的影响渠道要单一，仅通过政策不确定性效应来发挥干部变更对经济增长的抑制作用；而财政政策则同时通过政策短视行为效应和政策不确定性效应两个渠道产生影响，且前者的影响超过了后者。此外，表 5-5 还显示，干部变更对经济增长风险的短期影响以财政风险为主，而长期影响则以信贷风险为主，且信贷风险的长期影响要强于财政风险的短期影响。

对此，我们的解释有如下几点。首先，从实际来看，经济活动（尤其是经济活动的长期决策）往往对信贷政策更为敏感，再考虑信贷政策的信用创造功能及其乘数效应，我们不难理解，信贷政策在干部变更与

---

① -2.6873 = (-1.7726) + (-0.9147)。

经济增长影响机制中会发挥比财政政策更为显著的作用。其次，从投资者的角度来看，作为具有较强行政色彩的经济决策变量，财政支出扩张对投资决策的影响更多表现为一种对私人资本的挤出效应，而不仅限于其隐含的政策不确定性对投资活动的风险抑制作用；然而，作为同时具有提供流动性和提高金融风险性质的政策工具，银行信贷扩张对经济增长往往具有双刃剑的作用，其对经济增长的直接抑制作用虽然并不明显，但与经济增长中的风险因素息息相关，更直接影响投资决策中最重要的利率因素，因此，企业与个人在进行投资决策时将更为关注信贷政策的不确定性而并非其绝对水平。最后，作为最直接体现在任干部执政思路的经济决策变量，财政政策的风险效应往往作用于即期，并在短期内发挥最大效力；与此相反的是，作为更贴近经济活动的执行端而非政策制定端的经济决策变量，信贷政策的风险效应往往较为间接而持久，且具有更强的综合影响力。

### （四）政策不稳定性与经济增长：溢出效应衡量

之前的检验和估计结果均表明，干部变更引起的政策不稳定性和经济增长之间有着显著的相互影响。那么，二者之间的这种相互影响究竟有多大呢？我们还发现，干部变更是通过刺激财政政策和信贷政策的短视性扩张以及政策不确定性的提高来实现其对经济增长的抑制作用的。那么，财政政策和信贷政策在政策不稳定性对经济增长的影响机制中的相对作用孰大孰小呢？随着时间变化，上述这些相互影响及相对作用又是否会保持稳定呢？我们认为，上述问题从新的角度更加审慎地考察了干部变更引起的政策不稳定性对经济增长的溢出效应。这不仅为我们的研究提供了稳健性检验支持，更是我们理解政策不稳定性与经济增长之间关系的重要参考依据。遗憾的是，GARCH-in-Mean 模型本身并无法提供对这一溢出效应的直接衡量。有鉴于此，借用 Diebold 等（2009）的分析思路，我们通过分解被解释变量的预测误差中分别来自自身和其他变量的影响，进而测算出被解释变量之间的溢出指数（spillover index）。作为变量间关联程度的度量，上述溢出指数的取值应当位于 0 和 1 之间：如果该指数接近 1，表明两个变量之间高度相关；反之，如果该指数接近 0，则表明两个变量基本不相关。

选用 3 个月（即 1 个季度）作为溢出效应的预测窗口，我们测算得到了干部变更比率与经济增长、干部变更比率与政策变动以及政策变动与经济增长之间的动态溢出路径。从图5-2中我们可以观察到如下四点：第一，除2007年年底至2008年年初因金融危机爆发而出现了一次突增外，干部变更与经济增长之间的相关性呈现整体下降趋势。这表明，我国经济增长中的政策因素以及干部晋升制度中的经济考核特征正在削弱。第二，干部变更与经济增长之间的财政相关性在早期（2006年前）表现得较为显著，但到了后期（2008年后），干部变更与经济增长之间的信贷相关性超过了财政相关性。第三，干部变更与经济增长之间的财政相关性早期波动十分剧烈，而信贷相关性却相当稳定；但到了后期（2008年后），财政相关性开始趋于稳定，而信贷相关性却开始波动。第二、第三点表明，信贷影响渠道在政策不稳定性对经济增长的影响机制中的重要作用正日益显现出来，这与我们的实证结果是相吻合的。第四，除了经济危机时期，一般说来，财政政策的政策关联度要强于其经济关联度，而信贷政策的经济关联度则要强于其政策关联度，这显然符合我们的直观事实。

### （五）政策不稳定性与经济增长：换届选举的影响

2002年11月，党的十六大选举出新一届领导班子，而这次重要的政府换届选举恰好发生在我们的研究样本期间。因此，为了更深入地考察干部变更引起的政策不稳定性与经济增长之间的关系，本章以选举换届后的2002年12月至2009年12月为新的样本区间，对上述的5个GARCH-in-Mean模型再次进行了估计，并将估计结果整理汇报于表5-6。

表5-6 干部变更与经济增长：总体影响及政策影响渠道
（2002年12月—2009年12月）

| 干部变更⇒经济增长：总体影响 | | | | |
|---|---|---|---|---|
| | 政策短视行为效应 | | 政策不确定性效应 | |
| 对经济增速的影响 | 干部变更比率 $\gamma_{yp}^{LR}$ | -0.0982 | 干部变更波动率 $\psi_{yp}^{LR}$ | -0.8527 |
| 对经济增长风险的影响 | 短期 $|b_{py}|$ | Insignificant | 长期 $|a_{py}|$ | Insignificant |

续表 5–6

| 干部变更⇨经济增长：政策影响渠道 | | | | | |
|---|---|---|---|---|---|
| 对经济增速的影响 | | 政策短视行为效应 | | 政策不确定性效应 | |
| 财政影响渠道 | 干部变更比率（政策变动）<br>$\gamma_{ep}^{LR} \times \gamma_{ye}^{LR}$ | -0.8899 | 短期<br>$\lvert b_{pe} \rvert \times \psi_{ye}^{LR}$ | -1.7683 | |
| | 干部变更波动率（政策风险）<br>$\psi_{ep}^{LR} \times \gamma_{ye}^{LR}$ | -10.3893 | 长期<br>$\lvert a_{pe} \rvert \times \psi_{ye}^{LR}$ | -3.2071 | |
| | 总影响 | -11.2792 | 总影响 | -4.9754 | |
| 信贷影响渠道 | 干部变更比率（政策变动）<br>$\gamma_{lp}^{LR} \times \gamma_{yl}^{LR}$ | -1.9206 | 短期<br>$\lvert b_{pl} \rvert \times \psi_{yl}^{LR}$ | -6.6918 | |
| | 干部变更波动率（政策风险）<br>$\psi_{lp}^{LR} \times \gamma_{yl}^{LR}$ | -9.0774 | 长期<br>$\lvert a_{pl} \rvert \times \psi_{yl}^{LR}$ | -10.6407 | |
| | 总影响 | -10.9980 | 总影响 | -17.3325 | |
| 对经济增长风险的影响：政策风险效应 | | | | | |
| 财政影响渠道 | 短期<br>$\lvert b_{pe} \rvert \times \lvert b_{ey} \rvert$ | | | Insignificant | |
| | 中期<br>$\lvert a_{pe} \rvert \times \lvert b_{ey} \rvert + \lvert b_{pe} \rvert \times \lvert a_{ey} \rvert$ | | | Insignificant | |
| | 长期<br>$\lvert a_{pe} \rvert \times \lvert a_{ey} \rvert$ | | | Insignificant | |
| | 总影响 | | | Insignificant | |
| 信贷影响渠道 | 短期<br>$\lvert b_{pl} \rvert \times \lvert b_{ly} \rvert$ | | | 0.2482 | |
| | 中期<br>$\lvert a_{pl} \rvert \times \lvert b_{ly} \rvert + \lvert b_{pl} \rvert \times \lvert a_{ly} \rvert$ | | | 0.3947 | |
| | 长期<br>$\lvert a_{pl} \rvert \times \lvert a_{ly} \rvert$ | | | Insignificant | |
| | 总影响 | | | 0.6429 | |

续表 5-6

| 经济增长⇨干部变更 | | | | |
|---|---|---|---|---|
| 对干部变更比率的影响 | 经济增速 $\gamma_{py}^{LR}$ | -0.0711 | 经济增长风险 $\psi_{py}^{LR}$ | -1.7008 |
| 对干部变更波动率的影响 | 短期 $\lvert b_{yp} \rvert$ | Insignificant | 长期 $\lvert a_{yp} \rvert$ | 0.1932 |

  我们发现，子样本的估计结果与全样本基本一致：①干部变更引起的政策不稳定性对经济增长有抑制作用，主要表现为干部变更引发的短视性财政扩张和信贷扩张，以及不确定的干部变更造成的财政政策不确定性与信贷政策不确定性对经济活动的负面影响。②总体来看，干部变更对经济增长的信贷影响要强于其财政影响，且这两种政策渠道的影响机制并不相同，财政影响渠道传导的主要是财政政策变动造成的政策短视行为效应，而信贷影响渠道传导的则主要是信贷政策变动引发的政策不确定性效应。③在干部变更对经济增长风险的影响机制中，信贷风险比财政风险更为持久和显著。④宏观经济增长风险是干部职务变更的负面考核指标，风险越高，职务变更的可能性越低。

  与此同时，子样本也呈现出一些与全样本相异的实证结果[①]：①干部变更引起的政策不稳定性对经济增长的抑制作用减弱了。②经济增速对干部变更的正向刺激作用变成了负向抑制作用。③干部变更波动率所衡量的政策风险对宏观经济增长风险的影响不再显著。④政策工具对政策波动与经济增长更加敏感了。一方面，财政政策和信贷政策的传导作用都有了显著提高；另一方面，信贷政策的传导机制变得更为多样化，由单一的政策不确定性效应变为复合的政策短视行为效应叠加政策不确定性效应。⑤干部变更的风险效应不仅强度减弱了，其影响时效也缩短了。这些发现表明，2002 年年底换届选举后，中国经济增长中的政策因素和政策风险都在逐步减弱，而干部变更制度中的经济考核指标也在逐步弱化；与此同时，政策工具对执政理念的贯彻能力与对经济活动的调节能力却在逐步增强。

---

① 这些新发现与前文的溢出效应动态演变路径的结论十分吻合。

## 五、本章结论与讨论

由于地方干部在政策制定和政策执行方面具有法定能力,所以伴随着干部变更,地方政策通常会因新旧政府政策偏好的不同而发生难以预期的波动,而这种政策不稳定性对经济活动不可避免地会产生深刻的影响。与此同时,受长期以来以经济增长为核心的干部考核晋升体制影响,经济增长对干部变更也有显著影响,而政策不稳定性与经济增长之间的这种内生性进一步加深了干部变更对经济增长的影响。因此,充分考虑干部变更与经济增长之间的这种内生性,进而对干部变更引起的政策不稳定性影响经济增长的政策传导渠道进行深入的剖析,无疑有助于我们更好地了解我国的经济增长规律(尤其是风险规律),进而提高宏观调控的效力,促进宏观经济的稳定协调发展。

本章基于更加直接影响地区经济的地方干部视角,利用月度地级市城市地方干部变更比例作为政策不稳定性的代理变量,在 VAR 框架下研究了 1999～2009 年间我国干部变更对经济增长及其风险的影响,同时考察财政政策和信贷政策在这一影响机制中所发挥的传导作用。研究结果表明,首先,干部变更对经济增长有抑制作用,且干部变更对经济增长的方差影响约为其均值影响的 4.77 倍。其次,经济增长对干部变更有正向的刺激作用,而经济增长风险却是干部晋升体系中的一个负向考核指标。再次,干部变更对经济增长的信贷影响要强于其财政影响,且这两种政策渠道的影响机制并不相同,财政影响渠道传导的主要是干部变更造成的政策短视行为效应,而信贷影响渠道传导的则主要是干部变更引发的政策不确定性效应。最后,在干部变更对经济增长风险的影响机制中,短期以财政风险为主,而长期则以信贷风险为主,且信贷风险的影响效力比财政风险更为持久和显著。

为了更全面和稳健地考察干部变更引发的政策不稳定性对经济增长的影响,我们进一步测算了干部变更比率、经济增速、财政支出扩张以及银行信贷扩张之间溢出效应的动态演变路径。结果表明,我国经济增长中的政策因素以及干部晋升制度中的经济考核指标都有逐年弱化的趋势。

最后,我们还以 2002 年 12 月至 2009 年 12 月为子样本考察了党的十六大换届选举出新的国家领导班子这一重大事件对经济增长的影响。估计结果一方面验证了全样本所揭示的基本结论，即干部变更会通过诱发政策的短视行为以及增大政策不确定性，对经济增长产生负面影响，且在这一作用机制中，信贷影响要强于财政影响；另一方面，有新发现表明，换届后经济增长中的政策因素和政策风险以及干部晋升制度中的经济考核特征都减弱了，而政策工具的调控效力则增强了。

基于上述结论，我们认为，为了更好地平缓干部变更引发的政策不稳定性对经济增长及其风险的负面影响，我们一方面要坚持弱化GDP在政绩考核中的中心地位，进一步完善多元化的综合考核体系；另一方面要灵活运用财政政策工具和信贷政策工具，短期内要注意理性地控制政府的财政支出扩张和财政风险，而长期内则要更注重控制信贷扩张与信贷风险。

# 第六章　地方干部更替与企业投资

## 一、引言

近年来，中央提出了推行干部任期制的要求，各地进行了不少有益的探索。但事实上，在一些地方，领导干部调动过于频繁、任职难以届满的现象比较普遍。全国政协委员、中国市长协会副会长兼秘书长陶斯亮曾经随机调查了我国 150 个城市地方干部的任职情况。调查结果显示，这些城市在 2002 年到 2006 年的市长任期中，更换了一次市长的城市有 92 个，占 61.3%；更换了两次的有 38 个城市，占 25.3%；一直在做没有更换的占 13.3%，只有 20 个城市①。本章通过对 2000～2008 年 277 个地级市市长更替的统计发现，其间均值为 33.77%，最高为 2001 年的 43.38%，最低为 2004 年的 21.43%。由此可见，地方干部更替是较为频繁的。

在政治集权加经济分权的制度组合之下，中央又以经济建设为工作中心，这一指挥棒使得处于相对封闭的内部政治劳动力市场中的地方干部竞相致力于地方经济发展。中国的干部人事制度安排形成了巨大的激励与约束效应（王贤彬等，2011）。那么，主要干部的频繁流动是否会诱发执政理念短期化、执政行为浮躁化甚至政绩泡沫化等问题呢？

本章从市长更替的角度，考察 2000～2008 年 277 个地区的地方干部更替对辖区企业投资行为的影响。我们发现：地方干部更替导致辖区企业的投资支出增加，投资效率下降；干部更替频率越大，辖区内企业投资波动率也越大。进一步研究发现，地方干部更替对辖区内企业投资的影响在国有企业中尤甚；同时，受到地方干部的特质影响，如地方干部升迁动机更强以及干部对由外地调任会导致这种影响更为显著。根据本章的样本数据，我们对辖区企业在市长更换前后的投资支出进行初步

---

① 李松：《官员频繁调动之弊》，《瞭望新闻周刊》2009 年第 4 期。

统计。结果发现，市长更换的前一年，辖区企业投资支出（投资与上一年资产规模之比）的均值为 0.1446，处于最低位；在市长更换当年，投资支出开始增加，达到 0.1497；更换后第一年，投资进一步增加到 0.1619；变更后第二年及以后投资有所回落，但仍远高于变更前一年的水平。

  本章研究能够拓展与丰富两方面的文献。首先是政治经济周期理论，它将政府行为视为经济系统中的内生变量，认为政治因素或者政治过程引发经济周期性的波动[①]。在中国，尽管基本上不存在为当选而操纵经济政策的行为，但是党和政府的周期性换届，会对经济周期产生一定的影响。Tao（2003）发现，1987 年以来，中国的总固定资产投资增长率的 4 次峰值分别出现在党的十三大、十四大、十五大和十六大召开的次年。徐清海等（2006）根据 1989~2004 年近三届政府任期内的经济指标，得出中国存在政府换届经济周期的结论。上述文献都是研究政府干部对宏观经济的影响。然而，宏观的经济变动不是凭空而来的，最终需要落实到企业微观单元，仅从宏观方面研究干部与经济变动的关系只能局限于经济总量的分析，却无法获得质的判断。政治经济周期理论是研究政治进程对宏观经济的影响。本章在此基础上进一步扩展，研究政治进程对微观经济的影响，能够展现一个更为全面的政治经济周期。上述研究表明，政府干部的周期性变动会推动经济增长，然而，他们以扩大地区投资总量作为地区生产总值增长的主要驱动力，这种增长模式并非高质量的，也不具有可持续性。本章研究发现，由于地方干部变动所带来的新一轮投资增长，其中一个重要途径是影响微观企业的投资行为，导致它们投资支出增加，投资效率下降。这也从一个侧面反映干部变动带来的经济增长并非高质量的。

  本章也是对政府干预文献的进一步补充。在 Shleifer 等（1998）的"掠夺之手"与"帮助之手"的理论指导下，大量文献研究了政府干预企业的债务期限结构（孙铮等，2005）、企业雇员（曾庆生等，2006）、公司多元化（陈信元等，2007）、并购（潘红波等，2008）、IPO 募资变

---

[①] 政治经济周期理论模型主要有 4 种，分别是机会主义模型（Nordhaus, 1975）、党派模型（Hibbs, 1977）、理性机会主义模型（Rogoff and Sibert, 1988）与理性党派模型（Alesina, 1987）。

更（马连福等，2011）等。企业投资作为地方经济增长和增加财政最直接的途径之一，更是成为政府干预的重点。北京大学中国经济研究中心宏观组（2004）认为，国企过度投资和投资低效的本质是产权和政府"政绩观"导向所致。李敏波等（2008）通过模型论证了国有企业因多重目标而导致其过度投资和资本积累。程仲鸣等（2008）、唐雪松等（2010）、张洪辉等（2010）也分别从经验上证明政府干预导致了地方国企的过度投资。然而，这些研究都是从静态角度研究地方政府对企业行为的影响，将地方政府视为"稳定不变"。在现实情况中，地方政府由地方干部组成，他们由于任期等原因会经常发生变动，从一个动态的角度看待地方政府更为贴近现实。因此，地方政府对企业行为的干预也是处于动态变化之中的。曹春方等（2011）在这方面做了一个较好的开端。他们以2001～2008年A股地方国有上市公司为样本，发现省级干部任期与地方国企过度投资之间存在倒"U"形关系。尽管他们的研究与本章都是从动态角度研究地方政府干预企业投资，但还是在诸多地方存在差异。首先，他们是研究干部任期的影响，而本章采用的是研究干部更替前后的不同影响，两者角度截然不同。其次，他们采用的是省级干部数据，而本章采用的是市级干部数据，相比而言，市级政府是更为基本的地方政府，对辖区微观企业的影响更为直接，影响程度更大。最后，他们的研究对象是国有上市公司，而本章的研究对象是大部分工业企业，不仅包括上市与非上市公司，还包括国有与民营企业。地方干部的变动或任期不只是对国有企业产生影响，也会对民营企业产生影响，只是对两者的影响程度存在差异。进一步说，本章的样本包括大量的非上市公司，研究结论更为稳健全面。

## 二、理论分析与假设提出

中央政府根据地方经济指标对地方干部进行考核，在换届之际对表现优异的干部予以提拔晋升，形成了中国的政治晋升体制（周黎安，2004，2007）。它与财政分权（Weingast，1995；Qian et al.，1997）是两种被广泛认可的、能够解释中国奇迹般速度增长的理论。它们较好地解释了中国地方干部对辖区经济发展体现的兴趣与热情，以及干部在招商引资、改善基础设施、发展民营经济、推动经济体制改革等方面所发挥的重要作用。Li等（2005）、周黎安等（2005）运用1979年以来的省级干部数据，系统地验证了地方干部晋升与地方经济绩效的显著关联：地区生产总值增长速度每提高一个百分点，省长、省委书记晋升的可能性就显著地提高10个百分点，省级干部的升迁概率与省区生产总值的增长率呈显著的正相关关系。周黎安等（2005）还发现，中央在考核地方干部的绩效时理性地运用相对绩效评估的方法来减小绩效考核的误差，增加其可能的激励效果。在相对业绩考核中，在任干部相对于前任的经济绩效对其晋升有着显著的正影响。他们的研究为地方干部晋升激励的存在提供了一定的经验证据。

由于中央政府将地方干部晋升与地方经济绩效挂钩，地方干部具有发展地方经济的动机，而且这种动机在上任之初更为强烈。俗话说"新官上任三把火"，特别是中央政府运用相对业绩考核，在任干部相对于前任的经济绩效影响其政治晋升机会，新上任干部需要采取新措施才能超越前任表现，因此，他们会积极推行新的经济政策。而新政策一般不能在短期内显示出显著的实施成果，如果成果在任期内未能充分展现出来，则很难在中央政府考核中得到认可，反而会成为继任干部的功劳。这就类似于"前人栽树，后人乘凉"。新上任干部为了尽可能在任期内显示经济成果，会刻不容缓，在上任之初迅速推行新的经济政策，开展各种经济活动，力争在任期内有所表现①。

地区生产总值是衡量地方经济最为重要的指标。靳涛（2006）指出，从地区生产总值的支出法的角度来考究，增加地区生产总值的主要方法要么靠增加投资，要么靠吸引消费，对于一个目标行为最大化的地方政府来说，扩大投资是最切实可行的办法，投资对短期内地区生产总值的增长有着直接的影响。王贤彬等（2010）发现，省级干部更替提高了当年地方投资增长率，这说明地方干部通过拉动扩大投资以满足中央政府的地区生产总值考核目标。他们的研究是基于宏观经济层面，检验整个地区投资，包括公共财政投资与私人（企业）投资。宏观层面的研究，无法检验地方干部对辖区企业投资的影响。公共财政投资由地

---

① 2011年，在全国两会召开期间，地方干部裸露发展热情并多方争取支持的一幕已屡见不鲜，甚至有的代表委员进京参会还肩负着为地方经济发展进行公关的重任。参见吴丽华、陈岩鹏：《换届周期诱发地方投资冲动》，《华夏时报》2011年3月19日。

方政府主导，必然受到地方干部扩大投资动机的影响。私人投资，主要指企业投资，尽管并非由地方政府主导，但是在我国制度背景下，地方干部对辖区企业产生重要的影响。地方干部的投资冲动会带动辖区企业扩大自身投资支出。由于这些投资是由外部力量所推动的，并非由企业根据自身情况做出的最优决策；而且为了配合地方干部"短期出成绩"的需求，投资项目的立项要在短期内完成，决策过程的科学性受到极大影响，会导致企业过度投资，投资效率下降。进一步说，在一段时期内，地方干部的更替频率较高，企业的投资决策会多次受到外界的干预，投资波动性会更大。因此，本章提出下面的理论假说。

H1.1：上一年地方干部更替，辖区企业投资支出增加。

H1.2：上一年地方干部更替，辖区企业投资效率下降。

H1.3：地方干部更替频率越高，辖区企业投资波动性越高。

地方干部更替产生的投资冲动会带动辖区企业增加投资支出，投资效率下降。然而，对于不同类型的企业，地方干部的影响是不同的。国有企业，特别是地方国有企业，最终控制人是各级政府机构，与政府干部存在一种天然的联系。政府干部能够对国有企业施加更多的影响。转轨时期，地方政府在很大程度上掌握着土地、资本等重要资源的控制权（北京大学中国经济研究中心宏观组，2004），依然拥有一些重大投资项目的审批权，可以依靠其拥有的权力"引导"国有企业的投资行为。而且在地方政府干预下，国有企业往往可能获得更多的银行贷款支持，融资约束相对较低。而基于证券市场上的权益融资和债务融资，无论是证券市场还是银行系统，都无法为民营企业提供充足的外部融资（Fan et al.）。由于地方干部与国有企业的天然联系，他们在必要的时机（例如，需要更多的投资拉动地区生产总值）能够为国有企业提供更多的投资与投资资金，会导致其投资支出更多。在"新官上任"期间，无论投资回报率是否高于融资利率，这些额外的投资是必须完成的投资任务。这将导致国有企业过度投资程度更高，投资效率更差。由于地方干部对国有企业的影响更大，所以地方干部的更替频率对国有企业投资波动性的影响会高于民营企业。因此，本章提出下面的理论假说。

H2.1：上一年地方干部更替，国有企业的投资支出更高。

H2.2：上一年地方干部更替，国有企业的投资效率更低。

H2.3：地方干部更替频率与国有企业的投资波动性的正相关性高

于民营企业。

我国地方干部的强制退休年龄为65岁，这意味着相对年轻的干部有更好的仕途前景。王贤彬等（2009）指出，由于中央对地方干部的绩效考核既是分阶段的也是连续的，因此，相对年轻的地方干部拥有更强的持续推动辖区经济增长的动力，力图保持政绩上的良好记录。相对年轻的干部上任后，会更加大刀阔斧地实施新的经济政策，扩大投资以拉动地区生产总值，会对企业投资产生更大的影响。因此，本章提出下面的理论假说。

H3.1：上一年更替的地方干部相对年轻，辖区企业的投资支出更多。

H3.2：上一年更替的地方干部相对年轻，辖区企业的投资效率更低。

地方干部的更替存在职位和环境的变化，主要有三种不同的更替方式：①职位变化而环境不变；②职位不变而环境变化；③职位与环境都发生变化。第一种方式，是干部在同一地区不同职位的变化，例如，从副市长升迁到市长，从市长升迁到市委书记等。由于变更后的干部本来就属于该地区的"领导班子"，曾经参与地区的经济决策，对原有的经济政策有认同感，倾向于延续原有政策，短期内实施新政策的可能性降低，因此，他们对企业投资的影响会降低。第二种方式，是干部平调到其他地区，例如A市的市长调到B市当市长。尽管职位不变，但是工作环境发生变化，他们的治理理念与新地区原有的经济政策不一致，认同感较低，倾向于改变原有的政策，短期内实施新政策的可能性增加，因此，他们对企业投资的影响会增加。第三种方式，是干部调到其他地区担任不同职务，例如A市的副市长调到B市当市长。由于工作环境发生了变化，与第二种方式相似，他们倾向于改变地区原有的政策，短期内实施新政策的可能性增加，因此，他们对企业投资的影响会增加。综合三种方式的分析，本章提出下面的理论假说。

H4.1：上一年更替的地方干部工作环境发生变化，辖区企业的投资支出更多。

H4.2：上一年更替的地方干部工作环境发生变化，辖区企业的投资效率更低。

## 三、研究设计

### （一）样本选择

本章所采用的企业数据来自1999～2009年工业企业数据库。数据库的统计对象包括全部国有和年主营业务收入500万元及以上的非国有工业法人企业。截至2007年，该数据库共收录了中国33万多家工业企业，占中国工业总产值的95%左右，是目前可获得覆盖范围最广的企业数据库。相比其他使用上市公司数据的文献，本章样本包含上市公司、大量的非上市公司与中小企业，能够从更广阔的层面检验地方市长更替对企业投资行为的影响。

我们对原始数据做了如下处理：①删除企业地址中的"省（自治区、直辖市）""市（州、盟）"前后不符或缺失的；②删除营业状态为"停业、筹建、撤销、其他"或缺失的；③删除国有控股情况缺失的；④删除资产总额小于100万元或者缺失的；⑤删除固定资产小于资产总额，或者固定资产小于0，或者缺失的；⑥删除折旧小于0或者缺失的；⑦删除负债总额小于0或者缺失的；⑧删除主营业务收入等于或者小于0，或者缺失的；⑨删除"开工时间（年）"小于1900或者缺失的；⑩删除上两年数据缺失的；⑪删除所在地干部数据缺失的。根据初步处理后的样本计算公司的投资支出。投资支出的准确计算应该以现金流量表的"本期购建固定资产、无形资产及其他长期资产的支出"为基础。然而，由于该变量在数据库中无法获得，所以我们采用间接的方法，即"本年固定资产净额－上年固定资产净额＋本期折旧"来进行计算。投资支出应该是大于或等于0，根据间接方法计算存在投资支出为负的情况。因此，我们删除本年与上一年的投资支出为负的样本。

经过上述处理，本章最终的样本区间为2001～2009年，因为每个观察值需要用到前两年的数据，所以样本区间比原始数据区间少两年。最终样本共计659424个，上一年市长更替的样本196839个，有3年及以上数值的公司102744个，有3年及以上数值并且产权性质没有变更的公司50940个。

我们通过地方年鉴、网络搜索（www.baidu.com）等各种途径，完成了全国 335 个城市连续 11 年（1999～2009 年）的地方干部数据的收集工作。我们收集了这些城市市长的如下指标：上任时间、任期、年龄、学历、来源、去向等。进而，我们构造了相应研究的指标。城市层面的变量来自"中经网统计数据库"中的城市年度数据库。

### （二）模型与变量

**1. 投资支出的模型**

Inv 代表投资支出。模型（1）是对全样本的回归，样本数为 659424 个。我们预期 $\beta_1>0$，市长更替导致辖区企业的投资支出增加。模型（2）也是对全样本的回归，我们预期 $\beta_3>0$，市长更替与国有企业投资支出的正相关性高于民营企业。模型（3）是对市长更替样本的回归，样本数为 196839 个。我们预期 $\beta_1<0$，$\beta_2>0$，市长相对年轻、市长异地上任会加强市长更替与企业投资支出的正相关性。

$$Inv = \beta_0 + \beta_1 Change + \sum Control + \varepsilon \qquad (1)$$

$$Inv = \beta_0 + \beta_1 Change + \beta_2 Soe + \beta_3 Soe * Change + \sum Control + \varepsilon \qquad (2)$$

$$Inv = \beta_0 + \beta_1 Age + \beta_2 Type + \sum Control + \varepsilon \qquad (3)$$

**2. 投资效率的模型**

我们采用 Richardson（2006）模型估算投资效率，模型残差大于 0 代表过度投资，数值越大，过度投资程度越大；小于 0 为投资不足，数值越小，投资不足程度越大。Richardson 模型如下，我们分年度与行业回归。

$$Inv = \beta_0 + \beta_1 Growth_{t-1} + \beta_2 Lev_{t-1} + \beta_3 Cash_{t-1} + \beta_4 Firmage_{t-1}$$
$$+ \beta_5 Size_{t-1} + \beta_6 Inv_{t-1} + \sum Ind_i + \sum Year_i + \varepsilon \qquad (4)$$

$Inv\_E$ 为 Richardson 模型的残差，大于 0 为过度投资，小于 0 为投资不足。$Inv\_E\_D$ 为过度投资的虚拟变量，$NV\_E>0$，则 $Inv\_E\_D=1$；$Inv\_E<0$，则 $Inv\_E\_D=0$。$Inv\_E\_P$ 重点刻画过度投资，$Inv\_E>0$，则 $Inv\_E\_P=Inv\_E$；$Inv\_E<0$，则 $Inv\_E\_P=0$。

模型（5）是对全样本的回归，样本数为 659424 个。当 $Var$ 分别取 $Inv\_E$、$Inv\_E\_D$ 与 $Inv\_E\_P$ 时，依次是 OLS、Logistic 与 Tobit 回归。我们预期 $\beta_1>0$，市长更替导致企业过度投资，投资效率降低。模型（6）也是对全样本的回归，我们预期 $\beta_3>0$，市长更替与国有企业过度投资的正相关性高于民营企业。模型（7）是对市长更替样本的回归，样本数为 196839 个。我们预期 $\beta_1 < 0$，$\beta_2 > 0$，干部相对年轻、干部异地上任会加强市长更替与企业过度投资的正相关性。

$$VAR = \beta_0 + \beta_1 Change + \sum Control + \varepsilon \quad (5)$$
$$VAR = \beta_0 + \beta_1 Change + \beta_2 Soe + \beta_3 Soe * Change + \sum Control + \varepsilon \quad (6)$$
$$VAR = \beta_0 + \beta_1 Age + \beta_2 Type + \sum Control + \varepsilon \quad (7)$$

3. 投资波动率的模型

$Inv\_V$ 代表投资波动率。模型（8）是对有三年及以上数值的公司样本回归，样本数为 102744 个。我们预期 $\beta_1 > 0$，市长更替频率越高，则辖区企业的投资波动率越大。模型（9）是对有三年及以上数值并且产权性质没有变更的公司样本的回归，样本数为 50940 个。我们预期 $\beta_3 > 0$，市长更替频率与国有企业投资波动率的正相关性比民企更显著。

$$Inv\_V = \beta_0 + \beta_1 Change + \sum Control + \varepsilon \quad (8)$$
$$Inv\_V = \beta_0 + \beta_1 Change + \beta_2 Soe + \beta_3 Soe * Change + \sum Control + \varepsilon \quad (9)$$

4. 变量定义

本章的变量定义请见表 6-1。因变量共有 5 个。$Inv$ 为投资支出，由于工业企业数据库披露信息的限制，无法获得现金流量表的"本期购建固定资产、无形资产及其他长期资产的支出"数据，本章采用"本年固定资产净额 - 上年固定资产净额 + 本期折旧"代替。$Inv\_E$、$Inv\_E\_D$ 与 $Inv\_E\_P$ 是根据 Richardson 模型计算的衡量企业过度投资的变量。$Inv\_V$ 是投资波动率，等于企业 $N$ 年投资支出（$Inv$）的标准差，$N$ 年是指一个公司在样本中出现的年数。本章主要考察的自变量有 5 个。$Change$ 是市长更替的虚拟变量，上年发生市长更替取 1，否则取 0。$Soe$ 是企业产权性质的虚拟变量，国有企业取 1，否则取 0。$Age$ 和 $Type$ 是刻画市长更替特征的变量，分别是市长更替时的年龄与市长更替方式。如果市长是从外地调任，则工作环境发生变化，$Type = 1$；如果是从本地副市长升任，则工作环境没有变化，$Type = 0$。$Change\_F$ 是市长在 $N$ 年内的更替频率。最后是本章的控制变量。公司层面的变量包括上一年的成长机会（$Growth_{t-1}$）、资产负债率（$Lev_{t-1}$）、现金持有量（$Cash_{t-1}$）、公司年龄（$Firmage_{t-1}$）、公司规模（$Size_{t-1}$）与投资支出（$Inv_{t-1}$）。其中，由于数据披露的限制，$Cash_{t-1}$ 是通过"上年流动资产 - 上年应收账款 - 上年存货"来间接计算。地区层面的变量包括地区生产总值增长率（GDP_Growth）与地区固定资产投资占地区生产总值比例（Inv_GDP）。

表6-1 变量定义

| | |
|---|---|
| **因变量：** | |
| Inv | 投资支出=（本年固定资产净额-上年固定资产净额+本期折旧）/上年期末总资产 |
| Inv_E | 投资效率=Richardson模型的残差，大于0代表过度投资，小于0为投资不足 |
| Inv_E_D | 投资效率的虚拟变量，$Inv\_E>0$，则$Inv\_E\_D=1$；$Inv\_E<0$，则$Inv\_E\_D=0$ |
| Inv_E_P | 投资效率，$Inv\_E>0$，则$Inv\_E\_P=Inv\_E$；$Inv\_E<0$，则$Inv\_E\_P=0$ |
| Inv_V | 投资波动率=$N$年投资支出的标准差 |
| **主要变量：** | |
| Change | 市长更替的虚拟变量，上年发生市长更替取1，否则取0 |
| Soe | 企业产权性质的虚拟变量，国有企业取1，否则取0 |
| Age | 市长更替时的年龄 |
| Type | 市长更替方式的虚拟变量，工作环境发生变化的更替取1，否则取0 |
| Change_F | 市长的更替频率=$N$年内市长更替次数/$N$年 |
| **控制变量：** | |
| $Growth_{t-1}$ | 上年主营业务收入增长率=（上年主营业务收入-上两年主营业务收入）/上两年主营业务收入 |
| $Lev_{t-1}$ | 上年资产负债率=上年负债/上年总资产 |
| $Cash_{t-1}$ | 上年现金持有量的比例=（上年流动资产-上年应收账款-上年存货）/上年总资产 |
| $Firmage_{t-1}$ | 上年公司年龄 |
| $Size_{t-1}$ | 上年总资产的自然对数 |
| $Inv_{t-1}$ | 上年投资支出=（上年固定资产净额-上两年固定资产净额）/上两年总资产 |
| GDP_Growth | 地区生产总值增长率=（本年地区生产总值-上年地区生产总值）/上年地区生产总值 |

续表6-1

| 控制变量: | |
|---|---|
| $Inv\_GDP$ | 地区固定资产投资占地区生产总值比例=本年固定资产投资/本年地区生产总值 |
| $Ind_i$ | 行业虚拟变量 |
| $Year_i$ | 年度虚拟变量 |

说明：$N$ 年是指一个公司在样本中出现的年数。例如，一个公司在样本中有3年的观察值，则 $N=3$；有4年的观察值，则 $N=4$。

## 四、实证结果与分析

### （一）描述性统计

本章以 Winsorize 方法处理连续性变量的异常值，即把1%以下与99%以上的数值分别替换为1%和99%。处理后的描述性统计见表6-2。Change 为市长更替的虚拟变量，全样本的29.85%发生市长更替。在更替样本中，市长更替时的平均年龄（Age）为48.82岁，工作环境发生变化的为40.51%。在有3年及以上数值的公司样本中，市长更替频率（Change_F）的均值为0.2945，中位数为0.3333。其他变量不再赘述。

表6-2 描述性统计

| Panel A 连续变量 | | | | | | | |
|---|---|---|---|---|---|---|---|
| 变量 | N | 均值 | 标准差 | 25% | 中位数 | 75% | 最大值 |
| $Inv$ | 659424 | 0.1566 | 0.3180 | 0.0126 | 0.0488 | 0.1505 | 2.1814 |
| $Inv\_E$ | 659424 | 0 | 0.3039 | -0.1231 | -0.0743 | 0.0103 | 2.2328 |
| $Inv\_E\_P$ | 659424 | 0.0822 | 0.2678 | 0 | 0 | 0.0103 | 2.2328 |
| $Inv\_V$ | 102744 | 0.1516 | 0.2185 | 0.0299 | 0.0738 | 0.1670 | 1.2594 |
| $Change\_F$ | 102744 | 0.2945 | 0.1739 | 0.2000 | 0.3333 | 0.3333 | 1 |
| $Growth_{t-1}$ | 659424 | 0.4177 | 0.9361 | -0.0049 | 0.1888 | 0.4990 | 6.2390 |
| $Age$ | 196839 | 48.82 | 3.9090 | 46 | 49 | 52 | 58 |

续表 6-2

| Panel B 虚拟变量 | | | |
|---|---|---|---|
| 变量 | $X=1$ | $X=0$ | 总计 |
| $Inv\_E\_D$ | 311233（29.69%） | 737213（70.31%） | 659424（100%） |
| $Change$ | 196839（29.85%） | 462585（70.15%） | 659424（100%） |
| $Soe$ | 422614（64.09%） | 236810（35.91%） | 659424（100%） |
| $Type$ | 79734（40.51%） | 117105（59.49%） | 196839（100%） |

## （二）回归结果分析

### 1. 投资支出的回归结果

表 6-3 的第（1）~（2）列报告模型（1）的回归结果，是对全样本的回归，样本数为 659424 个。在表 6-3 中，第（1）列是单变量的回归，市长更替变量 $Change$ 的系数为 0.0072，显著性水平在 1% 以上。这表明，如果上一年发生市长更替，企业投资支出平均增加 0.72%。这与我们的预期相符，上一年市长更替会导致辖区企业的投资增加。投资支出的样本均值为 15.66%，中位数为 4.88%，这相对于均值、中位数分别增加 4.60%、14.75%，经济上具有一定的影响力。第（2）列是加入控制变量的回归。$Change$ 的回归系数为 0.0078，符号不变，而且绝对值大小也几乎不变，显著性水平仍然在 1% 以上。公司层面的控制变量与传统文献的结论一致，上一年的成长机会（$Growth_{t-1}$）、投资支出（$Inv_{t-1}$）、持有的现金（$Cash_{t-1}$）与投资支出正相关，上一年的资产负债率（$Lev_{t-1}$）、公司年龄（$Firmage_{t-1}$）、公司规模（$Size_{t-1}$）与投资支出负相关。地区层面的控制变量，地区生产总值增长率（$GDP\_Growth$）与固定资产投资占地区生产总值比例（$Inv\_GDP$）都与企业投资支出正相关。回归结果验证了本章的理论假说 H1.1，即上一年市长更替导致辖区企业投资支出增加。

表 6-3 的第（3）列报告模型（2）的回归结果，也是对全样本的回归。$Change$ 的系数为 0.0055，符号不变，绝对值比第（2）列的回归系数略有下降，通过显著水平为 1% 的统计检验。产权性质变量 $Soe$ 的系数为 0.0105，显著性水平为 1% 以上。$Soe$ 与 $Change$ 的交互项系数为 0.0036，显著性水平仍为 1% 以上。这表明，上一年市长更替会导致辖

区民营企业的投资增加0.55%,国有企业的投资增加0.91%。控制变量的回归结果与第(2)列的回归相似,不再赘述。回归结果验证了本章的理论假说H2.2,即上一年市长更替对国有企业投资的影响大于民营企业。

表6-3 市长变更对企业投资支出的影响

| 变量 | Inv(1) | Inv(2) | Inv(3) |
|---|---|---|---|
| Change | 0.0072*** | 0.0078*** | 0.0055*** |
|  | (0.0008) | (0.0008) | (0.0012) |
| Soe |  |  | 0.0105*** |
|  |  |  | (0.0012) |
| Soe*Change |  |  | 0.0036*** |
|  |  |  | (0.0016) |
| $Growth_{t-1}$ |  | 0.0252*** | 0.0251*** |
|  |  | (0.0006) | (0.0006) |
| $Lev_{t-1}$ |  | -0.0688*** | -0.0697*** |
|  |  | (0.0016) | (0.0016) |
| $Cash_{t-1}$ |  | 0.0155*** | 0.0154*** |
|  |  | (0.0024) | (0.0024) |
| $Firmage_{t-1}$ |  | -0.0004*** | -0.0005*** |
|  |  | (0.0000) | (0.0000) |
| $Size_{t-1}$ |  | -0.0251*** | -0.0249*** |
|  |  | (0.0003) | (0.0003) |
| $Inv_{t-1}$ |  | 0.1672*** | 0.1669*** |
|  |  | (0.0022) | (0.0022) |
| GDP_Growth |  | 0.5265*** | 0.5337*** |
|  |  | (0.0123) | (0.0124) |

续表6-3

| 变量 | Inv (1) | Inv (2) | Inv (3) |
|---|---|---|---|
| Inv_GDP |  | 0.0456*** | 0.0448*** |
|  |  | (0.0025) | (0.0025) |
| $Ind_i$ | 控制 | 控制 | 控制 |
| $Year_i$ | 控制 | 控制 | 控制 |
| 截距项 | 0.1973*** | 0.3483*** | 0.3382*** |
|  | (0.0012) | (0.0039) | (0.0040) |
| N | 659424 | 659424 | 659424 |
| $R^2$ | 0.0169 | 0.0771 | 0.0772 |
| F-statistics | 683.63 | 1213.09 | 1099.14 |

说明：①括号内为公司聚集调整的稳健标准差（robust standard errors clustered at the firm level）。②*、**、***分别表示在10%、5%、1%水平上显著。

表6-4报告模型（3）的回归结果，是对市长更替样本的回归，样本数为196839个。在表6-4中，第（1）列是市长更替年龄（Age）与控制变量的回归结果。Age的系数为-0.0014，与预期相符，在1%水平上显著。这表明，当市长更替年龄从52岁（75%分位数）下降到46岁（25%分位数）时，企业投资支出增加0.84%，经济上具有一定的影响力。第（2）列是市长更替方式（Type）与控制变量的回归结果。Type的系数为0.0076，符号与预期相符，显著性为1%以上。这表明，当市长从外地调任时，辖区企业投资比本地升任的增加0.76%。第（3）列是Age与Type的同时回归。两者的回归系数的符号不变，绝对值大小几乎不变。回归结果验证本章的理论假说，市长更替特征对企业投资产生影响，市长相对年轻、工作环境发生变化导致企业投资支出更多。回归结果支持理论假说H3.1与H4.1，即上一年市长更替特征对企业投资效率产生影响，市长相对年轻、工作环境发生变化导致企业投资支出增加。

表6-4　市长更替特征对企业投资支出的影响

| 变量 | Inv（1） | Inv（2） | Inv（3） |
| --- | --- | --- | --- |
| $Age$ | -0.0014*** | | -0.0013*** |
| | (0.0002) | | (0.0002) |
| $Type$ | | 0.0076*** | 0.0066*** |
| | | (0.0015) | (0.0015) |
| $Growth_{t-1}$ | 0.0297*** | 0.0297*** | 0.0297*** |
| | (0.0012) | (0.0012) | (0.0012) |
| $Lev_{t-1}$ | -0.0773*** | -0.0770*** | -0.0774*** |
| | (0.0030) | (0.0030) | (0.0030) |
| $Cash_{t-1}$ | 0.0325*** | 0.0321*** | 0.0323*** |
| | (0.0047) | (0.0047) | (0.0047) |
| $Firmage_{t-1}$ | -0.0002*** | -0.0002*** | -0.0002*** |
| | (0.0001) | (0.0001) | (0.0001) |
| $Size_{t-1}$ | -0.0250*** | -0.0250*** | -0.0250*** |
| | (0.0006) | (0.0006) | (0.0006) |
| $Inv_{t-1}$ | 0.1541*** | 0.1540*** | 0.1540*** |
| | (0.0040) | (0.0040) | (0.0040) |
| $GDP\_Growth$ | 0.7169*** | 0.7070*** | 0.7153*** |
| | (0.0231) | (0.0231) | (0.0231) |
| $Inv\_GDP$ | 0.0134*** | 0.0146*** | 0.0129*** |
| | (0.0046) | (0.0045) | (0.0045) |
| $Ind_i$ | 控制 | 控制 | 控制 |
| $Year_i$ | 控制 | 控制 | 控制 |
| 截距项 | 0.4210*** | 0.3541*** | 0.4150*** |
| | (0.0124) | (0.0072) | (0.0125) |
| $N$ | 196839 | 196839 | 196839 |
| $R^2$ | 0.0772 | 0.0771 | 0.0773 |
| $F-statistics$ | 683.63 | 1213.09 | 1099.14 |

说明：①括号内为公司聚集调整的稳健标准差。②*、**、***分别表示在10%、5%、1%水平上显著。

2. 投资效率的回归结果

表6-5报告模型（5）与模型（6）的回归结果，是对全样本的回归，样本数为659424个。首先，我们进行$Inv\_E$的OLS回归，$Inv\_E$是Richardson模型的残差。Change的系数为0.0074，符号与预期相符，在1%水平上显著。这表明，上一年市长发生更替，企业过度投资增加0.74%。加入交互项后，Change的系数为0.0050，显著性为1%；$Soe*Change$的系数为0.0039，显著性为5%。这表明，上一年市长更替，辖区民营企业的过度投资增加0.50%，国有企业的过度投资增加0.89%。然后，我们进行$Inv\_E\_D$的Logistic回归，$Inv\_E\_D$是投资效率的虚拟变量。$Inv\_E>0$，则$Inv\_E\_D=1$；$Inv\_E<0$，则$Inv\_E\_D=0$。Change的系数为0.0403，符号与预期相符，在1%水平上显著。这表明，上一年市长发生更替，企业过度投资的可能性增加4.03%。加入交互项后，Change的系数为0.0426，显著性为1%；$Soe*Change$的系数为-0.0030，统计上不显著。最后，我们进行$Inv\_E\_P$的TOBIT回归，$Inv\_E\_P$刻画投资效率。$Inv\_E>0$，则$Inv\_E\_P=Inv\_E$；$Inv\_E<0$，则$Inv\_E\_P=0$。Change的系数为0.0198，符号与预期相符，在1%水平上显著。这表明，上一年市长发生更替，企业过度投资增加1.98%。加入交互项后，Change的系数为0.0156，显著性为1%；$Soe*Change$的系数为0.0079，显著性为10%。这表明，上一年市长更替，辖区民营企业的过度投资增加1.56%，国有企业的过度投资增加2.35%。3种回归结果基本验证了本章的理论假说H1.2与H2.2，即上一年市长更替导致辖区企业投资效率下降。这种情况在国有企业中表现更为明显。

表6-5 市长变更对企业投资效率的影响

| 自变量 | $Inv\_E$ | $Inv\_E$ | $Inv\_E\_D$ | $Inv\_E\_D$ | $Inv\_E\_P$ | $Inv\_E\_P$ |
|---|---|---|---|---|---|---|
| Change | 0.0074*** | 0.0050*** | 0.0403*** | 0.0426*** | 0.0198*** | 0.0156*** |
|  | (0.0008) | (0.0012) | (0.0059) | (0.0098) | (0.0023) | (0.0038) |
| Soe |  | 0.0007 |  | 0.0160** |  | 0.0317*** |
|  |  | (0.0009) |  | (0.0074) |  | (0.0026) |
| $Soe*Change$ |  | 0.0039** |  | -0.0030 |  | 0.0079* |
|  |  | (0.0016) |  | (0.0123) |  | (0.0047) |

续表 6-5

| 自变量 | *Inv_E* | | *Inv_E_D* | | *Inv_E_P* | |
|---|---|---|---|---|---|---|
| GDP_Growth | 0.3882*** | 0.3910*** | 2.5370*** | 2.5597*** | 0.9214*** | 0.9687*** |
|  | (0.0106) | (0.0107) | (0.0829) | (0.0835) | (0.0296) | (0.0297) |
| Inv_GDP | 0.0363*** | 0.0353*** | 0.3741*** | 0.3679*** | 0.1838*** | 0.1690*** |
|  | (0.0023) | (0.0023) | (0.0169) | (0.0171) | (0.0056) | (0.0057) |
| 截距项 | -0.0753*** | -0.0756*** | -1.5662*** | -1.5768*** | -0.6745*** | -0.6941*** |
|  | (0.0018) | (0.0019) | (0.0143) | (0.0152) | (0.0051) | (0.0054) |
| N | 659424 | 659424 | 659424 | 659424 | 659424 | 659424 |
| $R^2$/Pseudo $R^2$ | 0.0029 | 0.0029 | 0.0025 | 0.0025 | 0.0031 | 0.0034 |
| F/Chi2 | 574.58 | 344.79 | 1649.47 | 1652.89 | 2393.76 | 2636.50 |

说明：①以 *Inv_E* 为因变量的 OLS 回归和以 *Inv_E_D* 为因变量的 Logistic 回归中，括号内为公司聚集调整的稳健标准差；以 *Inv_E_P* 为因变量的 Tobit 回归中，括号内为标准差。②*、**、***分别表示在 10%、5%、1% 水平上显著。

表 6-6 报告模型（7）的回归结果，是对市长更替样本的回归，样本数为 196839 个。在 *Inv_E* 的 OLS 回归中，市长更替年龄（*Age*）的系数为 -0.0005，显著性为 1%；市长更替方式（*Type*）的系数为 0.0075，显著性为 1%。这表明，当市长更替年龄从 52 岁（75% 分位数）下降到 46 岁（25% 分位数）时，企业过度投资增加 0.30%；当市长从外地调任时，辖区企业过度投资比本地升任的增加 0.75%。在 *Inv_E_D* 的 Logistic 回归中，*Age* 系数为 -0.0100，*Type* 系数为 0.0396，两者都在 1% 水平上显著。这表明，当市长更替年龄从 52 岁（75% 分位数）下降到 46 岁（25% 分位数）时，企业过度投资的可能性增加 6%；当市长从外地调任时，辖区企业过度投资的可能性比本地升任的增加 3.96%。在 *Inv_E_P* 的 Tobit 回归中，*Age* 的系数为 -0.0012，显著性为 5%；*Type* 的系数为 0.0154，显著性为 1%。这表明，当市长更替年龄从 52 岁（75% 分位数）下降到 46 岁（25% 分位数）时，企业过度投资增加 0.72%；当市长从外地调任时，辖区企业过度投资比本地升任的增加 1.54%。回归结果支持本章的理论假说 H3.2 与 H4.2，即市长更替特征对企业投资效率产生影响，市长相对年轻、工作环境发生变化导致企业投资效率降低。

表6-6 市长变更特征对企业投资效率的影响

| 自变量 | $Inv\_E$ | $Inv\_E\_D$ | $Inv\_E\_P$ |
| --- | --- | --- | --- |
| Age | -0.0005*** | -0.0100*** | -0.0012** |
|  | (0.0002) | (0.0013) | (0.0005) |
| Type | 0.0075*** | 0.0396*** | 0.0154*** |
|  | (0.0015) | (0.0104) | (0.0040) |
| $GDP\_Growth$ | 0.5130*** | 2.9252*** | 1.1673*** |
|  | (0.0193) | (0.1397) | (0.0542) |
| $Inv\_GDP$ | 0.0220*** | 0.3741*** | 0.1655*** |
|  | (0.0041) | (0.0277) | (0.0104) |
| 截距项 | -0.0568*** | -1.1095 | -0.6454 |
|  | (0.0100) | (0.0688) | (0.0258) |
| N | 196839 | 196839 | 196839 |
| $R^2/Pseudo\ R^2$ | 0.0041 | 0.0034 | 0.0031 |
| F/Chi2 | 190.28 | 763.50 | 851.05 |

说明：①以 $Inv\_E$ 为因变量的 OLS 回归和以 $Inv\_E\_D$ 为因变量的 Logistic 回归中，括号内为公司聚集调整的稳健标准差；以 $Inv\_E\_P$ 为因变量的 Tobit 回归中，括号内为标准差。②*、**、*** 分别表示在10%、5%、1%水平上显著。

3. 投资波动率的回归结果

表6-7 的第（1）~（2）列报告模型（8）的回归结果。第（1）列是对有3年及以上数值的公司样本回归，样本数为102744个。市长更替频率 Change_F 的系数为0.0152，符号与预期相符，显著性为1%。这表明，当 Change_F 从0.2（25%分位数）上升到0.3333（75%分位数）时，企业投资波动率增加0.2%。第（2）列是对有3年及以上数值并且产权性质没有变更的公司样本的回归，样本数为50940个。Change_F 的系数为0.0426，符号与第（1）列回归一致，绝对值变大，显著性水平为1%以上。回归结果支持理论假说 H1.3，市长更替频率越高，辖区企业投资波动性越高。

表6-7 的第（3）列报告模型（9）的回归结果，回归样本与第（2）列一致。Change_F 的系数为0.0178，在5%水平上显著；产权性质 Soe 的系数为0.0218，在1%水平上显著；交互项 Soe*Change_F

的系数为 0.0355，在 1% 水平上显著。这表明，在市长更替频率相同的情况下，国有企业的投资波动率比民营企业高 3.55%。回归结果支持理论假说 H2.3，即市长更替频率与国有企业的投资波动性的正相关性高于民营企业。

表 6-7 市长变更对企业投资波动率的影响

| 自变量 | $Inv\_V$ (1) | $Inv\_V$ (2) | $Inv\_V$ (3) |
| --- | --- | --- | --- |
| $Change\_F$ | 0.0152*** <br> (0.0039) | 0.0426*** <br> (0.0054) | 0.0178** <br> (0.0084) |
| $Soe$ | | | 0.0218*** <br> (0.0038) |
| $Soe * Change\_F$ | | | 0.0355*** <br> (0.0110) |
| $Growth\_Mean$ | 0.1241*** <br> (0.0022) | 0.1204*** <br> (0.0030) | 0.1162*** <br> (0.0030) |
| $Lev\_Mean$ | -0.1018*** <br> (0.0030) | -0.1053*** <br> (0.0042) | -0.1095*** <br> (0.0043) |
| $Firmage\_Mean$ | 0.0002*** <br> (0.0001) | 0.0004*** <br> (0.0001) | 0.0002*** <br> (0.0001) |
| $Cash\_Mean$ | -0.0736*** <br> (0.0046) | -0.0702*** <br> (0.0066) | -0.0734*** <br> (0.0066) |
| $Size\_Mean$ | -0.0181*** <br> (0.0005) | -0.0187*** <br> (0.0007) | -0.0178*** <br> (0.0007) |
| $GDP\_Growth\_Mean$ | 0.3444*** <br> (0.0297) | 0.4869*** <br> (0.0427) | 0.5814*** <br> (0.0437) |
| $Inv\_GDP\_Mean$ | 0.0384*** <br> (0.0045) | 0.0679*** <br> (0.0064) | 0.0514*** <br> (0.0064) |

续表 6-7

| 自变量 | Inv_V (1) | Inv_V (2) | Inv_V (3) |
|---|---|---|---|
| 截距项 | 0.2907*** | 0.2529*** | 0.2304*** |
|  | (0.0072) | (0.0099) | (0.0104) |
| N | 102744 | 50940 | 50940 |
| Adj $R^2$ | 0.0885 | 0.0969 | 0.1006 |
| F-statistics | 669.57 | 386.67 | 324.12 |

说明：①括号内为稳健标准差。②*、**、***分别表示在10%、5%、1%水平上显著。

## 五、本章结论与讨论

政治晋升体制对中国经济发展的贡献是毋庸置疑的。然而，我们需要看到这种体制存在的弊端。当地区生产总值增长成为最重要的考核指标时，必将导致地方干部以扩大地区投资总量作为地区生产总值增长的主要驱动力。因此，我国虽然拥有高速经济增长，但也包含了大量的重复建设和过度投资（周黎安，2004）。这种情况不仅出现在由地方政府主导的公共项目与基础设施建设中，还体现在辖区企业的投资活动中。地方政府控制当地各种经济资源，对辖区企业有着较强的影响力，他们的干预导致企业违背自身合理的投资决策，以企业"高投资、低效率"的投资换来短期地区生产总值增长，从而损害企业未来成长的基础。

本章从市长更替的角度，考察2000～2008年277个地区的地方干部更替对辖区企业投资行为的影响。我们发现：地方干部更替导致辖区企业的投资支出增加，投资效率下降；干部更替频率越大，辖区内企业投资波动率也越大。进一步研究发现：地方干部更替对辖区内企业投资的影响在国有企业中尤甚；同时，也受到地方干部的特质影响，如地方干部升迁动机更强以及干部由外地调任会导致这种影响更为显著。

根据政治经济周期理论、政治因素或者政治过程引发经济周期性的波动，上任之初干预辖区企业扩大投资，是政府干部作为"理性经济人"在政治晋升机制下的理性行为。要避免地方政府对企业活动的不良干预，可能需要在两方面对政治晋升体制进行改进。首先，地方干部的考核体制需要改进。地区生产总值固然是重要的考核指标，但是在关注地区生产总值增速的同时，需要考虑地区生产总值的质量，特别是其中的重复建设与过度投资问题。中央政府只有将地区生产总值的数量与质量同时纳入地方干部的考核体系，才能从根本上约束地方政府的短期行为，使其致力于地方经济长期而持续的发展。其次，要避免干部的频繁更替。每一次干部更替，都会带来新一轮的投资冲动。只有将更替频率控制在合理范围内，才能使地方经济处于稳定的周期循环之中。

# 第七章　地方干部更替与企业风险

## 一、引言

虽然中国实行的是一党执政、多党参政的政治体制，不存在政党轮替体制下由于不同政党的意识形态和代表的利益集团不同而执政方针不同，但由于中国目前市场经济体制尚未完全成型，政府这只"有形的手"依然扮演着重要的资源统筹者角色，因而会对企业的正常经营投资活动产生直接或间接的影响。而且地方干部更替将会造成前后届政府施行政策的不连续与不稳定，对地方经济发展产生显著影响，并可能导致当地企业面临政策风险。尽管在2006年8月6日，党中央发布了《党政领导干部职务任期暂行规定》及《党政领导干部交流工作规定》，强调要处理好干部任期与干部交流的关系，从制度上对干部任期和交流进行了细化和规范，然而，各地党代会和政府的周期性换届及平时不定期的干部调任仍会不可避免地削弱地方公共政策的连续性，从而加剧当地企业所面临的市场风险。

企业风险及其影响因素一直都是公司财务研究领域的重要话题。企业风险按来源可以分为两类，一类是由内部治理机制引起的非系统性风险，另一类是受外部宏观环境影响的系统性风险（张志强，2010）。从内部角度看，管理者的自身特质、企业产权性质、多元化程度都会加剧或减弱企业风险（余明桂等，2013；李文贵等，2012；张敏，2009）；从外部角度看，所有企业都受到经济、政治、法律和文化环境等宏观因素的影响，目前，学者对企业所受外部风险的研究主要集中于考察宏观经济政策变动造成的风险（姜国华等，2011；马永强等，2009），却忽视了对政治环境变动的考察。而在目前经济分权与垂直的政治管理体制紧密结合的中国式分权机制和以相对绩效为核心的干部晋升考核机制下（傅勇等，2007；周黎安，2008），地方政府拥有较大的权力与动力去制定经济政策，从而使得中国企业相比西方国家企业受到政治环境变动的干扰更大,同时,投资者也将更看重这些干部变更带来的影响。

具体来说,我们试图研究的问题是:由地方干部变更导致的政策不确定性是否会对当地企业产生不利影响,即是否会加剧当地企业面临的政策风险?这里,我们以城市的市长或市委书记中的任一变更来作为政策不确定性的替代变量,因为干部作为政府法定权力的代表,能够通过自身举措去影响政策的实行(Jones et al.,2005),同时,干部变更对于企业而言是外生性事件,能够克服研究企业风险时的内生性问题。此外,我们还试图研究这种不利影响的程度是否会因新上任干部个人特征的区别或企业本身产权性质、所在行业地区的不同而产生差异。对此,本章将从企业面临的股票市场风险角度加以考察,因为这类风险衡量了投资者对该企业未来收益的预期,对企业而言是一种被动的风险,能够更客观地衡量政策不确定性对企业的影响程度。

因此,本章以 1999～2012 年间我国 A 股市场的非金融类上市公司为研究样本,以样本公司所在的注册城市为对象,考察了因干部变更造成的政策不确定性对当地企业风险的影响。研究发现:发生干部变更,尤其是市长变更将会显著加剧企业当年的股票市场风险;同时,从新任干部的个人特征看,新任干部从异地调任,将加重这种政策的不确定性程度,从而加剧当地企业风险;反之,当新任干部与省级干部存在"老乡"这一内在联系时,可以减弱政策不确定性,从而减小当地企业风险。最后,我们通过进一步检验发现,当企业所在地区的市场化进程较低时,其在发生干部变更的年度面临的风险将更大,但干部变更导致的政策不确定性,对处于不同行业管制的企业以及产权不同的企业风险影响并没有显著差异。

本章的研究贡献主要体现在以下三个方面:第一,当前我国对企业风险的研究主要停留在公司内部机制和经济政策波动层面,而本章以地方干部变更为维度,研究政策不确定性对当地企业风险的影响,进而丰富企业风险的研究内涵;第二,考虑到地方干部植根于当地,对当地企业的影响更直接,我们采用了地方干部变更来刻画政策不确定性,相比以往国外文献中采用的总统选举变量(Goodell et al.,2013)或国内文献采用的省长、省委书记变量(王贤彬等,2008),我们的研究更为精细,能够获得更严谨的实证结果,同时,我们为确保结果的稳健性,还将地市干部变更细分为市委书记变更、市长变更、任一变更三种类型；第三，我们从地市干部是否属于异地升迁或其与省长、省委书记之间是否存在"关系"等的角度，首次对政策不确定性的程度进行了刻画，从而更完善地考察了其对企业风险的影响力度。

## 二、文献回顾与理论假设

地方干部作为所在辖区政府权力的法定代表，能够影响并制定辖区内的经济政策，从而对该地区经济增长起到至关重要的作用（Jones et al.，2005）。因此，在研究政策不确定性时，大量文献都采用干部变更来刻画这一变量。然而，不同干部因其个人偏好、能力及过往经历不同，往往在执政期间实施的战略规划也有所不同（徐现祥等，2010；张军等，2007），故这种干部本身存在的异质性意味着地方干部变更将导致该地区未来经济政策的潜在变动，使得企业难以估计未来政策导向，从而影响其正常的生产与投资策略（Arnold et al.，2010；Diebold et al.，2009）。因此，当企业难以评估新任干部的执政风格时，为规避风险，它将本能地采取节流措施，使得投资支出水平明显降低（Julio et al.，2012）。这意味着企业的未来收益将更难判断，从而使不同投资者对企业的期望值产生较大差异，企业面临的市场风险将加剧。

因此，在研究企业风险时，政策不确定性作为任何企业无法规避的系统性风险，将是影响其微观行为的重要因素。然而，目前多数文献在研究企业行为时，仅集中于探讨国家层面的选举对企业股价波动性的影响。如研究表明，在美国、英国及27个经济合作与发展组织（OECD）国家，总统选举期间，相比非选举年度，当地的股价波动率均将显著提高（Bialkowski et al.，2008；Goodell et al.，2013；Gemmill，1992）。这说明干部变动造成的政策不确定性将对当地资本市场产生显著影响这一现象具有普遍性。

目前国外文献的研究样本主要来自高度市场经济化的发达国家，而在我国垂直的政治管理体制和干部以相对绩效为核心的晋升考核机制下，地方政府这只"有形的手"中拥有巨大的资源配置权力（周黎安，2008），它使得干部变更导致的现有政策的不持续性和未来政策的不确定性加剧了当地企业风险。因此，当预期到近期会发生干部变更时，当地企业在当年会显著减少投资，从而规避政策不确定性造成的经济损失（贾倩等，2013），此时，不同投资者对同一企业产生的预期方差变大，使得企业面临的市场风险加剧。综上分析，我们提出假设H1。

H1：地方干部变更产生的政策不确定性将加剧当地企业面临的风险。

目前，我国政府机构采用直线职能式结构，划分为中央、省（自治区、直辖市）、地级市、县、乡（镇）5个层次，省委书记和省长作为直接联结中央政府和地市干部的纽带，其对所在省各地市重大政策的制定与实施起到直接领导作用，故地市级干部对所在辖区实行的战略规划与产业政策都须先获得省级领导的许可。当省委书记或省长由本地升迁上去时，因其与当地干部之间存在一种"默契"（implicit contracts），将为该省提供更多诸如教育、医疗等公共品的支持（Persson et al.，2011）。范子英等（2014）利用2003年我国部长更换的自然实验，考察了部长的政治关联对地区专项转移支付的影响，结果发现新任部长会使其政治关联的地级市获得更多的财政转移支付。李书娟等（2015）也发现地方干部家乡城市的经济增长要比非家乡城市快约0.6个百分点。

因此，尽管新上任的市委书记或市长因性格特质、能力、经历等自身因素具有异质性，但若其与省委书记或省长之间存在某种联系（connection），便将减弱干部变动产生的政策不确定性程度。相反，若新上任的省委书记或省长不具本省工作经历，则意味着其与当地企业的关系可能更加疏远，政策不确定性程度加深，导致企业投资支出水平下降得更多（徐业坤，2013；曹春方，2013），从而加剧企业所面临的风险。综上分析，我们提出假设H2。

H2：新任地方干部对当地越熟悉，以及跟上级干部的关系越密切，政策不确定性程度将越低，从而减弱其造成的当地企业风险。

## 三、实证设计

### （一）样本选择与数据来源

本章以1999~2012年间沪、深两市的所有A股上市公司为原始样本。按照以下原则对样本进行筛选：①考虑到金融行业公司会计报表的特殊性，剔除了所有金融类公司；②为避免 IPO 对有关财务数据的影响，剔除了当年 IPO 的公司年样本；③为避免公司因自身经营不佳造成财务指标异常的干扰，剔除了当年为 ST 公司的年样本；④为研究地方干部变更与上级干部的联系，剔除了注册地属于北京、上海、天津、重庆这 4 个直辖市的公司，考虑到西藏地区的特殊性，剔除了注册地在西藏的公司；⑤为消除极端值的影响，我们对连续变量进行了上下 1% 的 Winsorize 处理。最终我们得到 12456 个公司年样本观测值，涉及 1580 个上市公司和 210 个城市，其间发生了 604 次市委书记变更和 696 次市长变更。

本章的地方干部变更数据为手工收集所得。我们通过地方年鉴、网络搜索等途径，完成了全国 335 个地级市和 31 个省份连续 23 年（1990～2012年）的地方干部数据的收集工作。我们收集了这些城市的市委书记、市长的如下指标：上任时间，任期，来源，与省长/省委书记是否存在同乡、同学、同事关系等。其余数据来自 CSMAR 数据库。

## （二）变量定义

### 1. 企业风险指标

目前，文献中衡量企业风险的主要指标有：①盈利的波动性（John et al., 2008；余明桂等, 2013）；②负债比率（Faccio et al., 2011）；③年度 $\beta$ 系数（Montgomery et al., 1984；Barton, 1988；张敏等, 2009）。盈利的波动性和负债比率一般用来测算 3～5 年滚动期内的长期企业风险，与我们须研究的当年度企业风险不符。故我们采用年度 $\beta$ 系数来衡量企业风险，该指标直接取自 CSMAR 数据库，年度 $\beta$ 系数从投资者的角度更客观地衡量了企业当年面临的市场风险。

### 2. 政策不确定性指标

干部变更会导致政策不确定性（Alesina et al., 1996），我国目前地市层面的干部变更已是一种常态（陈艳艳等, 2012；罗党论等, 2015），故我们用地方干部变更来衡量政策的不确定性，并将变更分为书记变更、市长变更和任一变更 3 种类型。我们根据现有文献的做法，若新任干部在当年 1—6 月就职，则定义当年为变更年；若新任干部在当年 7—12 月就职，则定义下一年为变更年。之所以这样定义，是因为一个干部从上任到对该市的经济产生实际影响,需要一定的时间(Li et al.,2005;张军等,2007)。

我们还从以下两个维度来刻画政策不确定性的程度:①新任地方干部来源(*External*)。我们参照王贤彬等(2008)的做法,若新任地方干部是从异地调任,即在新上任地市的工作经历未满一届,则定义为异地调任,*External* 取值为1,其余情况视为本地升迁,取值为0。②新任地方干部与该省的省委书记或省长的关系。若两者为同乡,即出生于同一省份,则 *Born* 取值为1,否则为0。这是一种天然存在,可以客观衡量的关系。

3. 控制变量

根据以往文献对企业风险的研究(John et al.,2008;姜付秀等,2006;张敏 et al.,2009),我们在选取控制变量时考虑了企业绩效和公司治理情况两方面的因素。首先,企业绩效方面,我们控制了公司规模(*Size*)、资产负债率(*Leverage*)、销售增长率(*Gsales*)、净资产收益率(*ROE*)、成长指标(*Tobin Q*)。一般认为,企业规模越大,负债比率越低,盈利能力越强,成长性越好,则企业具备的抗风险能力越强。其次,公司治理情况方面,我们控制了第一大股东的持股比例(*Ownership*)、产权性质(*State*)、企业上市年数(*Fage*)。一般认为企业持股比例越集中,发展越成熟,则抗风险能力越强。

其中,我们根据企业的实际控制人性质来判断企业的产权性质(*State*)。本章参考夏立军等(2008)的做法,如果企业的实际控制人为国有主体,如企事业单位、中央或地方国资委等,则定义样本企业为国有企业,*State* 取值1,否则为0。企业的实际控制人信息来自 CSMAR 数据库,并经手工筛选整理得到。

此外,我们为排除年份、行业差异对结果的影响,还控制了年度变量($\gamma_k$)、地区变量($\gamma_{pro}$)和行业变量($\gamma_{ind}$)。

本章各研究变量的定义见表7-1。

表7-1 变量定义

| 变量 | 简写 | 定义 |
| --- | --- | --- |
| 企业风险 | $\beta$ | 企业当年的年度$\beta$系数（分市场计算，如对沪市股票，取沪市市场回报率为市场回报率） |
| 任一变更 | Change_either | 虚拟变量，企业注册地所在市当年市委书记或市长发生变更，则为1，否则为0 |
| 市长_变更 | Shizhang | 虚拟变量，企业注册地所在市当年市长发生变更，则为1，否则为0 |
| 市委书记_变更 | Shuji | 虚拟变量，企业注册地所在市当年市委书记发生变更，则为1，否则为0 |
| 新任地方干部来源 | External | 虚拟变量，若新任地方干部从异地调任，即在新上任地市的工作经历未满一届，则为1，否则为0 |
| 同乡 | Born | 虚拟变量，新任干部与该省的省委书记或省长出生于同一省，则为1，否则为0 |
| 企业规模 | Size | 企业当年年末的总资产的自然对数 |
| 资产负债率 | Leverage | 企业当年年末的总负债/总资产 |
| 托宾Q值 | TobinQ | （股权市值+净债务市值）/期末总资产，其中，非流通股权市值用净资产代替计算 |
| 净资产收益率 | ROE | 企业当年年末净利润/平均股东权益 |
| 第一大股东持股比例 | Ownership | 第一大股东当年年末的持股比例 |
| 产权性质 | State | 虚拟变量，企业的实际控制人为国有主体，则为1，否则为0 |
| 企业上市年数 | Fage | 企业上市年数加1后取自然对数 |

## （三）模型设定

根据前文假设，我们构建了如下两个OLS检验模型：

$$\beta = \beta_0 + \beta_1 Change_i + \beta_2 Size + \beta_3 Leverage + \beta_4 TobinQ + \beta_5 Ownership \\ + \beta_6 ROE + \beta_7 State + \beta_8 Fage + \gamma_y + \gamma_{pro} + \gamma_{ind} + \varepsilon \quad (1)$$

上述模型（1）检验了干部变更导致的政策不确定性对企业风险的影响。其中，$Change_i$ 表示干部变更，包括任一变更或将市长变更、市委书记变更同时纳入这两种类型。$\gamma_y$ 表示年份效应，$\gamma_{pro}$ 表示地区省份效应，$\gamma_{ind}$ 表示行业效应。

$$\beta = \beta_0 + \beta_1 Change + \beta_2 External + \beta_3 Change * External + \beta_4 Born$$
$$+ \beta_5 Change * Born + \beta_6 Size + \beta_7 Leverage + \beta_8 TobinQ + \beta_9 Ownership$$
$$+ \beta_{10} ROE + \beta_{11} State + \beta_{12} Fage + \gamma_y + \gamma_{pro} + \gamma_i ng + \varepsilon \quad (2)$$

上述模型（2）中，我们加入了交互项来检验干部变更导致的政策不确定性程度大小对企业风险的影响。其中，$Change * External$ 中的 $External$ 表示新任干部来源，$Change * Born$ 中的 $Born$ 表示新任干部与该省委书记或省长是否为同乡。

## 四、实证结果与分析

### （一）描述性统计

表7-2描述了1999～2012年中国各地市干部变更的分布统计情况。

表7-2 1999～2012年地市干部变更分布统计

| 年份 | 市委书记 | | 市长 | | 任一变更 | | 异地升迁 | | 同乡 | | 城市个数 | 省份个数 |
|---|---|---|---|---|---|---|---|---|---|---|---|---|
| | 变更数 | 占比 | 变更数 | 占比 | 变更数 | 占比 | 变更数 | 占比 | 变更数 | 占比 | | |
| 1999 | 12 | 13.5% | 16 | 18.0% | 26 | 29.2% | 16 | 18.0% | 14 | 15.7% | 89 | 23 |
| 2000 | 27 | 23.5% | 29 | 25.2% | 43 | 37.4% | 29 | 25.2% | 15 | 13.0% | 115 | 26 |
| 2001 | 44 | 29.7% | 50 | 33.8% | 64 | 43.2% | 42 | 28.4% | 36 | 24.3% | 148 | 26 |
| 2002 | 46 | 28.6% | 50 | 31.1% | 71 | 44.1% | 51 | 31.7% | 22 | 13.7% | 161 | 26 |
| 2003 | 58 | 34.7% | 65 | 38.9% | 90 | 53.9% | 59 | 35.3% | 38 | 22.8% | 167 | 26 |
| 2004 | 33 | 18.9% | 33 | 18.9% | 56 | 32.0% | 36 | 20.6% | 27 | 15.4% | 175 | 26 |
| 2005 | 38 | 21.2% | 46 | 25.7% | 65 | 36.3% | 39 | 21.8% | 29 | 16.2% | 179 | 26 |
| 2006 | 38 | 20.8% | 51 | 27.9% | 66 | 36.1% | 39 | 21.3% | 24 | 13.1% | 183 | 26 |
| 2007 | 51 | 27.7% | 72 | 39.1% | 90 | 48.9% | 47 | 25.5% | 45 | 24.5% | 184 | 26 |

续表7-2

| 年份 | 市委书记 | | 市长 | | 任一变更 | | 异地升迁 | | 同乡 | | 城市个数 | 省份个数 |
|---|---|---|---|---|---|---|---|---|---|---|---|---|
| | 变更数 | 占比 | 变更数 | 占比 | 变更数 | 占比 | 变更数 | 占比 | 变更数 | 占比 | | |
| 2008 | 77 | 39.5% | 70 | 35.9% | 103 | 52.8% | 58 | 29.7% | 47 | 24.1% | 195 | 26 |
| 2009 | 25 | 12.9% | 34 | 17.5% | 46 | 23.7% | 19 | 9.8% | 16 | 8.2% | 194 | 26 |
| 2010 | 26 | 13.3% | 31 | 15.8% | 45 | 23.0% | 33 | 16.8% | 12 | 6.1% | 196 | 26 |
| 2011 | 57 | 28.2% | 72 | 35.6% | 92 | 45.5% | 67 | 33.2% | 26 | 12.9% | 202 | 26 |
| 2012 | 72 | 34.3% | 77 | 36.7% | 108 | 51.4% | 71 | 33.8% | 31 | 14.8% | 210 | 26 |
| 总计 | 604 | 25.2% | 696 | 29.0% | 965 | 40.2% | 606 | 25.3% | 382 | 15.9% | 2398 | 361 |

从表7-2可看出，样本中所涉及的210个城市在1999~2012年共发生了965次干部变更，其中，分别有604次市委书记变更、696次市长变更（含335次市委书记与市长同时变更）。其中，1999年因部分城市干部变更的数据缺失，导致样本较少。此外，2003年、2008年和2012年发生干部变更的城市较多，分别占当年统计城市个数的53.9%、52.8%和51.4%，这主要是2002年、2007年和2012年召开党代会后新一任政府换届所致。同时，我们发现异地升迁的比例在25%左右，且2003年、2008年和2012年的异地升迁比例较高。这表明在党代会召开期间的政府换届面向范围更广，政策不确定性更高。此外，统计显示地市干部与省级干部存在"同乡"这一联系的比例不高，这与多数地市干部由本地升迁上来的情况不同，省级领导为中央直接任命，多数省委书记或省长都有跨省工作经验，这与现有的文献结论一致（徐现祥等，2010）。

表7-3为本章涉及的主要变量的描述性统计。

表7-3 主要变量的描述性统计

| 变量名称 | 观察值 | 均值 | 标准差 | 最小值 | 最大值 | 中位数 |
|---|---|---|---|---|---|---|
| $\beta$ | 12456 | 1.0140 | 0.2021 | -0.0957 | 1.7398 | 1.0361 |
| Change | 12456 | 0.3974 | 0.4894 | 0 | 1 | 0 |
| External | 12456 | 0.2860 | 0.4519 | 0 | 1 | 0 |

续表 7-3

| 变量名称 | 观察值 | 均值 | 标准差 | 最小值 | 最大值 | 中位数 |
|---|---|---|---|---|---|---|
| *Born* | 12456 | 0.1497 | 0.3568 | 0 | 1 | 0 |
| *Size* | 12456 | 21.4913 | 1.0733 | 19.3500 | 24.7400 | 21.3600 |
| *Leverage* | 12456 | 0.4767 | 0.1888 | 0.0699 | 0.8911 | 0.4836 |
| *TobinQ* | 12456 | 1.6000 | 0.8735 | 0.6769 | 5.8558 | 1.3102 |
| *ROE* | 12456 | 0.0523 | 0.1486 | -0.8661 | 0.3217 | 0.0657 |
| *Ownership* | 12456 | 0.3810 | 0.1599 | 0.0944 | 0.7482 | 0.3608 |
| *State* | 12456 | 0.3672 | 0.4821 | 0 | 1 | 0 |
| *Fage* | 12456 | 2.6921 | 0.3785 | 1.3900 | 3.2200 | 2.8300 |

从表 7-3 可看出，我们衡量的企业风险 $\beta$ 的最大值为 1.7398，最小值为 -0.0957。这表明不同公司因其所处行业及自身生产经营情况不同，面临的市场风险程度差异较大。同时，全样本的企业风险 $\beta$ 均值为 1.0140，中位数为 1.0361，基本与沪、深市场风险变动比例维持一致，这与现实相符。其他变量见表 7-3，这里不再赘述。

### （二）关于政策不确定性的分组检验

表 7-4 是政策不确定性对企业风险影响的分组检验结果。

表 7-4  分组检验

| 变量 | 样本组 | 观测值 | 均值检验 | | 中位数检验 | |
|---|---|---|---|---|---|---|
| | | | 均值 | T 值 | 中位数 | Z 值 |
| 任一变更 | 市委书记或市长任一变更 (*Change* = 1) | 4950 | 1.0179 | | 1.0367 | |
| | | | | -1.7812** | | -1.635 |
| | 市委书记或市长均未变更 (*Change* = 0) | 7506 | 1.0113 | | 1.0356 | |
| 异地调任 | 新任地方干部由异地调任 (*External* = 1) | 3563 | 1.0234 | | 1.0380 | |
| | | | | -3.0246*** | | -2.154** |
| | 新任地方干部由本地升迁 (*External* = 0) | 1387 | 1.0039 | | 1.0327 | |

续表 7-4

| 变量 | 样本组 | 观测值 | 均值检验 | | 中位数检验 | |
| --- | --- | --- | --- | --- | --- | --- |
| | | | 均值 | T 值 | 中位数 | Z 值 |
| 同乡 | 新任干部与省委书记/省长同乡（Born=1） | 1865 | 1.0088 | 2.4498*** | 1.0345 | 1.698* |
| | 新任干部与省委书记/省长非同乡（Born=0） | 3085 | 1.0235 | | 1.0377 | |

说明：①均值指 β 值，均值检验采用 t 检验，中位数检验采用 Wilcoxon 秩和检验。②*、**、***分别表示统计量在 10%、5%、1%的水平上显著。

首先，通过 t 检验，我们发现发生市委书记或市长的任一变更时，β 均值显著高于未发生变更年度，说明由干部变更造成的政策不确定性将加剧当地企业面临的市场风险；其次，我们对当年度所在地市发生干部变更的企业样本进行分组，发现当新任地方干部属于异地调任或与省委书记或省长为同乡时，分组 β 均值检验和中位数检验均有显著的结果符合我们的预期。以上分组结果初步验证了我们提出的假设。

### （三）不同类型的政策不确定性及其程度对企业风险的影响

表 7-5 中回归（一）是不同的干部变更类型对企业风险影响的回归结果，采用了前文模型（1），用于检验本章的假设 H1；回归（二）考察了发生干部变更时，不同的政策不确定性程度分别对当地企业所面临风险的影响，采用了前文模型（2），用于检验本章假设 H2。

回归（一）中，被解释变量均为 β，解释变量为 Change_either 或 Shizhang 与 Shuji，根据前文设置的两种变更类型，我们得到了（1）任一变更、（2）市长变更和（3）市委书记变更 3 组结果。从回归结果来看，在控制了行业、省份和年度变量后，（1）中 Change_either 的符号在 1% 显著为正，支持了假设 H1，即干部变更导致政策不确定性上升，将加剧当地企业面临的市场风险。然而，（2）中市长变更在 5% 程度上显著，（3）中市委书记变更虽然符号与预期一致，但结果并不显著。这是因为在中国，尽管市委书记是地方权力的核心，但在实际分工中，市委书记主要承担党政方面的责任，而具体的各项经济政策和日常事务由市长负责执行，故对当地企业而言，可能市长的一举一动带来的影响对企业影响更大（Zheng S et al.，2013）。

表7-5　干部变更类型、干部变更不确定性程度与企业风险的回归结果

| 变量 | （一）干部变更 | | | （二）不确定性程度 | |
|---|---|---|---|---|---|
| | (1) 任一变更 | (2) 市长变更 | (3) 市委书记变更 | (4) 异地调任 | (5) 同乡 |
| Change_either | 0.0102*** | | | | |
| | (2.90) | | | | |
| Shizhang | | 0.0085** | | | |
| | | (2.20) | | | |
| Shuji | | | 0.0062 | | |
| | | | (1.59) | | |
| Change * External | | | | 0.0210*** | |
| | | | | (3.32) | |
| Change * Born | | | | | -0.0096* |
| | | | | | (-1.69) |
| Size | -0.0500*** | -0.0500*** | -0.0500*** | -0.0497*** | -0.0493*** |
| | (-21.95) | (-21.95) | (-21.95) | (-13.94) | (-13.82) |
| Leverage | 0.0302*** | 0.0303*** | 0.0302*** | 0.0113 | 0.0125 |
| | (2.63) | (2.64) | (2.63) | (0.61) | (0.68) |
| TobinQ | -0.0619*** | -0.0619*** | -0.0619*** | -0.0627*** | -0.0627*** |
| | (-21.17) | (-21.15) | (-21.17) | (-12.69) | (-12.70) |
| Ownership | -0.0409*** | -0.0411*** | -0.0409*** | -0.0589*** | -0.0594*** |
| | (-3.45) | (-3.47) | (-3.46) | (-3.08) | (-3.10) |
| ROE | -0.1722*** | -0.1722*** | -0.1720*** | -0.1652*** | -0.1664*** |
| | (-11.65) | (-11.65) | (-11.64) | (-6.49) | (-6.52) |
| State | -0.0035 | -0.0035 | -0.0035 | -0.0006 | 0.0001 |
| | (-0.83) | (-0.84) | (-0.82) | (-0.09) | (0.01) |
| Fage | 0.0306*** | 0.0306*** | 0.0307*** | 0.0263*** | 0.0268*** |
| | (5.60) | (5.60) | (5.61) | (3.04) | (3.09) |

续表 7-5

| 变量 | (一) 干部变更 | | | (二) 不确定性程度 | |
| --- | --- | --- | --- | --- | --- |
| | (1) 任一变更 | (2) 市长变更 | (3) 市委书记变更 | (4) 异地调任 | (5) 同乡 |
| _cons | 2.0752*** | 2.0765*** | 2.0781*** | 2.1313*** | 2.1408*** |
| | (41.94) | (41.94) | (41.99) | (27.39) | (27.46) |
| 行业 | 控制 | 控制 | 控制 | 控制 | 控制 |
| 省份 | 控制 | 控制 | 控制 | 控制 | 控制 |
| 年度 | 控制 | 控制 | 控制 | 控制 | 控制 |
| 观测值 | 12456 | 12456 | 12456 | 4950 | 4950 |
| $R^2$ | 0.1584 | 0.1581 | 0.1580 | 0.1644 | 0.1628 |

说明：①被解释变量为 $\beta$，采用 OLS 回归，括号内为对应经稳健标准差调整的 t 值。②*、**、*** 分别表示统计量在 10%、5%、1% 的水平上显著。

回归（二）中，被解释变量均为 $\beta$，解释变量分别为两个交互项 $Change * External$ 和 $Change * Born$。根据前文，我们从异地调任（External）和同乡（Born）两个维度来分别刻画政策不确定性程度，我们得到了（4）异地调任和（5）同乡两组回归结果。首先，我们将新上任的干部按来源分为异地调任和本地升职两类，对所有发生干部变更的 4950 个企业年观测值进行回归，结果显示，在控制了行业、省份和年度变量后，$Change * External$ 的估计系数为 0.0210，符号为正，在 1% 水平上显著。这表明新任干部为异地调任，将显著增大政策不确定性，从而加剧当地企业因政治环境改变而面临的市场风险。其次，我们将新任干部按与省级干部是否存在联系分为两类，我们对联系的刻画标准为是否与省长或省委书记为同乡（出生于同一省），结果显示，在控制了行业、省份和年度变量后，$Change * Born$ 的估计系数为 -0.0096，符号为负，在 10% 水平显著。这表明同乡关系能够减弱政策不确定性，从而减小当地企业因政治环境改变而面临的市场风险。故上述结果从两个维度验证了不同程度的政策不确定性将对当地企业面临的市场风险产生不同程度的影响，验证了假设 H2，即新上任的地方干部与当地或所在省干部的联系越密切，政策不确定性程度将越低，从而减小干部变更引起的企业风险。

## (四) 稳健性检验

为了验证以上结论的可靠性,我们进行了如下两种稳健性检验,回归结果见表7-6。

首先,我们更改了衡量企业风险的指标。我们将 $\beta$ 替换成股票收益波动,即计算考虑了现金红利再投资的个股回报率的年方差(张敏等,2009)重新检验。结果显示,干部变更引起的政策不确定性将显著加剧该地上市公司的股票收益波动,因此结果稳健。

其次,我们更改了对干部变更年度的处理方法。我们参照徐业坤等(2013),忽略对干部变更月份的细分,直接将干部变更的年份设定为更替年份对模型(1)重新回归。结果显示,政策不确定性仍将显著加剧当地企业当年度面临的市场风险,前文结论基本未发生变化。

表7-6 基于更改企业风险指标及干部变更处理方法的稳健性检验

| 变量 | (1) 股票收益波动 | | | (2) 变更年度替换 | | |
|---|---|---|---|---|---|---|
| | 任一变更 | 市长变更 | 市委书记变更 | 任一变更 | 市长变更 | 市委书记变更 |
| Change_either | 0.0008*** | | | 0.0070** | | |
| | (3.13) | | | (1.98) | | |
| Shizhang | | 0.0007** | | | 0.0087** | |
| | | (2.33) | | | (2.23) | |
| Shuji | | | 0.0007** | | | 0.0018 |
| | | | (2.16) | | | (1.47) |
| Size | -0.0023*** | -0.0023*** | -0.0023*** | -0.0500*** | -0.0500*** | -0.0500*** |
| | (-13.28) | (-13.27) | (-13.28) | (-21.94) | (-21.94) | (-21.95) |
| Leverage | 0.0131*** | 0.0132*** | 0.0132*** | 0.0302*** | 0.0303*** | 0.0301*** |
| | (14.71) | (14.71) | (14.71) | (2.63) | (2.64) | (2.62) |
| TobinQ | 0.0029*** | 0.0029*** | 0.0029*** | -0.0619*** | -0.0619*** | -0.0619*** |
| | (11.52) | (11.54) | (11.52) | (-21.16) | (-21.16) | (-21.16) |
| Ownership | 0.0001 | 0.0000 | 0.0001 | -0.0410*** | -0.0411*** | -0.0408*** |
| | (0.07) | (0.05) | (0.07) | (-3.46) | (-3.47) | (-3.45) |

续表 7-5

| 变量 | (1) 股票收益波动 | | | (2) 变更年度替换 | | |
| --- | --- | --- | --- | --- | --- | --- |
| | 任一变更 | 市长变更 | 市委书记变更 | 任一变更 | 市长变更 | 市委书记变更 |
| ROE | -0.0066*** | -0.0066*** | -0.0066*** | -0.1720*** | -0.1721*** | -0.1722*** |
| | (-6.54) | (-6.54) | (-6.52) | (-11.65) | (-11.65) | (-11.65) |
| State | 0.0003 | 0.0003 | 0.0003 | -0.0034 | -0.0035 | -0.0035 |
| | (0.76) | (0.75) | (0.77) | (-0.82) | (-0.84) | (-0.83) |
| Fage | -0.0004 | -0.0004 | -0.0004 | 0.0306*** | 0.0306*** | 0.0306*** |
| | (-0.92) | (-0.92) | (-0.90) | (5.60) | (5.60) | (5.61) |
| _cons | 0.0944*** | 0.0945*** | 0.0946*** | 2.0764*** | 2.0769*** | 2.0790*** |
| | (24.94) | (25.02) | (25.03) | (41.94) | (41.98) | (42.00) |
| 行业 | 控制 | 控制 | 控制 | 控制 | 控制 | 控制 |
| 省份 | 控制 | 控制 | 控制 | 控制 | 控制 | 控制 |
| 年度 | 控制 | 控制 | 控制 | 控制 | 控制 | 控制 |
| 观测值 | 12456 | 12456 | 12456 | 12456 | 12456 | 12456 |
| $R^2$ | 0.5908 | 0.5906 | 0.5906 | 0.1581 | 0.1581 | 0.1578 |

说明：①回归（1）中被解释变量为股票收益波动，回归（2）中被解释变量为 $\beta$，均采用 OLS 回归，括号内为对应经稳健标准差调整的 $t$ 值。②\*、\*\*、\*\*\*分别表示统计量在 10%、5%、1% 的水平上显著。

## 五、进一步讨论

上述研究已证实，干部变更引起的政策不确定性将显著加剧当年度当地企业面临的市场风险，且当新任干部为异地升迁或与所在省级领导存在同乡这一联系时，可分别加剧或减弱这种政策不确定性程度，从而对当地企业风险产生不同影响。

另外，企业日常经营生产活动受到政策影响的程度可能因企业所在行业的特殊性质、所在地区的差异、企业自身产权性质以及干部变更是否为党代会换届所致而产生差异。故在研究政策不确定性对企业所面临的市场风险的影响时，我们应同时考虑企业产权性质、所在行业受管制程度、所在地区市场化程度的差异。因此，本部分将对这些内容做进一步研究。

### （一）政策不确定性、行业性质与企业风险

考虑到不同行业受政府管制的程度不同（汪伟等，2005；罗党论等，2009），处于管制型行业中的企业，其生产经营活动可能更易受到政策局面的影响，从而对干部变更更为敏感，因此，我们参考夏立军等（2007）的做法，将涉及国家安全、自然垄断、提供公共服务的行业及高新技术产业定义为管制型行业，根据证监会2001年4月3日颁布的《上市公司行业分类指引》，将采掘业（B）、石油、化学、塑胶、塑料（C4）、金属、非金属（C6）、电力、煤气及水的生产和供应（D）、交通运输、仓储（F）、信息技术（G）、房地产（J）和传媒（L）定义为管制型行业，取值为1，否则为0。

我们在前述模型（1）的基础上加入"Change * 管制性行业"这一交互项来考察企业自身是否处于管制性行业，是否会影响这一作用机制。通过对所有样本进行回归，我们得到的结果见表7-7，交互项"Change * 管制性行业"的估计系数为 -0.0034，但不具显著性。这说明发生干部变更时，不管是管制性行业还是非管制性行业，政策不确定性对企业风险的影响差异不大。

### （二）政策不确定性、市场化进程与企业风险

中国各地区因政策、地理、历史等因素的不同而使地区间市场化进程存在较大差距。在市场化进程快的地区，政府对市场的干预更低，中介机构发育更完善（夏立军等，2007），从而当地企业的生产经营活动受到政策因素的影响更小（李文贵等，2012）。

因此，我们在本章中用 Indexmkt 来表示上市公司注册地所在省的市场化进程指数，用樊纲等（2010）编制的中国各省市1999～2009年的市场化总指数来衡量，对于2010～2012年的样本，我们延续了当地2009年的数据。我们在前文模型（1）的基础上加入"Change * 市场化进程"这一交互项来考察企业所在地区的市场化程度对这一作用机制的影响程度。回归显示交互项"Change * 市场化进程"的估计系数为 -0.0016，在10%显著性水平上减弱了企业风险。这说明发生干部变

更时,当地的市场化进程越高,政策不确定性对企业产生的负面影响相应越小。

### (三) 政策不确定性、产权性质与企业风险

企业受政策不确定性影响的程度取决于它对未来政策信息的获取能力。相比民企,国企一方面与政府建立了天然的亲密关系,能够更快获取诸如政策变动等关键信息,及时调整经营策略以规避风险;另一方面,由于国企一般规模大,承担的政策性任务较多,是地方经济发展的中坚力量,在我国目前干部升迁主要以经济绩效为考核指标的现实背景下,地方干部与当地国企之间将呈现一种互相依赖、互利共赢的关系,因此,相较于民企,政策不确定性对国企造成的企业风险可能将更小。

我们在模型一的基础上加入了"Change * 产权性质"这一交互项来考察不同产权性质是否会对企业遭受政策不确定性影响的程度产生显著作用。从表7-7的回归结果来看,在控制了行业、省份和年度变量后,"Change * 产权性质"的估计系数为0.0053,尽管符号为正,但是并不显著,说明这种变更对不同产权的企业影响差异不大。

### (四) 政策不确定性、党代会换届与企业风险

党代会是指中国共产党全国代表大会和中国共产党地方各级代表大会,5年召开一次,在本章样本涉及的年度中,全国党代会分别曾在2002年、2007年和2012年召开过换届会,而各省党代会换届则在全国党代会同一年或者前一年召开。一般认为,在党代会换届的年度,地市干部变更发生的频率会越高,这从前文的描述性统计中亦可看出。地市干部变更越频繁,意味着当地的政治环境越不稳定,企业面临的政策不确定性风险越大。

因此,我们在用省的党代会召开作为政策不确定性的一个刻画,代替对地方干部变更的刻画进行了相应的检验。从表7-7的回归结果来看,在控制了行业、省份和年度变量后,"党代会"的估计系数为0.1101,可见省党代会召开会直接影响当地企业面临的企业风险[1]。

---

[1] 这里感谢匿名审稿人的宝贵意见。

表7-7 进一步检验

| 变量 | (1) 管制性行业 | (2) 市场化进程 | (3) 产权性质 | (4) 党代会 |
|---|---|---|---|---|
| *Change_either* | 0.0116** | 0.0225* | 0.0082* | |
| | (2.52) | (1.84) | (1.87) | |
| *Change* * 管制性行业 | -0.0034 | | | |
| | (-0.49) | | | |
| *Change* * 市场化进程 | | -0.0016* | | |
| | | (-1.68) | | |
| 市场化进程 | | -0.0024** | | |
| | | (-2.13) | | |
| *Change* * 产权性质 | | | 0.0053 | |
| | | | (0.75) | |
| 产权性质 | -0.0035 | -0.0030 | -0.0056 | -0.0035 |
| | (-0.82) | (-0.72) | (-1.10) | (-0.83) |
| 党代会 | | | | 0.1101*** |
| | | | | (9.48) |
| *Size* | -0.0500*** | -0.0499*** | -0.0500*** | -0.0500*** |
| | (-21.95) | (-22.03) | (-21.96) | (-21.95) |
| *Leverage* | 0.0302*** | 0.0288** | 0.0302*** | 0.0301*** |
| | (2.63) | (2.54) | (2.64) | (2.63) |
| *TobinQ* | -0.0620*** | -0.0620*** | -0.0619*** | -0.0619*** |
| | (-21.18) | (-21.25) | (-21.18) | (-21.16) |
| *Ownership* | -0.0408*** | -0.0479*** | -0.0408*** | -0.0409*** |
| | (-3.45) | (-4.10) | (-3.44) | (-3.45) |
| *ROE* | -0.1722*** | -0.1760*** | -0.1723*** | -0.1721*** |
| | (-11.65) | (-11.94) | (-11.66) | (-11.65) |
| *Fage* | 0.0306*** | 0.0314*** | 0.0306*** | 0.0306*** |
| | (5.60) | (5.79) | (5.61) | (5.61) |

续表 7-7

| 变量 | (1) 管制性行业 | (2) 市场化进程 | (3) 产权性质 | (4) 党代会 |
| --- | --- | --- | --- | --- |
| _cons | 2.0746*** | 2.0886*** | 2.0757*** | 2.0789*** |
|  | (41.88) | (42.71) | (41.94) | (42.00) |
| 行业 | 控制 | 控制 | 控制 | 控制 |
| 省份 | 控制 | 控制 | 控制 | 控制 |
| 年度 | 控制 | 控制 | 控制 | 控制 |
| 观测值 | 12456 | 12456 | 12456 | 12456 |
| $R^2$ | 0.1584 | 0.1527 | 0.1584 | 0.1578 |

说明：①该检验基于不同行业性质、不同市场化进程、产权性质、党代会召开的回归结果。②被解释变量为 $\beta$，采用 OLS 回归，括号内为对应经稳健标准差调整的 $t$ 值。③*、**、*** 分别表示统计量在 10%、5%、1% 的水平上显著。

## 六、本章结论与讨论

当今企业在日常经营投资活动中不但面临来自企业本身的财务风险、运营风险等非系统性风险，也面临外部环境引致的系统性风险。以往文献在考察外部风险时主要集中于研究宏观经济环境变动，诸如经济危机等事件对微观企业个体的影响，却较少关注因地方政策不确定性造成的企业风险。早在 1939 年就有学者提出，对任何有关企业经营投资等方面的研究都不能忽视政治因素造成的影响（Schumpeter，1939）。

因此，本章从地方干部变更这一切入点出发，考察了政治环境变化对当地企业风险的影响。具体来说，本章以 1999～2012 年间我国在沪、深两市上市的非金融类、非 ST 公司的 12456 个年观测值为研究样本，以市长或市委书记的任一变更来刻画政策的不确定性，以上市公司年股票 $\beta$ 值来衡量企业风险，研究了政策不确定性对企业风险的影响。我们通过实证检验发现，发生干部变更将显著加剧企业当年所面临的风险，同时，新任干部从异地调任，将加大政策不确定性，从而使当地企业承受更大的风险；反之，新任干部与省级干部存在一定联系，如两人为同乡时，能够减弱这种不确定性，并降低当地企业风险。此外，在进一步检验中，我们通过构造不同的交互项发现：①尽管处于管制型行业受到的政策干扰更多，但受到政策不确定性影响的程度并没有显著加大；②在市场化进程慢的地区，因市场经济受政府这只"有形的手"的干扰更多，政治环境变化也将加剧当地企业面临的风险；③不管是国有企业还是民营企业，其面临的市场风险受政策不确定性影响的程度差异不显著；④省党代会召开对当地企业所面临的市场风险会产生重要影响。

总体来说，本章的研究证实了地方干部变更导致的政策不确定性将增大企业风险这一结论，将宏观的政治环境变化与企业因此而被动承受的市场风险关联起来，有助于我们明晰政策不确定性的具体传导机制及其引起的经济后果，同时启示我们在对企业的风险承担或行为决策进行研究时，不能忽视对宏观政治环境的考虑，因为政治气候改变带来的未来政策导向的变化会引起企业战略布局的调整。此外，这一研究还启发我们，频繁的干部变更（尤其是采用异地调任等方式）尽管可以有效防止官商勾结、腐败等行为的滋生，但也会导致当地各项政策的断裂，使得当地企业及投资者难以产生对未来经济政策稳定的预期，从而增加企业的潜在风险，表现为股票市场波动加剧。因此，若新任地方政府在执政初期能够延续上一届政府实施的政策，并在新的政策出台前提供充足的缓冲期，或许能够有效降低当前政策不连贯造成的企业风险。

# 第八章 地方干部更替与地方债发行

## 一、引言

继 2013 年 4 月 9 日三大国际评级机构之一香港惠誉国际评级有限公司将中国长期本币信用评级从 AA - 下调至 A + 后,另一著名评级机构穆迪公司也降低了中国主权信用评级。导致我国主权信用评级下降的重要因素之一是中国地方政府或有负债和信贷的风险。截至 2013 年 6 月 30 日,在地方政府负有偿还责任的存量债务中,2015 年到期须偿还的达 18578 亿元,城市的过度举债行为对未来城市还债和经济建设埋下了巨大的风险。为了缓解地方政府的偿债压力,2015 年 3 月 12 日,财政部向地方下发 1 万亿元地方政府债券额度置换存量债务。即便如此,地方政府高企的债务风险仍然不容忽视。事实上,根据《中华人民共和国预算法》的规定,在 2015 年以前地方政府并不具备发行债券的权力。那么,地方政府的债务来源于何处呢?根据魏加宁等(2004)的调研,地方政府负债分可为 6 个大类,其中,通过设立投融资平台公司[①]获取银行贷款、发行城投债为最主要的来源。由于政府的隐性担保作用,城投债通常被视为"准市政债"。近年来,城投债融资规模及占政府直接融资比重均迅速上升,再加上云投债、海龙债等城投债信用危机事件的冲击,中央开始对地方政府债务进行清查,地方政府的发债风险被推到风口浪尖。

研究地方债务的风险首先需要了解地方政府发债的动机。在我国财政分权体制(Qian et al., 1999)和干部晋升考核机制(Li et al., 2005)下,地方干部的频繁调动催生了执政理念短视化,而"财政"和"事权"的不对称则为地方政府带来严峻的财政压力(傅勇, 2007)。由于发债相对于征税具有许多优势(毛寿龙, 2005),所以地

---

[①]

方政府青睐于通过发债进行融资。从丰富地方政府融资手段、化解财政风险和满足公共事业需求的角度来讲，地方政府通过发债进行融资对城市而言有许多积极意义（宋立等，2004；刘尚希，2004）。但由于尚未形成明确的政绩考核债务指标，"债务递延"和"前任推后任"的推诿情况十分普遍。根据我们的统计，地方政府发行债券的平均期限为5.17年，最长期限达到20年，而地方政府的平均任期为3～4年，大部分债券偿债期限要跨越两届甚至两届以上政府。但新干部上任后，"借钱搞工程、搞项目，（这样做）有口碑也有政绩，本届政府决不能勒紧裤腰带还债"。上届干部在任期内的举债行为以及新上任干部的偿债责任俨然成为影响债券风险的重要因素。

本章将研究地方干部更替的经济影响的文献拓展至我国地方政府债券领域。采用市级干部更替而非国家领导人换届或省级干部更替的原因在于：首先，目前研究干部更替与资本市场发展的文献集中于美国、英国、德国等发达国家，但相对上述国家而言，我国政府"有形的手"对市场的影响要远大于发达国家，且投资者在面临政策不确定性时分散和转移风险的能力更加有限；其次，研究市级干部更替的影响，而非以往文献所关注的国家领导人换届或省领导人更替，能够确保我们研究的对象能对经济活动产生直接、显著的影响；最后，以国家选举为研究对象容易面临数据稀缺而无法获得有效的统计推断的问题，而采用跨国研究虽然解决了数据量的限制，但又在模型中引入国家异质性等问题。得益于我国城市数量众多、市级干部变更频繁（陈艳艳等，2012），我们能够获取充足的干部变更样本，这使我们对单一国家进行检验成为可能。研究结论表明，干部更替会显著降低城市的发债概率并缩小发债规模。在此基础上，我们进一步研究了政策不确定性对发债成本的影响。研究发现，市委书记或市长更替会提高城投债的发债风险，增加发债成本。且当更替引发的政策不稳定性或选举结果不确定性更高时，干部更替对发债成本的影响更加显著。这说明干部更替引发的政策不连续性和政策不确定性的确会对政府融资活动的开展带来负面影响。

## 二、理论分析与假设提出

由于举债可以带来更多公共工程但不会增加纳税人即期的纳税负

担,政治家、企业家和民众都喜欢政府以发债的形式进行融资(毛寿龙,2005)。对于政府而言,通过发债融资在短期内不会给政府带来太大的还债压力,因此,在有限任期下,地方政府也青睐于通过发债进行融资。但在我们的统计中,并非全部城市都有通过融资平台发行债券的记录,这一方面与当地的融资模式和财力有关,另一方面也受城市本身的发债能力的制约。其中,政府的综合财力、偿债能力便是审批者衡量融资平台公司是否具备发债资格的重要因素。

从城投债的发债情况来看,债券的平均期限为5.17年,这说明大部分城投债的偿还期都会跨越两届地方政府,进而易导致"寅吃卯粮"的超前融资与超额负债。由于偿债的期限较长,所以期限内的城市经济增长和财政收入增长的不确定性以及新一届政府的还债责任的潜在变化均增加了城投债的偿还风险。从审批者的角度来看,由于新任干部通常会带来未来经济政策和财政政策的不连续性以及不稳定性(王贤彬等,2009;Jones et al.,200),这种政策不确定性会增加城市的违约风险。此外,干部变更带来政企关系的潜在变化,进而增加了公司未来继续享受优惠政策和获得政府采购合同等的不确定性,从而影响审批者对发债公司的估值水平(Bertrand et al.,2006;Julio et al.,2009,2012)。因此,从审批者的角度来看,干部变更年度政府和企业债务违约风险的提高增加了发债难度,导致融资平台公司被动推迟债券发行活动。干部更替的作用机制如图8-1所示。

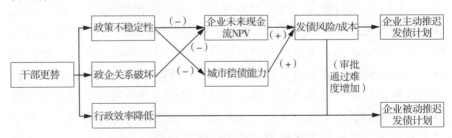

图8-1 干部更替的作用机制

从企业的角度来看,由于在干部变更年度开展投融资活动的成本过高,企业推迟投资的价值显著提高,所以此时理性的投资者会选择观望(徐业坤等,2013)。基于上述分析,除了审批通过难度的增加而被动推迟债券发行,融资平台公司在干部变更年度也倾向于主动推迟债券发行活动。

从政府干部的角度来看,换届期间政府工作处于"低效期"甚至"断档期"(曹春方,2013):一方面是干部在换届期间忙于搜索新上任干部的信息或者安排新一届政府工作计划;另一方面是任满的干部卸任时故意将事情耽搁,降低自己承担失误的风险。政府工作的"低效期"导致城市投资项目效率低下甚至搁置,降低了城市发债的积极性。基于上述分析,我们提出假设1。

H1:干部变更降低了城市的发债能力,进而降低了城市发债的可能性。

对城市本身来说,能发债固然是件好事:相对于征税而言,通过发债进行融资可以有效解决城市资金短缺问题,推动城市建设,同时也不会对企业、民众带来即期的税收负担(宋立等,2004;刘尚希,2004)。但是,如果忽视发债成本而盲目发债,过高的偿债压力必然会给城市和地方政府带来巨大的成本与风险。因此,十分有必要在研究发债行为的基础上对影响发债成本的因素进行分析。

对于投资者而言,影响资产定价的因素除了期限结构、发行人违约风险、信用评价、市场风险等(例如,黄峰等,2007;张志强,2010),干部变更也是投资者考虑的因素。Li 等(2006)发现美国的股票波动性在选举年度显著提高;Biadlkowski 等(2008)对 OECD 27 个国家的研究表明,政府选举与股票市场波动存在显著的正相关关系,而这一关系在英国股票市场中也得到了验证(Gemmill,1992)。这说明由干部更替引发的不确定性会对资本市场造成影响,并且这种影响具有广泛性和普遍性。

如前文所述,在干部变更年度,干部更替显著提高了政策的不连续性和不稳定性。这一方面并不利于当地投资活动的开展(Julio et al.,2012;曹春方,2013;徐业坤等,2013),还会对经济产生负面影响(Jones et al.,2005;王贤彬等,2009),进而降低城市偿债能力;另一方面则降低资本市场的信息质量,提高投资风险,进而增加发债成本。此外,干部变更可能会对原有的政企关系造成影响,使发债企业在上一届政府任内享受的产业扶持、税收优惠、隐性担保等待遇在新一届政府任内存在不确定性,这种潜在的政企关系变化会降低外界对发债公司的盈利和还债的预期,进而提高债券的风险。基于上述分析,我们提出假设2。

H2：地方干部变更会提高发债风险，增加发债成本；同时，干部变更引发的不确定性越强，债券风险越高，对发债成本的影响越大。

政府在宏观经济调控中具有重要的作用：在经济下行或过热时，相关部门往往通过推行相应的财政政策或货币政策来维持经济稳定，因此，经济的波动往往会带来未来更大的政策不确定性。Pastor 等（2012）通过研究发现，在经济面临下行压力时，政策不确定性对资本定价的影响更显著；Gao 等（2013）也发现，当城市面临财政赤字压力或者高于历史水平的负债压力时，政策不确定性对美国市政债券利率的影响更加显著。当城市面临较高的债务或资金缺口时，新干部推出新的财政举措、税收举措的成本更低，因为一旦经济发展与财政收支得到改善则享誉盛名，而即使无法立刻取得成效，也可归咎于城市经济环境的下行趋势以及经济发展的时滞性。因此，在城市经济发展下行压力较大、城市债务或财政赤字较高的情况下，市场对新一届政府推行新政策的预期更强，干部更替带来的不确定性也得到增强。此外，在债台高筑的背景下，考虑到债券的还债期限普遍跨越两任政府或以上，政府干部的发债在变更年度发债有"借新债还旧债"、顺水推舟把城市债务问题留给下一任等动机，这无疑加大了此类债务的违约风险。因此，我们提出假设3。

H3：城市的偿债能力会显著影响干部变更与发债成本的关系。较高的偿债能力可以缓解干部变更带来的风险，反之则显著增强了不确定性风险。

## 三、样本选择与变量描述

### 1. 样本选择

城投债数据来源于 Wind 资讯，我们统计了 1999～2012 年的所有城投债数据，并剔除掉跨市场交易造成的重复数据，以及自治州为发行主体的债券，最终统计了 1656 只城投债券。根据发债主体的级别，我们将城投债的发债主体分为直辖市或省份、地级市两类，将县级发行主体归入所属城市。干部变更数据来源于我们人工收集的数据库。我们通过地方年鉴、网络搜索等途径完成了全国地级市或省份的地方干部数据的收集工作。区域经济和区域人口统计变量来自"中经网统计数据库"中的城市年度数据库以及省级年度数据库。我们剔除了干部个人信息或城市经济数据缺失情况过于严重的城市和年份,最终的研究样本为 242 个城市或省份。

2. 变量描述(见表 8 – 1)

表 8 – 1  变量的定义

| 变量 | 变量类型 | 变量名 | 变量定义 |
| --- | --- | --- | --- |
| 债券特征 | Times | 发债次数 | 城市当年发债的次数 |
| | Proceeds | 发债规模 | 城市当年单只债券平均发债规模 |
| | Yield | 债券利率 | 债券发行利率 |
| | Yield_rel | 相对利率 | 债券发行利率平减当年对应期限的银行存款利率 |
| | Maturity | 债券期限 | 发行债券的期限 |
| | Scale | 债券规模 | 债券的实际发行规模 |
| | Guar1 | 无担保 | 无担保债券为 1,否为 0 |
| | Guar2 | 抵押担保 | 是否抵押担保,是 = 1,否 = 0 |
| | Guar3 | 连带担保 | 是否连带责任担保,是 = 1,否 = 0 |
| | RatingA | 一类评级 | 一类评级,评级为 AAA/AA + 为 1,否为 0 |
| | RatingB | 二类评级 | 二类评级,评级为 AA 为 1,否为 0 |
| | RatingC | 三类评级 | 三类评级,评级在 AA 以下,未参与评级为 1,否为 0 |
| 城市面临的变更 | Change_se_city | 变更_市委书记 | 城市当年市委书记变更,是 = 1,否 = 0 |
| | Change_ma_city | 变更_市长 | 城市当年市长变更,是 = 1,否 = 0 |
| | Change_city | 任一变更 | 城市当年市委书记或市长发生变更,是 = 1,否 = 0 |

续表 8-1

| 变量 | 变量类型 | 变量名 | 变量定义 |
| --- | --- | --- | --- |
| 债券面临的变更 | Change_se_bond | 变更_市委书记 | 债券发行月份是否在所属城市市委书记变更月份前后6个月内，是=1，否=0 |
| | Change_ma_bond | 变更_市长 | 债券发行月份是否在所属城市市长变更月份前后6个月内，是=1，否=0 |
| | Change_bond | 任一变更 | 债券发行月份是否在所属城市的市长或市委书记更月份前后6个月内，是=1，否=0 |
| | Change_both | 两者变更 | 市委书记、市长是否同时变更，是=1，否=0 |
| | Change_rotating | 异地上任 | 变更干部是否异地调任，是=1，否=0 |
| | Change_freq | 变更频率 | （前5年市委书记变更次数+前5年市长变更次数）/5 |
| | Change_Hfreq | 高变更频率 | 债券发行前5年干部变更频率是否大于样本中位值，是=1，否=0 |
| 城市特征 | Mature | 到期债券 | 两年内是否有到期债券，是=1，否=0 |
| | Sr | 赤字水平 | （预算内收入－预算内支出）/地区生产总值 |
| | Indebted ratio | 负债水平 | 年末金融机构贷款余额/地区生产总值 |
| | Lngdp | ln（地区生产总值） | 所属城市地区生产总值的自然对数 |
| | Investment Ratio | 固定资产占比 | 固定资产占地区生产总值比重 |
| | Popgr | 人口增长率 | 人口自然增长率 |

（1）城投债变量描述。我们统计了城投债的发债规模、发行利率、债券期限、第三方担保情况以及信用评级情况。城投债历年的发债规模如表8-2所示，到2012年涉及发债的城市或省份数量已经超过200

个，单只债券的平均发行规模为 12.78 亿元。债券平均发行年利率为 5.85%，而最低仅为 0.8%，远低于一年期以上的银行贷款利率（> 6.15%），这也是债券相对银行贷款而言更加吸引地方政府的因素之一。2000 年以前的债券发行成本较高，2000～2010 年均维持在 4%～5%，2011 年开始，由于外界对城投债风险的关注以及城投债信用危机的影响，城投债利率相对较高，平均发行利率超过 6.38%，这从侧面反映了随着城投债风险受到外界的关注，投资者对融资平台的风险的担忧。

（2）干部变更变量描述。根据研究设计，本章将变更分为两类，一是城市面临的变更，二是债券面临的变更。对于城市面临的变更而言，参照王贤彬等（2009）的设计，如果新上任干部在当年 6 月前上任，则定义该年度为城市的变更年；如果新上任干部在 6 月后上任，则定义下一年为城市变更年。城市变更情况见表 8-2：城市变更案例每年均有发生，且变更频率均接近或者超过 20%，因此，研究干部更替引发的政策不确定性的影响具有深远意义。

对于债券面临的变更而言，若债券发行月份在发行人所在城市变更月份的前后 6 个月内，则该债券被视为面临变更带来的不确定性。根据变更的类型将其分为市委书记变更、市长变更、任一变更、两者变更 4 种。从统计结果来看（见表 8-3），4 种变更类型的均值分别为 18%、16%、25%、9%，大部分债券均选择在非变更时期发行。

表 8-2 各年度发债情况和干部变更统计

| 年份 | 平均利率/% | 发行规模/亿元 | 发行数量/只 | 发行城市数量/个 | 未到期债券规模/亿元 | 未到期债券数量/只 | 省委书记变更次数 | 省长变更次数 | 市委书记变更次数 | 市长变更次数 | 统计城市个数 | 统计省个数 | 变更频率 |
|---|---|---|---|---|---|---|---|---|---|---|---|---|---|
| 1999 | 4.58 | 21 | 4 | 2 | 43 | 10 | 3 | 6 | 30 | 40 | 174 | 31 | 19.27% |
| 2000 | 3.93 | 16 | 3 | 2 | 59 | 13 | 6 | 4 | 54 | 64 | 194 | 31 | 28.44% |
| 2001 | 4.99 | 80 | 1 | 2 | 130 | 11 | 7 | 9 | 105 | 98 | 235 | 31 | 41.17% |
| 2002 | 4.38 | 45 | 3 | 3 | 168 | 12 | 10 | 8 | 74 | 92 | 251 | 31 | 32.62% |
| 2003 | 4.43 | 83 | 4 | 3 | 242 | 13 | 4 | 16 | 84 | 95 | 261 | 31 | 34.08% |
| 2004 | 5.58 | 44 | 3 | 3 | 275 | 14 | 5 | 5 | 61 | 57 | 272 | 31 | 21.12% |

续表 8-2

| 年份 | 平均利率/% | 发行规模/亿元 | 发行数量/只 | 发行城市数量/个 | 未到期债券规模/亿元 | 未到期债券数量/只 | 省委书记变更次数 | 省长变更次数 | 市委书记变更次数 | 市长变更次数 | 统计城市个数 | 统计省份个数 | 变更频率 |
|---|---|---|---|---|---|---|---|---|---|---|---|---|---|
| 2005 | 4.06 | 386 | 28 | 14 | 646 | 40 | 6 | 1 | 44 | 70 | 274 | 31 | 19.84% |
| 2006 | 3.87 | 446 | 37 | 23 | 905 | 64 | 3 | 9 | 89 | 104 | 275 | 31 | 33.50% |
| 2007 | 4.78 | 781 | 68 | 36 | 1442 | 112 | 17 | 12 | 37 | 81 | 275 | 31 | 24.02% |
| 2008 | 5.45 | 992 | 65 | 32 | 1989 | 142 | 2 | 8 | 128 | 121 | 277 | 31 | 42.05% |
| 2009 | 5.00 | 3158 | 191 | 84 | 4729 | 300 | 5 | 3 | 32 | 44 | 277 | 31 | 13.64% |
| 2010 | 4.97 | 3010 | 227 | 96 | 7160 | 483 | 8 | 9 | 39 | 53 | 277 | 31 | 17.69% |
| 2011 | 6.38 | 3707 | 296 | 118 | 10056 | 707 | 5 | 7 | 124 | 130 | 277 | 31 | 43.18% |
| 2012 | 6.42 | 8950 | 760 | 212 | 18067 | 1385 | 14 | 6 | 50 | 60 | 277 | 31 | 21.10% |

(3) 城市变量。为了控制城市特征对结果带来的影响，我们控制了城市的财政赤字水平、负债水平、经济水平、固定资产投资水平以及人口自然增长率。财政赤字水平、负债水平和经济水平共同反映城市当年的偿债风险相对较低。固定资产投资水平反映城市经济发展靠投资驱动的程度，从长期来看，单纯依靠投资拉动经济并不利于经济增长。此外，我们在模型中控制了人口增长率，参考以往的文献，人口增长率与城市的长期经济增长率密不可分（胡翠等，2011；郑世林等，2014）。

其他变量定义和描述性统计参照表 8-1 和表 8-3，为节省篇幅，这里不再赘述。

表 8-3 主要变量描述性统计

| 变量 | 样本量 | 均值 | 标准差 | 最小值 | 最大值 |
|---|---|---|---|---|---|
| *Times* | 2153 | 0.761 | 2.389 | 0 | 34 |
| *Proceeds* | 2153 | 3.354 | 6.135 | 0 | 54 |
| *Change_se_city* | 2153 | 0.245 | 0.430 | 0 | 1 |

续表 8-3

| 变量 | 样本量 | 均值 | 标准差 | 最小值 | 最大值 |
| --- | --- | --- | --- | --- | --- |
| Change_ma_city | 2153 | 0.274 | 0.446 | 0 | 1 |
| Change_city | 2153 | 0.387 | 0.487 | 0 | 1 |
| Mature | 2153 | 0.0894 | 0.285 | 0 | 1 |
| Sr | 2153 | -0.06 | 0.06 | -0.59 | 0.08 |
| Indebted ratio | 2153 | 0.97 | 0.61 | 0.02 | 4.13 |
| Lngdp | 2153 | 6.00 | 1.53 | 2.58 | 10.88 |
| Popgr | 2153 | 5.03 | 3.28 | 0.01 | 38.40 |
| Yeild | 1656 | 5.85 | 1.45 | 0.80 | 12.50 |
| Yeild_rel | 1656 | 1.35 | 1.21 | -4.78 | 5.84 |
| Scale | 1656 | 12.78 | 9.22 | 0.60 | 100.00 |
| Maturity | 1656 | 5.22 | 3.16 | 0.25 | 20.00 |
| Guar1 | 1656 | 0.68 | 0.47 | 0.00 | 1.00 |
| Guar2 | 1656 | 0.11 | 0.32 | 0.00 | 1.00 |
| Guar3 | 1656 | 0.21 | 0.41 | 0.00 | 1.00 |
| Change_se_bond | 1656 | 0.18 | 0.38 | 0.00 | 1.00 |
| Change_ma_bond | 1656 | 0.16 | 0.37 | 0.00 | 1.00 |
| Change_bond | 1656 | 0.25 | 0.43 | 0.00 | 1.00 |
| Change_both | 1656 | 0.09 | 0.28 | 0.00 | 1.00 |
| Change_roting | 1656 | 0.16 | 0.36 | 0.00 | 1.00 |
| Change_freq | 1656 | 0.45 | 0.19 | 0.00 | 1.00 |
| Change_Hfreq | 1656 | 0.81 | 0.40 | 0.00 | 1.00 |
| Rating A | 1656 | 0.47 | 0.50 | 0.00 | 1.00 |
| Rating B | 1656 | 0.40 | 0.49 | 0.00 | 1.00 |
| Rating C | 1656 | 0.13 | 0.34 | 0.00 | 1.00 |
| Lngdp | 1656 | 8.21 | 1.55 | 3.88 | 10.88 |
| Investment ratio | 1656 | 0.58 | 0.20 | 0.22 | 0.89 |
| Popgr | 1656 | 4.22 | 2.82 | 0.01 | 20.74 |

## 四、实证分析

### (一) 干部变更与发债行为

#### 1. 直观证据

我们以干部变更时点为时间窗口,将时间分为变更年、变更前后一年以及非变更年度,描绘城市发债的干部变更周期。如图8-2所示,非变更年度所有城市平均发债0.73次,平均发行规模达到10.11亿元。进入变更前一年,发债次数和发债规模稍微有所下滑。而在变更年开始显著下降,发债次数由0.72次降至0.51次,发债规模从8.98亿元跌落到5.79亿元。变更结束后,发债次数、发债规模的下降趋势得到缓解,并逐渐上升至平均水平。图8-2直观地反映了干部变更对发债行为的影响,为我们的研究假设提供了直观证据。

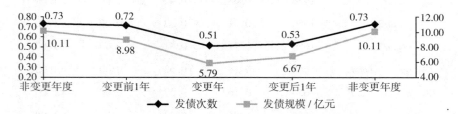

图8-2 城投债发行规模干部变更周期内的变化

#### 2. 实证研究

本部分主要研究干部变更与发债行为的关系,根据我们的研究假设,建立如下实证模型:

$$Times_{it} = \beta_1 Change_{it} + \sum Control + v_i + \gamma_t + \varepsilon_{it} \quad (1)$$

$$Proceeds_{it} = \beta_0 + \beta_1 Change_{it} + \sum Control + v_i + \gamma_t + \varepsilon_{it} \quad (2)$$

模型 (1) 中,下标 $i$ 和 $t$ 分别指示城市和年份。因变量 $Times_{it}$ 为城市 $i$ 在 $t$ 年度的发债次数,城市的发债次数为正整数或0,故 OLS 回归和 NLS 均为有偏估计 (Wooldridge, 1999a)。参考 Hausman 等 (1984) 的做法,本章用双向固定效应泊松回归 (the fixed effects poisson model) 对模型 (1) 进行检验。模型 (2) 的因变量为 $Proceeds_{it}$,表示城市 $i$ 在

$t$ 年度发行的单个债券平均融资金额（当发债次数为 0 时，变量的值设为 0），采用双向固定效应 OLS 模型进行估计。$Change_{it}$ 表示干部变更，$\sum Control$ 表示控制变量，包括城市两年内是否有到期债券、上一年度的财政赤字水平、贷款/地区生产总值、地区生产总值对数和人口增速。$v_i$ 表示城市固定效应，$\gamma_t$ 表示年份趋势效应，$\varepsilon_{it}$ 表示随机误差项，所有回归均控制城市的 Cluster 效应。考虑到我国城投债自 2004 年以来才较具发展规模，加上许多城市层面的经济变量在 2003 年以前缺失严重，我们仅对 2004～2012 年的城投债发债行为进行研究。

表 8-4 报告了干部变更与城市发债行为的回归结果。第（1）～（3）列报告了干部变更与发债次数的固定效应泊松回归结果。从结果来看，当城市市委书记或市长发生变更时，城市发债次数显著降低 0.072 次，相对于样本 0.761 次的均值而言，城市的发债次数在变更年度显著降低。在发生变更的年度，干部更替带来的政策不稳定性和政策不确定性，以及伴随而来的政企关系改变和政府工作"断档期"都可能导致企业主动或被动推延债券发行活动。在研究发债可能性的基础上，第（4）～（6）列报告了干部变更与城市发债规模的回归结果。结果同样表明干部变更会对发债规模产生显著的影响（5% 统计水平上显著）。即使城市在变更年度能够通过审批者的批准进行发债融资，但受到政治不确定的负面影响，城投债的发债规模显著降低，这或许是抑制新上任地方干部"寅吃卯粮"的有效手段之一。此外，书记变更对城市发债活动的影响较小，这可能有两个原因：第一，虽然市委书记与市长同属辖区领导，但两者在日常工作中各司其职。市委书记主管党政人事，而市长则主要负责经济建设规划发展以及日常行政事务。从干部职能的角度来看，市长对资本市场的影响更加直接。第二，"变更_市委书记"变量不显著可能反映了政府系统对市委书记调整这一信息的掌握更加充分，审批部门提前根据该信息进行了调整。

控制变量方面，城市的经济实力和负债比率与发债次数和发债规模呈正相关，这可能反映了一个恶性循环的现象：对融资和发债需求更高的城市，可能由于缺乏必要的信任而迟迟得不到资金；而经济实力雄厚的城市具备更强的发债融资能力来进一步扩大城市投资规模，甚至导致重复建设、过度建设等现象，而投资规模扩大产生的资金缺口又推动了该城市的发债活动。

表 8-4 干部变更与发债行为回归结果

| 变量 | 发债次数（poisson） | | | 发债规模（OLS） | | |
| --- | --- | --- | --- | --- | --- | --- |
| | (1) | (2) | (3) | (4) | (5) | (6) |
| 变更_市委书记 | -0.047 | | | -0.193 | | |
| | (0.065) | | | (0.195) | | |
| 变更_市长 | | -0.136** | | | -0.324* | |
| | | (0.054) | | | (0.182) | |
| 变更年 | | | -0.094* | | | -0.345** |
| | | | (0.052) | | | (0.175) |
| 近两年是否有到期债券 | 0.633*** | 0.653*** | 0.638*** | 4.429*** | 4.442*** | 4.426*** |
| | (0.135) | (0.135) | (0.135) | (0.632) | (0.637) | (0.631) |
| 赤字程度 | -3.183** | -2.798** | -3.123** | -0.678 | -0.653 | -0.770 |
| | (1.250) | (1.281) | (1.233) | (2.703) | (3.139) | (2.709) |
| 贷款/地区生产总值 | 0.390*** | 0.367*** | 0.385*** | 1.392*** | 1.368*** | 1.380*** |
| | (0.079) | (0.079) | (0.080) | (0.362) | (0.368) | (0.362) |
| ln（地区生产总值） | 1.381*** | 1.373*** | 1.393*** | 1.692* | 1.831** | 1.708* |
| | (0.480) | (0.486) | (0.482) | (0.892) | (0.927) | (0.880) |
| ln（人口） | 0.046* | 0.040 | 0.041 | -0.025 | -0.037 | -0.036 |
| | (0.026) | (0.025) | (0.025) | (0.038) | (0.038) | (0.038) |
| 常数项 | | | | -11.16** | -11.73** | -11.10** |
| | | | | (4.638) | (4.819) | (4.573) |
| City Fixed | Y | Y | Y | Y | Y | Y |
| Year Trend | Y | Y | Y | Y | Y | Y |
| Sample Size | 2153 | 2153 | 2153 | 2153 | 2153 | 2153 |
| Log Likelihood | -879.5 | -874.9 | -886.3 | | | |
| $R^2$ | | | | 0.243 | 0.241 | 0.244 |

说明：①括号内为控制了异方差后的稳健性标准误。②*、**、***分别代表在10%、5%、1%统计水平上显著。

正如前文所述,干部更替对城投债发行数量的负面影响主要通过两个渠道实现:一是通过提高市场风险使企业主动或被动推迟发债计划;二是干部工作的"断档期"使发债次数下降。为了验证城投债发行的下滑是否的确受到第一种渠道的影响,而非仅仅是干部工作交接的低效期所致,本章在表8－4的基础上进一步加入对影响渠道的考虑。

首先,如果干部更替的确通过政策不确定性影响企业的发债行为,那么在市场化程度较高或企业自主决策能力较强的地区,干部更替对企业发行城投债的影响会更加显著。因此,我们利用市场化指数(樊纲等,2011)中的"减少政府对企业干预"作为衡量地区企业自主决策能力的指标。我们以该指数的中位值为临界值(得分高于中位值视为企业自主决策能力较强,反之则较弱)对样本进行分组检验。结果见表8－5中第(1)、第(2)列所示,干部变更对城投债发行次数的影响在企业自主决策能力高的地区显著为负,而在企业自主决策能力较低的地区并不显著。

其次,若干部更替主要通过降低政府行政效率影响城投债发行,那么在政府行政效率较高的地区,干部更替的负面影响应该显著下降。在财政分权程度更高的地区,地方干部有更强的动机发展地方经济,因此,新上任干部在上任初期有更强的动力去提高新旧交替时期的工作效率,降低行政低效对经济的负面影响。参照乔宝玉等(2005)的研究,我们用"本级人均财政支出占全省人均财政总支出"作为财政分权程度的代理变量。我们以财政分权程度的中位值为临界值,对样本进行分组回归。结果见表8－5第(3)、第(4)列。干部更替在财政分权较高和较低的样本中均接近10%统计水平显著,甚至在财政分权较高的样本中显著性更高。政府工作效率的提高并不会显著缓解干部更替对城市发债活动的负面影响,这说明干部更替并非仅仅通过降低政府工作效率影响城投债发行。

最后,我们调整了变更年的时间窗口。若城市 $i$ 在 $t$ 年发生干部变更,则视 $t$ 和 $t+1$ 年为变更年度。换言之,我们将干部变更的时间窗口调整为两年,一方面允许干部变更产生的不确定性影响存在时滞,另一方面也弱化了新旧交替"低效期"机制的影响。相对于干部平均3～4年的任期而言,新旧交替产生的工作低效现象在变更的两年内会得到消除的假设是相对合理的。若发现调整为两年时间窗口的干部更替事件仍会对城投债发行产生负面影响,则能从侧面验证干部更替的确能通过提高政策不确定性对企业的发债决策产生影响。表8-5第(5)~(7)列报告了调整时间窗口后的回归结果,结论与表8-4相似,将事件区间调整为两年后,仍能发现干部更替对城投债发行产生显著的负面影响。

表8-5 干部变更与发债行为分组回归结果

| 变量 | 政府对企业干预 | | 财政分权程度 | | 全样本 | | |
|---|---|---|---|---|---|---|---|
| | 高 | 低 | 高 | 低 | | | |
| | (1) | (2) | (3) | (4) | (5) | (6) | (7) |
| 变更年 | -0.122** | -0.119 | -0.111* | -0.128 | | | |
| | (0.055) | (0.119) | (0.066) | (0.092) | | | |
| 变更_市委书记(两年窗口) | | | | | -0.013 (0.052) | | |
| 变更_市长(两年窗口) | | | | | | -0.145*** (0.054) | |
| 变更年(两年窗口) | | | | | | | -0.126** (0.060) |
| 其他控制变量 | 控制 | 控制 | 控制 | 控制 | 控制 | 控制 | 控制 |
| City Fixed | Y | Y | Y | Y | Y | Y | Y |
| Year Trend | Y | Y | Y | Y | Y | Y | Y |
| Sample Size | 1293 | 860 | 1078 | 1075 | 2153 | 2153 | 2153 |
| Log Likelihood | -602.8 | -274.9 | -562.8 | -307.7 | -887.7 | -884.9 | -885.8 |

说明:①括号内为控制了异方差后的稳健性标准误。②*、**、***分别代表在10%、5%、1%统计水平上显著。

### (二) 干部变更与发债成本

1. 直观证据

本节对干部与发债成本的关系进行探索。我们首先以干部变更月为基点,将债券发行时点分为变更前3月、变更前6月、变更后3月、变更后 6 月、非变更时点 5 个阶段，分别统计了不同时点发债的债券加权平均利率。图 8－3 显示，债券利率在干部变更前 6 个月开始呈现上涨趋势，在干部变更前 3 个月内达到最高点，并在干部变更月结束后开始回落到平均水平。发债成本在干部变更前后的变化趋势与我们的预期一致，即干部变更带来的政策不确定性会提高债券风险。

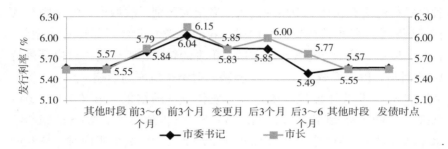

图 8－3　债券利率在干部变更周期内的变化

我们进一步以"发行时点是否在变更前后 6 个月内"为标准，对两组的债券特征进行单侧 T 检验。变更期间发行的债券利率比非变更期间高出 0.19 个百分点，并在 1% 统计水平上显著；相对利率高出 0.15 个百分点，在 5% 统计水平上显著。而非变更期间的债券发行规模则比变更期间的发行规模高 0.66 亿元。此外，变更期间发行的债券获得的担保水平更低，评级也相对较低，这说明暴露在政策不确定性风险中的债券风险和发债成本更高。

2. 实证研究

(1) 干部变更与发债成本。根据我们的理论假设 2，我们设计了如下回归模型：

$$Yeilds_i = \beta_0 + \beta_1 Change_i + \sum Control\_bond + \sum Control\_city + \gamma_t + \gamma_p + \gamma_{ind} + \varepsilon_i \quad (3)$$

模型 (3) 测试了干部变更与债券利率的关系。其中，因变量 $Yeilds_i$ 为城投债的发行利率，核心自变量 $Change_i$ 表示干部变更，包括市委书记变更、市长变更、任一变更、两者变更四类。$\sum Control\_bond$ 表示债券特征控制变量，包括债务期限、发行规模、抵押担保 Dummy、连带担保 Dummy、一类评级 Dummy、二类评级 Dummy。$\sum Control\_city$ 表示城市控制变量，包括地区生产总值对数、固定资产投资占地区生产总值比重和人口增速。$\gamma_t$ 表示年份效应,$\gamma_p$ 表示省份效应,$\varepsilon_{it}$ 表示随机误差项。$\gamma_{ind}$ 表示主要行业的虚拟变量,由于融资平台公司集中于公用事业、医疗保健和交通运输 3 个行业,因此本章以其他行业作为对照组,仅将公用事业、医疗保健和交通运输行业的虚拟变量加入模型,以避免多重共线性的影响。基本模型采用 OLS 回归方法。由于不同城市、省份发行的债券在样本中出现的次数有很大区别,故城市、省份固有的特征可能会对结果造成较大的偏误。我们参考 Gao 等(2013)的做法,在基本模型的基础上将各年度各城市出现的频率作为权重,对模型进行 WLS 回归,以降低城市、省份固有特征对结果造成的影响。

表 8-6 报告了政策不确定性与发债成本的结果,第(1)~(4)列报告了 OLS 模型回归结果,第(5)~(8)列报告了 WLS 的回归结果。结果显示,当城投债发行时点在干部变更的前后半年内时,债券的发行成本显著更高。这与我们的预期是一致的:受到政策不确定性和政企关系变化的影响,投资者对企业的估值显著下降,企业的违约风险也显著提高。值得注意的是,"两者变更"的系数更大,显著性更强:市委书记和市长同时变更进一步强化政策不确定性,进而提高了债券的风险溢价。

在债券特征控制变量方面,债券期限长的债券,其发债利率更高。发债规模则在 1% 统计水平上显著为负,由于规模效应,债券发行规模降低了发债的边际成本。此外,具有第三方担保或评级较高的城投债券的债券利率更低,这些结论均符合我们的预期。在城市控制变量方面,具有较强经济实力或人口增长率较高的城市由于具有较高的偿债能力预期,其发债成本往往较低;而过度依赖固定资产投资拉动经济的城市发展潜力相对较低,债券的风险溢价也相对更高。

表 8-6 干部变更与发债成本回归结果

| 变量 | OLS | | | | WLS | | | |
|---|---|---|---|---|---|---|---|---|
| | (1) | (2) | (3) | (4) | (5) | (6) | (7) | (8) |
| 变更_市委书记 | 0.145** (0.063) | | | | 0.0983* (0.058) | | | |
| 变更_市长 | | 0.143** (0.063) | | | | 0.183*** (0.064) | | |

续表 8-6

| 变量 | OLS | | | | WLS | | | |
|---|---|---|---|---|---|---|---|---|
| | (1) | (2) | (3) | (4) | (5) | (6) | (7) | (8) |
| 任一变更 | | | 0.119** | | | | 0.114** | |
| | | | (0.056) | | | | (0.054) | |
| 两者变更 | | | | 0.231*** | | | | 0.194*** |
| | | | | (0.0776) | | | | (0.075) |
| 债务期限 | 0.153*** | 0.154*** | 0.153*** | 0.153*** | 0.203*** | 0.202*** | 0.203*** | 0.203*** |
| | (0.013) | (0.013) | (0.013) | (0.013) | (0.010) | (0.010) | (0.010) | (0.010) |
| 发行规模 | -0.009*** | -0.009*** | -0.009*** | -0.009*** | -0.014*** | -0.014*** | -0.014*** | -0.014*** |
| | (0.003) | (0.003) | (0.003) | (0.003) | (0.002) | (0.002) | (0.002) | (0.002) |
| 抵押担保 | -0.255** | -0.272*** | -0.262** | -0.267*** | -0.243* | -0.252** | -0.238* | -0.256** |
| | (0.103) | (0.103) | (0.103) | (0.103) | (0.127) | (0.126) | (0.127) | (0.126) |
| 连带担保 | -0.520*** | -0.524*** | -0.523*** | -0.518*** | -0.287*** | -0.284*** | -0.285*** | -0.285*** |
| | (0.080) | (0.079) | (0.080) | (0.079) | (0.074) | (0.074) | (0.074) | (0.074) |
| ln(地区生产总值) | -0.106*** | -0.105*** | -0.106*** | -0.106*** | -0.0591** | -0.0598** | -0.0583** | -0.0614** |
| | (0.023) | (0.023) | (0.023) | (0.023) | (0.027) | (0.026) | (0.027) | (0.027) |
| 固定资产占地区生产总值比重 | 0.710*** | 0.725*** | 0.718*** | 0.720*** | 0.333 | 0.403 | 0.354 | 0.383 |
| | (0.185) | (0.186) | (0.185) | (0.186) | (0.269) | (0.271) | (0.270) | (0.270) |
| 人口增长率 | 0.025** | 0.028** | 0.026** | 0.028** | 0.030* | 0.033** | 0.030* | 0.033** |
| | (0.012) | (0.012) | (0.012) | (0.012) | (0.016) | (0.016) | (0.016) | (0.016) |
| 一类评级 | -1.348*** | -1.351*** | -1.349*** | -1.350*** | -1.397*** | -1.398*** | -1.397*** | -1.396*** |
| | (0.113) | (0.112) | (0.112) | (0.112) | (0.092) | (0.092) | (0.092) | (0.092) |
| 二类评级 | -0.465*** | -0.466*** | -0.465*** | -0.467*** | -0.624*** | -0.629*** | -0.629*** | -0.622*** |
| | (0.097) | (0.097) | (0.097) | (0.097) | (0.088) | (0.088) | (0.088) | (0.088) |
| 常数 | 6.349*** | 6.317*** | 6.338*** | 6.319*** | 4.819*** | 4.766*** | 4.806*** | 4.784*** |
| | (0.264) | (0.263) | (0.263) | (0.263) | (1.585) | (1.583) | (1.584) | (1.583) |
| Province Indicator | Y | Y | Y | Y | Y | Y | Y | Y |
| Year Indicator | Y | Y | Y | Y | Y | Y | Y | Y |

续表 8-6

| 变量 | OLS | | | | WLS | | | |
|---|---|---|---|---|---|---|---|---|
| | (1) | (2) | (3) | (4) | (5) | (6) | (7) | (8) |
| Main Industry Indicator | Y | Y | Y | Y | Y | Y | Y | Y |
| Sample Size | 1656 | 1656 | 1656 | 1656 | 1656 | 1656 | 1656 | 1656 |
| R-squared | 0.499 | 0.499 | 0.499 | 0.500 | 0.543 | 0.545 | 0.544 | 0.544 |

说明：①括号内为控制了异方差后的稳健性标准误。②\*、\*\*、\*\*\*分别代表在 10%、5%、1%统计水平上显著。

（2）不确定性程度与发债成本。首先，本章根据新上任干部的来源将新上任干部分为异地调任[①]与本地升职两种。第一，异地干部上任初将面临截然不同的执政环境与执政团队（王贤彬等，2009），这可能加剧经济政策的不连续性与不稳定性；第二，相对于本地上任的干部，投资者对异地调任的干部信息掌握更少；第三，异地调任的干部带来的政企关系的潜在变化可能比本地上任的干部更加显著。因此，异地调任的干部将带来更高的政策不确定性。表 8-7 第（1）、第（4）列分别报告了"异地调任"的 OLS 和 WLS 回归结果，其系数分别为 0.152、0.177，并分别在 5%、1%统计水平上显著为正。相对于本地提拔的变更类型而言，异地调任的变更类型对发债成本的影响更加显著。

其次，本章引入变量"变更频率"描述发债时点前 5 年发行人所在城市或省份的干部变更频率：发债前 5 年辖区内的干部变更频率较高意味着辖区的政策波动性较高，市场对发债后偿债期的政策延续性的预期下降，进而提高了债券的发行成本。表 8-7 第（2）、第（5）列分别报告了干部变更频率与发债成本的 OLS 和 WLS 回归结果。与我们的预期一致，城市干部的频繁调动带来了更强的政策不确定性，并显著提高了城市的发债成本：5 年内变更频率每增加 1 个百分点，将提发债成本 0.281 个百分点。我们进一步根据"变更频率"是否大于中位数生成虚拟变量"高变更频率"（大于中位数为 1，否则为 0），结果也与我们的预期相符：较高政策波动显著提高了城市发债融资的成本。

---

[①] 参考王贤彬等（2008）的做法，当新上任干部由外地调任，或虽由本地提拔但在所在城市上一职位未满一届则视为异地调任。

表8-7 不确定性程度与发债成本回归结果

| 变量 | OLS | | | WLS | | |
| --- | --- | --- | --- | --- | --- | --- |
| | (1) | (2) | (3) | (4) | (5) | (6) |
| 异地调任 | 0.152** | | | 0.177*** | | |
| | (0.0662) | | | (0.0641) | | |
| 变更频率 | | 0.281* | | | 0.394** | |
| | | (0.158) | | | (0.185) | |
| 高变更频率 | | | 0.292*** | | | 0.387*** |
| | | | (0.076) | | | (0.068) |
| 其他控制变量 | 控制 | 控制 | 控制 | 控制 | 控制 | 控制 |
| Sample Size | 1656 | 1656 | 1656 | 1656 | 1656 | 1656 |
| R-squared | 0.499 | 0.499 | 0.500 | 0.545 | 0.544 | 0.544 |

说明：①括号内为控制了异方差后的稳健性标准误，模型均控制省份、年份和行业固定效应。②*、**、***分别代表在10%、5%、1%统计水平上显著。

（3）城市偿债能力与政策不确定性。为了检验假设3，我们根据债券发行时所属城市的财政赤字水平是否大于当年所有城市财政赤字水平的中位数，将样本分为两组（高于中位数的地区视为违约风险较高的地区），分别对模型（3）进行回归检验。结果显示，在财政赤字水平较高的地区，干部变更对发债成本的影响更加显著：赤字严重、债台高筑的地区，外界对新一届政府采取新举措的预期更高，因此，干部更替引发的政策不确定性更高，并且对发债成本的影响更加显著。此外，我们在模型（3）中引入虚拟变量"高财政赤字"与干部变更的交互项，回归结果如第（3）列和第（6）列所示，偿债指标与干部更替的交叉项在统计上显著为正，较高的赤字水平或负债水平增加了政策不确定性对债券利率的影响。见表8-8。

表8-8 按城市偿债能力分组回归结果

| 变量 | OLS | | | WLS | | |
|---|---|---|---|---|---|---|
| | 高 | 低 | 交叉 | 高 | 低 | 交叉 |
| | (1) | (2) | (3) | (4) | (5) | (6) |
| 变更 | 0.192** | -0.037 | 0.015 | 0.220*** | -0.085 | 0.031 |
| | (0.0756) | (0.089) | (0.086) | (0.0746) | (0.077) | (0.073) |
| 高财政赤字 | | | -0.385*** | | | -0.529*** |
| | | | (0.081) | | | (0.062) |
| 交叉项 | | | 0.203* | | | 0.253** |
| | | | (0.115) | | | (0.106) |
| 其他控制变量 | 控制 | 控制 | 控制 | 控制 | 控制 | 控制 |
| Sample Size | 870 | 786 | 1,656 | 870 | 786 | 1,656 |
| R-squared | 0.516 | 0.534 | 0.506 | 0.508 | 0.605 | 0.538 |

说明：①括号内为控制了异方差后的稳健性标准误，模型均控制省份、年份和行业固定效应。②\*、\*\*、\*\*\*分别代表在10%、5%、1%统计水平上显著。

3. 稳健性检验

第一，考虑到不同年度的政策因素和经济因素等可能对资产价格的影响，我们在上述研究的基础上引入对发债标杆利率的考虑。国外研究实证债券利率的文献一般都将国债利率作为标杆利率，但由于我国早期国债产品种类较少，许多城投债无法找到对应期限结构的国债产品。因此，本章以各年度的银行存款利率作为城投债的标杆利率。具体的处理方法是将城投债发债利率减去当年对应期限的银行存款利率作为被解释变量，对模型（3）进行检验。检验结果见表8-9，干部变更依然在统计上显著为正，且市委书记和市长同时变更时，对发债成本的影响更大，显著性更强。在控制了不同年度的政策和经济等因素后，干部变更引发的政策不确定性仍会对发债成本造成显著影响。

第八章　地方干部更替与地方债发行

表8-9　政策不确定性与相对利率回归结果

| 变量 | OLS | | | | WLS | | | |
|---|---|---|---|---|---|---|---|---|
| | (1) | (2) | (3) | (4) | (5) | (6) | (7) | (8) |
| 变更_市委书记 | 0.095<br>(0.059) | | | | 0.0817<br>(0.0585) | | | |
| 变更_市长 | | 0.140**<br>(0.0564) | | | | 0.214***<br>(0.0653) | | |
| 任一变更 | | | 0.121**<br>(0.052) | | | | 0.111**<br>(0.055) | |
| 两者变更 | | | | 0.127*<br>(0.067) | | | | 0.214***<br>(0.076) |
| 其他控制变量 | 控制 | 控制 | 控制 | 控制 | 控制 | 控制 | 控制 | 控制 |
| Sample Size | 1626 | 1626 | 1626 | 1626 | 1626 | 1626 | 1626 | 1626 |
| R-squared | 0.354 | 0.355 | 0.355 | 0.354 | 0.419 | 0.422 | 0.419 | 0.421 |

说明：①括号内为控制了异方差后的稳健性标准误，模型均控制省份、年份和行业固定效应。②*、**、***分别代表在10%、5%、1%统计水平上显著。

第二，省级层面领导更替频率较低，而发债频率也相对较高，这意味着省级层面数据将提高未暴露于政策不确定性中的发债样本。因此，我们剔除了省级政府为发债主体的样本，对地级市发债样本进行检验。根据表8-10的回归结果，地级市市长或市委书记的变更与发债成本在统计上显著为正，而当市委书记和市长同时发生变更时，OLS和WLS的回归系数分别为0.229和0.293，并在1%统计水平上显著为正，这与本章的主要结论保持一致。

表8-10　地级市政策不确定性与发债成本回归结果

| 变量 | OLS | | | | WLS | | | |
|---|---|---|---|---|---|---|---|---|
| | (1) | (2) | (3) | (4) | (5) | (6) | (7) | (8) |
| 变更_市委书记 | 0.173**<br>(0.078) | | | | 0.245***<br>(0.067) | | | |

续表 8-10

| 变量 | OLS | | | | WLS | | | |
|---|---|---|---|---|---|---|---|---|
| | (1) | (2) | (3) | (4) | (5) | (6) | (7) | (8) |
| 变更_市长 | 0.114 | | | | 0.244*** | | | |
| | (0.070) | | | | (0.074) | | | |
| 其一变更 | | 0.116* | | | | 0.228*** | | |
| | | (0.066) | | | | (0.063) | | |
| 两者变更 | | | 0.229** | | | | | 0.293*** |
| | | | (0.091) | | | | | (0.084) |
| 其他控制变量 | 控制 | 控制 | 控制 | 控制 | 控制 | 控制 | 控制 | 控制 |
| Sample Size | 1166 | 1166 | 1166 | 1166 | 1166 | 1166 | 1166 | 1166 |
| R-squared | 0.517 | 0.516 | 0.516 | 0.517 | 0.599 | 0.598 | 0.599 | 0.599 |

说明：①括号内为控制了异方差后的稳健性标准误，模型均控制省份、年份和行业固定效应。②$*$、$**$、$***$分别代表在10%、5%、1%统计水平上显著。

第三，我国预算执行年度与预算审批时间存在接近3个月的盲点，地方政府在日历年伊始至3月人民代表大会（以下简称"人大"）召开期间有更强的自主权去影响财政收支，它将导致这段时间的政策不稳定性与不连续性的风险增加。而人大召开后政府在管理财政收支方面受预算计划的约束更强。我们分别从人大召开时间、预算执行时间对政策不确定性进行衡量，试图研究预算软约束下干部更替对发债风险的影响。表8-11报告了不同刻画方法的回归结果，以预算执行年度刻画的干部变更在统计水平上显著为正，而以人大召开时间刻画的干部更替符号也为正，但显著水平有所下降。同时，按照预算执行年度刻画的干部更替系数更大，这与我们的预期一致：人大召开后受新预算计划的约束，干部自主改变财政收支政策的能力下降，因此，利用人大召开时间刻画的干部变更引起的政策不确定性程度较低。

表 8-11 不同政策不确定性刻画手段回归结果

| 变量 | (1) OLS | (2) WLS | (3) OLS | (4) WLS |
| --- | --- | --- | --- | --- |
| 变更_人大 | 0.079 | 0.256*** | | |
| | (0.054) | (0.051) | | |
| 变更_日历 | | | 0.131* | 0.277*** |
| | | | (0.071) | (0.060) |
| 其他控制变量 | 控制 | 控制 | 控制 | 控制 |
| Sample Size | 1656 | 1656 | 1656 | 1656 |
| R-squared | 0.498 | 0.549 | 0.499 | 0.548 |

说明：①括号内为控制了异方差后的稳健性标准误，模型均控制省份、年份和行业固定效应。②*、**、***分别代表在10％、5％、1％统计水平上显著。

## 五、本章结论与讨论

近年来，城投债的跨越式发展引发了外界的广泛讨论，城投债逐渐成为地方政府的主要融资手段之一，并引起了中央、投资者对城投债风险的关注。本章在控制了城投债特征、发行主体信用的基础上研究了政策不确定性对城投债发行概率、发行规模以及发债成本的影响。通过对2004～2012年我国省级和地级市发债数据的实证分析，本章发现干部更替引发的政策不确定性会显著降低城市的发债概率，并减少发债规模。政策不确定性对发债行为产生影响的原因主要有两个方面：一是干部更替带来政策不稳定性，进而提高债券偿还期内的经济和政策的波动率，降低审批者对发行主体的偿债能力的预期；二是干部更替时期为政府工作和企业投融资的"断档期"，项目的搁置、推延甚至取消降低了发债需求。我们通过分组检验证明了上述两种机制的存在。在此基础上，我们进一步研究了政策不确定性对发债成本的影响。研究发现，市委书记或市长更替引起的政策不确定性会提高城投债的发债风险，从而增加发债成本。且市委书记和市长同时变更、异地调任或城市过去5年变更频率较高时，政策不确定性程度越高。政策不确定性通过提高债券的违约风险以及政企关系的潜在变化降低了投资者对城投债券的信心，从而提高了风险溢价。此外，当城市面临更高的偿债压力时，外界对新上任干部推行新政策的预期更高，干部更替引发的政策不确定性对发债成本的影响更加显著。

上述结论的现实意义是：对地方政府来说，在选择发债时机时应考虑城市的政策风险。此外，政府的稳定对经济发展是有帮助的，这一方面有助于投资（现有文献已经证实），另一方面也有助于提高地方政府的发债能力并降低融资成本。政府稳定在投资和融资两方面共同给城市发展带来积极的影响。

# 第九章 结论与讨论

## 一、本书小结与边际贡献

### （一）地方干部晋升考核体系

本书实证考察了地方干部在资源配置方面的行为。要深入理解地方干部的行为，就离不开对地方干部面临的政治激励和约束进行讨论。传统文献将"晋升锦标赛"机制视为地方干部经济发展动机的源泉。但"晋升锦标赛"机制无论在实证上还是理论上均存在许多不一致性。从实证角度来看，现有研究中国干部治理的文献基本以省级干部为主。但有理由相信，处于政府结构中越高层的职位，越容易受政治忠诚度、政治经验乃至"政治宗派"的影响（Opper et al., 2007）。加上职位稀缺性、法定退休年龄限制等问题，省级干部的任期后政治生涯轨迹受到太多因素的干扰。这样，在省级领导人层面去检验经济业绩与政治晋升之间的关系，无论是正面还是反面证据，都无法得到对"晋升锦标赛"假说的有效结论。基于这样的考虑，本书将实证研究扩展到地市级层面，发现地级市干部相对于同省其他干部或前任干部的表现越突出，其晋升概率越高，且这种关系不因地方干部的工作历练、背景而发生显著变化。除此之外，本书研究区分了不同类型经济增长（数量型和质量型）对干部晋升的影响，发现具有经济效率（total-factor productivity, TFP）提升的经济增长与晋升的关系更强。由于基层干部承担了我国经济发展的主要责任（Walder, 1995; Yang, 2006; 张五常, 2008），本书的结论更加稳健。在理论方面，本书认为，经济绩效与晋升的关联不仅仅是一种激励机制，更是一种选拔机制和信号显示机制。具体而言，中央政府通过将经济绩效作为政治精英的"标签"，能够降低干部提拔过程中上级、被提拔干部与公众、其他干部之间的信息不对称问题，进而维持政权合法性与政权权威。

以往研究干部晋升考核体制的文献侧重于对经济业绩、个人历练、政治关联、党团背景等指标的考察，而对诸如教育、环境保护、社区服务等民生领域的表现却鲜有讨论。若坚持以地区生产总值"论英雄"的单核激励模式，地方干部出于晋升的考虑，会不惜以牺牲软公共品提供为代价而追求高速经济增长。对此，近年来许多省市将领导干部环保实绩考核情况与干部任用挂钩，将环保实绩考核作为干部选拔任用的重要依据，这对促进中国经济持续健康发展无疑有着积极作用。但正如陶然等（2010）所言，"无论是具体指标选取或是相应的指标权重，都还交由各地根据实际情况设置……另一方面，这个考核办法对地方政府并无强制力，仅仅是参照性的"。因此，民生改善指标是否被纳入地方干部考核体系仍有待实证检验。本书在第一章的基础上进一步将环境绩效纳入干部晋升考核体系中，通过对中国 86 个重点城市的数据进行分析，我们发现环保绩效已逐渐作为考核指标的一部分被纳入地方干部晋升考核体系，环保绩效高的干部能够获得更大的晋升机会。当然，不同的城市处于不同的发展阶段，经济发展、人口素质以及地方干部禀赋特征都有所差异，经济增长与环境治理的关系也有所不同，这意味着需要用差异化的视角来分析城市环境问题和设计环境公共政策，避免"一刀切"。

### （二）晋升考核体系与政治激励

以相对绩效为核心的干部晋升考核体制成为解释中国高速经济增长的重要制度安排，但该机制是否如以往文献指出的能对地方干部产生强激励呢？事实上，干部的经济业绩除了与其面临的激励强度有关，还受到辖区资源禀赋的约束，因此，干部的经济业绩不尽然是地方干部努力的结果，这使得检验地方干部是否具备发展经济的强激励困难重重。中共十七届四中全会确立了一个很重要的规范，即要求从多个层面加大干部交流力度。这为我们检验这一假设提供了契机，通过比较干部交流前后辖区的经济发展变化，能够为该假设提供直观的证据。本书利用空间计量模型对 1978～2006 年的干部交流与地区经济增长的面板数据进行研究，结果发现，平行交流的干部之间存在着显著的"晋升锦标赛"竞争，竞争对手经济业绩的提升会刺激该干部更加努力地发展本地经济。相反，被交流的中央干部间并不存在显著的"锦标赛"竞争，甚

第九章 结论与讨论

至在竞争对手的经济发展业绩较好的时候反而采取一种放任的做法。与地方和地方间平行交流的干部相比，中央干部与地方干部的交流被视为中央为增加被交流干部基层历练、为其简历"镀金"的人事安排，被交流干部面临的晋升危机感较弱。因此，被交流的中央干部间不存在显著的"锦标赛"竞争。这恰恰证明以相对绩效为核心的晋升考核机制的确对追求政治晋升的地方干部产生发展经历的强激励。考虑到与中央建立强政治联系的地方干部为"少数派"，当前的"晋升锦标赛"机制的确是中央激励地方干部发展辖区经济的重要制度安排。

尽管激励有助于竞争，竞争激发干部干事创业的动力，但是由于实践中激励机制设计和操作环节上的不完善，在我国传统的"干部文化"和现有的行政管理体制的双重影响下，往往出现激励扭曲（周黎安，2007）。激励扭曲的后果是十分严重的，干部没有重视民众多样化的需求，将会造成民众需求不断增加同政府公共服务供给不足之间的矛盾。但如前文所述，中央逐步将民生指标纳入地方干部晋升考核体系，这就要求地方干部在追求经济增长的同时兼顾软公共服务的供给。以往的研究往往关注在我国政治体制设定下，我国软公共品服务与经济建设发展不平衡的现象，但鲜有文献关注地方干部如何平衡经济建设与软公共品服务供给的关系。本书以公共教育支出为切入点，初步考察地方干部在任期内的软公共品服务供给的动机。地方干部在任期前期进行民生投入的期望效用较任期末期高，但在有限的财力和任期下，地方干部对经济增长的热情对任期前期的民生支出产生"挤出效用"，而任期末年地方干部的晋升压力增大或"自私性努力"使民生支出受到进一步的抑制。综合而言，民生支出与市委书记的在任年数形成倒"U"形关系，并在任期第三年和第四年达到最大值。此外，在前任干部与新上任干部的共同作用下，发生新旧市委书记交替的年度城市民生支出有所下滑。上述结果意味着，过短的任期以及过高的变更频率不利于民生问题的改善。

### （三）有限任期制、干部更替与资源配置

另一项重要的干部人事安排制度是有限任期制。从党政干部的任职来看，任期制的实施具有双重作用：一方面，可以加速干部队伍的正常流动，打破原来的"终身制"，为干部队伍的新陈代谢提供更加通畅的

渠道；另一方面，也能够在一定程度上遏制干部的频繁调动。然而，地方干部未能任满5年的现象十分普遍，绝大部分城市"一把手"的任期为两年（26.90%）或3年（25.95%），任满5年或以上者仅占19.78%。干部的频繁变动显然有悖于有限任期制的设计初衷，加上地方干部通常只需对任期内的事项负责，过短的任期可能使地方干部执政理念短视化，进而影响其资源配置行为。此外，频繁的人事更替破坏了地区的政策延续性，提高了一段时期内城市经济政策的波动率；而且，有限任期制增强了新上任干部在上任初期推行新经济政策、开展经济建设的动机，加剧了干部更替期间的政策不确定性。那么，干部更替如何影响辖区的企业行为、资本市场发展以及经济增长呢？国外的文献集中研究国家选举、意外死亡等导致的国家领导人更替对经济活动的影响。国内的文献则以王贤彬等（2009）为代表，研究了省级干部变更与经济增长的关系。然而，由于国家领导人或省级并未直接参与地方经济政策的制定与推行，其更替与经济活动的关系以及作用机制有待进一步考证。基于这点考虑，本书从直接控制辖区资源和企业的地级市"一把手"为切入点，从企业投资、资本市场发展和宏观经济运行风险3个角度研究了地级市市委书记或市长更替对辖区内经济活动的影响。

从微观角度来看，在度过上任初期的调整期和适应期之后，干部在上任第二年会迅速干预企业的行为，使辖区内的企业，尤其是其支配能力更强的国有企业迅速扩张投资服务于干部的政治目标，而这一举措的后果是过度投资和投资效率的下滑。从中观角度来看，市委书记或市长更替会增加资本市场的运行风险，增加城投债的发债成本。且当更替引发的政策不稳定性或选举结果不确定性更高时，干部更替对发债成本的影响更加显著。而当城市面临更高的偿债压力时，干部更替对发债成本的影响更加显著，这对于依赖融资以满足经济建设资金需求的政府而言，无疑是十分要紧的。从宏观角度来看，地方干部变更引起的政策不稳定性对经济增长有显著的抑制作用，且这种抑制作用的方差影响大大高于均值影响，这说明干部变更会通过诱发政策的短视行为以及增大政策不确定性对经济增长产生负面影响。但随着中央提出科学发展观和干部晋升考核指标科学化，我国经济增长中的政策因素以及干部晋升制度中的经济考核指标都有逐年弱化的趋势。这些结论表明，以相对绩效为核心的晋升考核体制激励地方政府大力开展辖区内的经济建设，这种冲动在有限任期制下催生出盲目建设、"寅吃卯粮"等短视化的执政理念，并提高了干部更替期间的政策不稳定性，进而不利于辖区经济活动的展开。相对于以往的研究而言，本书的研究视角更加全面，涵盖了投资、融资以及宏观经济政策等领域，且本书的研究视角更加微观。地级市干部相对于国家领导人和省级"一把手"而言，与资源配置、企业和市场的关系更加直接，从地级市的视角研究干部更替的影响能够获得更加稳健的结论并推导出直观的影响机制。

## 二、政策含义

一方面，以相对经济绩效为核心的晋升考核体系是本书讨论的重点，也是构成地方干部资源配置动机的最重要来源。我们已经发现，地方干部在这一制度安排下会盲目扩大辖区内的投资，并不可避免地带来过度投资和投资效率低下等问题。因此，中央仍须继续完善晋升考核体系，在关注地区生产总值增速的同时，需要考虑地区生产总值的质量，特别是其中的重复建设与过度投资问题。中央政府只有将地区生产总值的数量与质量同时纳入地方干部的考核体系，才能从根本上约束地方政府的短期行为，使其致力于地方经济长期而持续的发展。另一方面，我们证明了把环保绩效纳入干部的政绩考核范畴不但在理论上是可行的，在实践上更是可行的，因此应该着力推行。另外，由于环境污染对生产企业是一种附带产出，特别是对一些高能源消耗性产业而言，环境污染与其追求经济产出的目标是相悖的，因此大多数企业没有动力进行环境污染控制和治理。从这一角度来看，增加地方政府在环境治理方面的行政干预，对于改善环境污染问题而言，就显得十分迫切和重要。

设置最短任期，延长地方干部的在职时间。虽然官方规定市级"一把手"一届的任期为5年，但事实上仅有极少部分地方干部任满5年。我们已经验证，干部变更会显著降低城市的融资能力，并提高融资成本。此外，干部变更比率每提高1个百分点，地区生产总值将平均下降1.9954个百分点；干部变更波动率每增大1个百分点，地区生产总值将进一步下降9.5182个百分点。因此，为了维持政策平稳并促进经济持续稳定增长，重要的是完善现行的任期制制度设计，设置最短任期，避免地方干部过度频繁地变更。

建立健全责任追究制度。由于地方干部通常只需对任期内的事项负责，所以干部在任期内为了追求晋升概率最大化，会不计代价、牺牲辖区的长期利益以换取短期的经济增长，由此催生过度投资、重复建设、"寅吃卯粮"等行为，而新上任的干部又会重蹈前任推诿责任的做法，最终由辖区的居民承担干部激励扭曲行为的后果。因此，建立健全责任追究制度能够在一定程度上纠正地方干部在任期内的短视行为。但这有可能会削弱干部在经济建设方面的努力，是追求经济短期高速增长还是长期持续增长，中央需要对两者进行权衡。

# 参 考 文 献

## 一、中文参考文献

白重恩、路江涌、陶志刚：《中国私营企业银行贷款的经验研究》，《经济学（季刊）》2005年第2期。

北京大学中国经济研究中心宏观组：《产权约束、投资低效和通货紧缩》，《经济研究》2004年第9期。

蔡卫星、赵峰、曾诚：《政治关系、地区经济增长与企业投资行为》，《金融研究》2011年第4期。

曹春方：《政治权力转移与公司投资：中国的逻辑》，《管理世界》2013年第1期。

曹春方、马连福：《财政激励、晋升激励、官员任期与地方国企过度投资》，《全国博士生学术论坛暨宏观经济青年学者论坛——"中国经济增长与结构变迁"论文集》，2011年。

曾庆生、陈信元：《国家控股、超额雇员与劳动力成本》，《经济研究》2006年第5期。

陈德球、李思飞、王丛：《政府质量、终极产权与公司现金持有》，《管理世界》2011年第11期。

陈冬华、李真、新夫：《产业政策与公司融资：来自中国的经验证据》，《2010中国会计与财务研究国际研讨会论文集》，2010年。

陈冬华：《地方政府、公司治理与补贴收入——来自我国证券市场的经验证据》，《财经研究》2003年第9期。

陈信元、黄俊：《政府干预、多元化经营与公司业绩》，《管理世界》2007年第1期。

陈艳艳、罗党论：《地方官员更替与企业投资》，《经济研究》2012年第S2期。

程仲鸣、夏新平、余明桂：《政府干预、金字塔结构与地方国有上市公司投资》，《管理世界》2008年第9期。

崔亚飞、刘小川：《中国省级税收竞争与环境污染：基于1998—2006年面板数据的分析》，《财经研究》2010年第4期。

邓小平：《邓小平文选》（第二卷），北京，人民出版社，1994年，第2版。

董广霞：《长江流域等重污染行业经济和污染贡献率剖析》，《中国环境监测》2005年第1期。

杜兴强、曾泉、吴洁雯：《官员历练、经济增长与政治擢升——基于1978～2008年中国省级干部的经验数据》，《金融研究》2012年第2期。

樊纲、王小鲁、朱恒鹏：《中国市场化指数：各地区市场化相对进程2011年报告》，北京，经济科学出版社，2011年。

傅勇、张晏：《中国式分权与财政支出结构偏向：为增长而竞争的代价》，《管理世界》2007年第3期。

郭庆旺、贾俊雪：《地方政府间策略互动行为、财政支出竞争与地区经济增长》，《管理世界》2009年第10期。

Carsten Herrmann-Pillath：《政府竞争：大国体制转型的理论分析范式》，《广东商学院学报》2009年第3期。

胡翠、许召元：《对外负债与经济增长》，《经济研究》2011年第2期。

花贵如、刘志远、许骞：《投资者情绪、企业投资行为与资源配置效率》，《会计研究》2010年第11期。

黄峰、杨朝军：《流动性风险与股票定价：来自我国股市的经验证据》，《管理世界》2007年第5期。

金成晓、马丽娟：《信贷政策效应的非对称性、信贷扩张与经济增长》，《统计研究》2010年第9期。

靳涛：《资本倚重、投资竞争与经济增长：中国转型期经济增长的再思索（1978—2004）》，《统计研究》2006年第9期。

李克实：《我国行政体制形态考察》，《管理世界》1988年第6期。

李腊生、耿晓媛、郑杰：《我国地方政府债务风险评价》，《统计研究》2013年第10期。

李莉、曲晓辉、肖虹：《R&D支出资本化：真实信号传递或盈余管理？》，《审计与经济研究》2013年第1期。

李连发、辛晓岱：《银行信贷、经济周期与货币政策调控（1984—2011）》，《经济研究》2012年第3期。

李树、陈刚：《环境管制与生产率增长：以APPCL 2000的修订为例》，《经济研究》2013年第1期。

梁平汉、高楠：《人事变更、法制环境和地方环境污染》，《管理世界》2014年第6期。

林斌、饶静：《上市公司为什么自愿披露内部控制鉴证报告？——基于信号传递理论的实证研究》，《会计研究》2009年第2期。

林挺进：《中国地级市市长职位升迁的经济逻辑分析》，《公共管理研究》2007年第0期。

林毅夫、李志赟：《政策性负担，道德风险与预算软约束》，《经济研究》2004年第2期。

林毅夫、蔡昉、李周：《中国的奇迹：发展战略与经济改革》，上海，上海人民出版社，1994年。

林毅夫、苏创：《论我国经济增长方式的转换》，《管理世界》2007年第11期。

刘东民：《中国城投债：特征、风险与监管》，《国际经济评论》2013年第3期。

刘尚希：《中国财政风险的制度特征："风险大锅饭"》，《管理世界》2004年第5期。

刘少杰：《以行动与结构互动为基础的社会资本研究：评林南社会资本理论的方法原则和理论视野》，《国外社会科学》2004年第2期。

刘云中：《美国对市政债券的监管及其启示》，《证券市场导报》2004年第10期。

柳建华：《银行负债、预算软约束与企业投资》，《南方经济》2006年第9期。

罗党论、廖俊平、王珏：《地方官员变更与企业风险：基于中国上市公司的经验证据》，《经济研究》2016年第6期。

罗党论、赖再洪：《重污染企业投资与地方官员晋升：基于地级市1999—2010年数据的经验证据》，《会计研究》2016年第4期。

罗党论、李晓霞：《官员视察与企业联盟：基于中国制造业上市公司的经验证据》，《会计与经济研究》2014年第4期。

罗党论、刘晓龙：《政治关系、进入壁垒与企业绩效：来自中国民营上市公司的经验证据》，《管理世界》2009年第5期。

罗党论、佘国满：《地方官员变更与地方债发行》，《经济研究》2015年第6期。

罗党论、佘国满、陈杰：《经济增长业绩与地方官员晋升的关联性再审视——新理论和基于地级市数据的新证据》，《经济学（季刊）》2015年第2期。

罗党论、佘国满、邓可斌：《地方官员任期与民生投入》，《中山大学学报（社会科学版）》2015年第5期。

罗党论、唐清泉：《中国民营上市公司制度环境与绩效问题研究》，《经济研究》2009年第2期。

罗党论、应千伟：《政企关系、官员视察与企业绩效：来自中国制造业上市企业的经验数据》，《南开管理评论》2012年第5期。

吕冰洋：《财政扩张与供需失衡：孰为因？孰为果？》，《经济研究》2011年第3期。

马连福、曹春方：《制度环境、地方政府干预，公司治理与IPO募集资金投向变更》，《管理世界》2011年第5期。

毛寿龙：《市政债券与治道变革》，《管理世界》2005年第3期。

诺斯：《制度、制度变迁与经济绩效》，刘守英译，上海，生活·读书·新知三联书店上海分店，1994年。

潘红波、夏新平、余明桂：《政府干预、政治关联与地方国有企业并购》，《经济研究》2008年第4期。

裴文睿、吴敬琏：《中国的法治与经济发展》，《洪范评论》2004年第1期。

彭水军、包群：《经济增长与环境污染：环境库兹涅茨曲线假说的中国检验》，《财贸问题研究》2006年第8期。

钱先航、曹廷求、李维安：《晋升压力、官员任期与城市商业银行的贷款行为》，《经济研究》2011年第12期。

乔宝云、范剑勇、冯兴元：《中国的财政分权与小学义务教育：中国案例》，《中国社会科学》2005 年第 6 期。

乔坤元：《我国官员晋升锦标赛机制的再考察：来自省、市两级政府的证据》，《财经研究》2013 年第 4 期。

佘国满、罗党论、杨晓艳：《地方资源禀赋、制度环境与地方债发行》，《统计研究》2015 年第 5 期。

沈坤荣、付文林：《税收竞争、地区博弈及其增长绩效》，《经济研究》2006 年第 6 期。

宋立：《市政收益债券：解决地方政府债务问题的重要途径》，《管理世界》2004 年第 2 期。

宋少鹏、麻宝斌：《论政治信任的结构》，《行政与法》2008 年第 8 期。

孙晓伟：《从污染事故频发透视地方政府环境规制行为：基于公共选择理论视角的分析》，《长白学刊》2011 年第 4 期。

孙伟增、罗党论、郑思齐等：《环保考核、地方干部晋升与环境治理：基于 2004—2009 年中国 86 个重点城市的经验证据》，《清华大学学报（哲学社会科学版）》2014 年第 4 期。

孙铮、刘凤委、李增泉：《市场化程度、政府干预与企业债务期限结构：来自我国上市公司的经验证据》，《经济研究》2005 年第 5 期。

陶然、苏福兵、陆曦等：《经济增长能够带来晋升吗？——对晋升锦标赛理论的逻辑挑战与省级实证重估》，《管理世界》2010 年第 12 期。

王德高、韩莉丽：《我国中央与地方政府间财政关系问题的探讨》，《学习与实践》2006 年第 6 期。

王立勇、张代强、刘文革：《开放经济下我国非线性货币政策的非对称效应研究》，《经济研究》2010 年第 9 期。

王贤彬、徐现祥：《地方官员来源、去向、任期与经济增长：来自中国省长省委书记的证据》，《管理世界》2008 年第 3 期。

王贤彬、徐现祥、李郁：《地方官员更替与经济增长》，《经济学（季刊）》2009 年第 4 期。

王贤彬、徐现祥：《地方官员晋升竞争与经济增长》，《经济科学》2010 年第 6 期。

王贤彬、徐现祥、周靖祥：《晋升激励与投资周期：来自中国省级官员的证据》，《中国工业经济》2010年第12期。

王贤彬、张莉、徐现祥：《辖区经济增长绩效与省长省委书记晋升》，《经济社会体制比较》2011年第1期。

王小鲁、樊纲：《中国经济增长的可持续性：跨世纪的回顾与展望》，北京，经济科学出版社，2000年。

王遥、杨辉：《中国地方债务的债券化与发行市政债券的挑战》，《财贸经济》2007年第12期。

王永钦、张晏、章元等：《中国的大国发展道路：论分权式改革的得失》，《经济研究》2007年第1期。

卫武：《中国环境下企业政治资源、政治策略和政治绩效及其关系研究》，《管理世界》2006年第2期。

魏加宁：《中国地方政府债务风险与金融危机》，《商务周刊》2004年第5期。

吴建南、马亮：《政府绩效与官员晋升研究综述》，《公共行政评论》2009年第2期。

吴宗杰、刘国华、张红霞：《我国民营经济发展的制度环境研究》，《经济问题》2003年第6期。

辛清泉、林斌：《债务杠杆与企业投资：双重预算软约束视角》，《财经研究》2006年第7期。

辛清泉、郑国坚、杨德明：《企业集团、政府控制与投资效率》，《金融研究》2007年第10期。

徐清海、李兰芝：《中国经济的政治周期》，《三峡大学学报（人文社会科学版）》2006年第6期。

徐现祥、王贤彬、舒元：《地方干部与经济增长：来自中国省长、省委书记交流的证据》，《经济研究》2007年第9期。

徐现祥：《中国省区经济增长分布的演进（1978—1998）》，广州，中山大学出版社，2006年。

徐现祥、王贤彬：《晋升激励与经济增长：来自中国省级官员的证据》，《世界经济》2010年第2期。

徐业坤、钱先航、李维安：《政治不确定性、政治关联与民营企业投资：来自市委书记更替的证据》，《管理世界》2013年第5期。

徐一民、许慧：《企业实证投资模型研究综述》，《财会通讯》2010年第36期。

严成樑、龚六堂：《财政支出、税收与长期经济增长》，《经济研究》2009年第6期。

杨海生、陈少凌、周永章：《地方政府竞争与环境政策：来自中国省份数据的证据》，《南方经济》2008年第6期。

杨海生、罗党论、陈少凌：《资源禀赋、官员交流与经济增长》，《管理世界》2010年第5期。

杨海生、陈少凌、罗党论等：《政策不稳定性与经济增长：来自中国地方干部变更的经验证据》，《管理世界》2014年第9期。

杨开忠、陶然、刘明兴：《解除管制、分权与中国经济转轨》，《中国社会科学》2003年第3期。

杨其静、郑楠：《地方领导晋升竞争是标尺赛、锦标赛还是资格赛？》，《世界经济》2013年第12期。

杨善华、苏红：《从"代理型政权经营者"到"谋利型政权经营者"：向市场转型背景下的乡镇政权》，《社会学研究》2005年第1期。

杨雪冬：《后市场化改革与公共管理创新：过去十多年来中国的经验》，《管理世界》2008年第12期。

姚洋、张牧扬：《官员绩效与晋升锦标赛：来自城市数据的证据》，《经济研究》2013年第1期。

于文超、何勤英：《辖区经济增长绩效与环境污染事故：基于官员政绩诉求的视角》，《世界经济文汇》2013年第2期。

余明贵、潘红波：《政治关系、制度环境与民营企业银行贷款》，《管理世界》2008年第8期。

张尔升：《地方官员的企业背景与经济增长：来自中国省委书记、省长的证据》，《中国工业经济》2010年第3期。

张娟、李虎、王兵：《审计师选择、信号传递和资本结构优化调整：基于中国上市公司的实证分析》，《审计与经济研究》2010年第5期。

张军、高远：《干部任期、异地交流与经济增长：来自省级经验的证据》，《经济研究》2007年第11期。

张军：《中国经济发展：为增长而竞争》，《世界经济文汇》2005年第C1期。

张军：《分权与增长：中国的故事》，《经济学（季刊）》2007 年第 1 期。

张俊、钟春平：《政企合谋与环境污染：来自中国省级面板数据的经验证据》，《华中科技大学学报（社会科学版）》2014 年第 4 期。

张卫东、汪海：《我国环境政策对经济增长与环境污染关系的影响研究》，《中国软科学》2007 年第 12 期。

张五常：《中国的经济制度（神州大地增订版）》，北京，中信出版社，2009 年。

张晏、龚六堂：《分税制改革、财政分权与中国经济增长》，《经济学（季刊）》2005 年第 1 期。

张志强：《考虑全部风险的资本资产定价模型》，《管理世界》2010 年第 4 期。

张卓元：《深化改革，推进粗放型经济增长方式转变》，《经济研究》2005 年第 11 期。

郑世林、张昕竹：《经济体制改革与中国电信行业增长：（1994—2007）》，《经济研究》2011 年第 10 期。

郑周胜：《中国式财政分权下环境污染问题研究》，兰州，兰州大学，2012 年。

仲伟周、王军：《地方政府行为激励与我国地区能源效率研究》，《管理世界》2010 年第 6 期。

周黎安：《中国地方干部的晋升锦标赛模式研究》，《经济研究》2007 年第 7 期。

周黎安：《晋升博弈中政府官员的激励与合作：兼论我国地方保护主义和重复建设问题长期存在的原因》，《经济研究》2004 年第 6 期。

周黎安：《中国地方官员的晋升锦标赛模式研究》，《经济研究》2007 年第 7 期。

周黎安、李宏彬、陈烨：《相对绩效考核：中国地方官员晋升机制的一项经验研究》，《经济学报》2005 年第 1 期。

周权雄：《政府干预、共同代理与企业污染减排激励：基于二氧化硫排放量省际面板数据的实证检验》，《南开经济研究》2009 年第 4 期。

## 二、英文参考文献

Acemoglu, D. 2005: "Politics and Economics in Weak and Strong States", *Journal of Monetary Economics*, 52 (7): 1199 – 1226.

Acemoglu, D. 2005: "From Education to Democracy?", *American Economic Review Papers and Proceedings*, 95: 44 – 49.

Alesina A. 1987: "Macroeconomic Policy in a Two Party System as A Repeated Game", *Quarterly Journal of Economics*, 102 (3): 651 – 678.

Alesina, A. 1996: "Income Distribution, Political Instability, and Investment", *European Economic Review*, 40: 1203 – 1228.

Alesina, A. 1994: "Distributive Politics and Economic Growth", *The Quarterly Journal of Economics*, 109: 465 – 490.

Alesina, A. 1989: "External Debt Capital Flight and Political Risk", *Journal of International Economics*, 27: 199 – 220.

Allen F. 2005: "Law, Finance, and Economic Growth in China", *Journal of Financial Economics*, 77 (1): 57 – 116.

Andreoni, J. A. L. 2001: "The Simple Analytics of the Environmental Kuznets Curve", *Journal of Public Economics*, 80: 269 – 286.

Barro, R. J. 1991: "Economic Growth in a Cross Section of Countries", *The Quarterly Journal of Economics*, 106: 407 – 443.

Bardhan, P. 2002: "Decentralization of Governance and Development", *The Journal of Economic Perspectives*, 16 (4): 185 – 205.

Bauwens, L. 2006: "Multivariate Garch Models: a Survey", *Journal of Applied Econometrics*, 21: 79 – 109.

Benhabib, J. 1994: "The Role of Human Capital and Political Instability in Economic Development", *Journal of Monetary Economics*, 34: 143 – 173.

Berg, S. 1981: "Impacts of Domestic Joint Ventures on Industrial Rates of Return: a Pooled Cross-Section Analysis, 1964 – 1975", *Review of Economics and Statistics*, 63 (2): 293 – 298.

Bernanke, B. S. 1983: "Irreversibility, Uncertainty, and Cyclical Investment", *The Quarterly Journal of Economics*, 97: 85 – 106.

Besley, T. 1992: *Incumbent Behavior: Vote Seeking, Tax Setting and Yardstick Competition* (*No. W4041*), National Bureau of Economic Research.

Bestley, T. 1998: "Sources of Inefficiency in a Representative Democracy: a Dynamic Analysis", *American Economic Review*, 88: 139 – 156.

Biallkowski, J. 2008: "Stock Market Volatility Around National Elections", *Journal of Banking & Finance*, 32: 1941 – 1953.

Bian, Y. 1997: "Guanxi Networks and Job Mobility in China and Singapore", *Social Forces*, 75 (3): 1007 – 1030.

Bleeke, J. 1995: "Is Your Strategic Alliance Really a Sale?", *Harvard Business Review*, 73 (1): 97 – 105.

Bo, Z. 1996: "Economic Performance and Political Mobility: Chinese Provincial Leaders", *Journal of Contemporary China*, 5 (12): 135 – 154.

Boulding, W. 1993: "A Consumer-side Experimental Examination of Signaling Theory: Do Consumers Perceive Warranties as Signals of Quality", *Journal of Consumer Research*, 20 (1): 111 – 123.

Boutchkova, M. 2012: "Precarious Politics and Return Volatility", *Review of Financial Studies*, 25: 1111 – 1154.

Brogaard, J. 2012: *The Asset Pricing Implications of Government Economic Policy Uncertainty*, University of Washington Mimeo.

Cai, H. 2005: "Does Competition for Capital Discipline Governments Decentralization, Globalization and Public Policy", *American Economic Review*, 95: 817 – 830.

Carlstrom, C. T. 1997: "Agency Costs, Net Worth, And Business Fluctuations: a Computable General Equilibrium Analysis", *The American Economic Review*, 893 – 910.

Certo, S. T. 2003: "Influencing Initial Public Offering Investors with Prestige: Signaling with Board Structures", *Academy of Management*, 28 (3): 432 – 446.

Chan, S. H. 1997: "Do Strategic Alliances Create Value?", *Journal of Financial Economics*, 46 (2): 199 – 221.

Chen, C. 2005: "*Rent Seeking Incentives, Political Connections and Organizational Structure: Empirical Evidence from Listed Family Firms in China*", Working Paper, City University of Hong Kong.

Chu, W. 1994: "Signaling Quality By Selling Through a Reputable Retailer: an Example of Renting the Reputation of Another Agent", *Marketing Science*, 13 (2): 177 – 189.

Cohen, B. D. 2005: "Information Asymmetry and Investor Valuation of Ipos: Top Management Team Legitimacy as a Capital Market Signal", *Strategic Management Journal*, 26 (7): 683 – 690.

Colak, G. 2013: "Political Uncertainty and IPO Activity: Evidence From US Fubernatorial Elections", *SSRM*.

Connelly, B. 2011: "Signaling Theory: a Review and Assessment", *Journal of Fanagement*, 37 (1): 39 – 67.

Cull, R. 2005: "Institutions, Ownership, and Finance: the Determinants of Profit Reinvestment Among Chinese Firms", *Journal of Financial Economics*, 77 (1): 117 – 146.

Diebold, F. 2009: "Measuring Financial Asset Return and Volatility Spilloverswith Application to Global Equity Markets", *Economic Journal*, 119: 158 – 171.

Durnev, A. 2012: "Politics, Instability, and International Investment Flows", *SSRN*.

Easterly, W. 2005: "*The Elusive Quest for Growth: Economists' Adventures and Misadventures in The Tropics*", Cambridge: The Mit Press.

Engle, R. F. 1995: "Multivariate Simultaneous Generalized Arch", *Econometric Theory*, 11: 122 – 150.

Engle, R. F. 1987: "Estimating Time Varying Risk Premia in the Term Structure: The Arch-M Model", *Econometrica*, 55: 391 – 407.

Maskin, E. 2000: "Incentives, Information, and Organizational Form", *The Review of Economic Studies*, 67 (2): 359 – 378.

Faccio, M. 2006: "Politically-Connected Firms", *American Economic Review*, 96 (1): 369 – 386.

Fan, J. 2008: "Public Governance and Corporate Finance: Evidence from Corruption Cases", *Journal of Comparative Economics*, 36 (3): 343 – 364.

Feroz, E. H. 1992: "Market Segmentation and the Association Between Municipal Financial Disclosure and Net Interest Costs", *Accounting Review*, 67 (3): 480 – 495.

Gemmill, G. 1992: "Political Risk and Market Efficiency: Tests Based in British Stock and Options Markets in the 1987 Election", *Journal of Banking & Finance*, 16 (1): 211 – 231.

Glaeser, E. L. 2004: "Do Institutions Cause Growth?", *Journal of Economic Frowth*, 9 (3): 271 – 303.

Glazer, A. 1989: "Politics and Choice of Durability", *American Economic Review*, 90: 1207 – 1213.

Gomes – Casseres, B. 2006: "Do Alliance Promote Knowledge Flows?", *Journal of Financial Economics*, 80 (1): 5 – 33.

Grier, K. B. 2007: "Uncertainty and Export Performance: Evidence from 18 Countries", *Journal of Money, Credit and Banking*, 39: 965 – 979.

Gulati, R. 2003: "Which Ties Matter When? The Contingent Effects of Inter-Organizational Partnerships on Ipo Success", *Strategic Management Journal*, 24 (2): 127 – 144.

Guo, G. 2009: "China's Local Political Budget Cycles", *American Journal of Political Science*, 53 (3): 621 – 632.

Halper, S. A. 2010: *The Beijing Consensus: How China's Authoritarian Model Will Dominate the Twenty-First Century*, New York: Basic Books.

Harbaugh, W. T. 2002: "Reexamining the Empirical Evidence for an Environmental Kuznets Curve", *Review of Economics and Statistics*, 84 (3): 541 – 551.

Hausman, J. A. 1984: "Econometric Models for Count Data with an Application to the Patents – R&D Relationship", *Econometrica*, 52 (4): 909 – 938.

Hernart, J. F. 1988: "A Transaction Costs Theory of Equity Joint Ventures", *Strategic Management Journal*, 9 (4): 361 – 374.

Hibbs, D. 1987: *The American Political Economy: Macroeconomics and Electoral Politics*, Cambridge: Harvard University Press.

Huang, Y. 2002: "Managing Chinese Bureaucrats: an Institutional Economics Perspective", *Political Studies*, 50: 61 – 79.

Imaih. 1994: "China's Endogenous Investment Cycle", *Journal of Comparative Economics*, 19: 188 – 216.

Ingersoll, J. E. 1992: "Waiting To Invest: Investment and Uncertainty", *Journal of Business*, 65: 1 – 29.

Jin, H. 2005: "Regional Decentralization and Fiscal Incentives: Federalism, Chinese Style", *Journal of Public Economics*, 89 (5): 1719 – 1742.

Johnson, S. 1997: "The Unofficial Economy in Transition", *Brookings Papers On Economic Activity*, (2): 159 – 239.

Jones, B. F. 2005: "Do Leaders Matter? National Leadership and Growth Since World War II", *The Quarterly Journal of Economics*, 120: 835 – 864.

Julio, B. 2012: "Political Uncertainty and Corporate Investment Cycles", *The Journal of Finance*, 67: 45 – 83.

Kelejian, H. 1998: "A Generalized Spatial Two-Stage Least Squares Procedure For Estimating a Spatial Autoregressive Model with Autoregressive Disturbance", *Journal of Real Estate Finance and Economics*, 17: 99 – 121.

Kirmani, A. 1997: "Advertising Repetition as a Signal of Quality: If It's Advertised so much, Something must be Wrong", *Journal of Advertising*, 26 (3): 77 – 86.

Knack, S. 1995: "Institutions and Economic Performance: Cross-country Tests Using Alternative Institutional Measures", *Economics & Politics*, 7 (3): 207 – 227.

Kogut, B. 1988: "Joint Ventures: Theorecal and Empirical Perspectives", *Strategic Management Journal*, 9 (4): 319 – 332.

Koop, G. 1996: "Impulse Response Analysis in Nonlinear Multivariate Models", *Journal of Econometrics*, 74: 119 – 147.

Kornai, J. 2003: "Understanding The Soft Budget Constraint", *Journal of Economic Literature*, (41): 1095 – 1136.

Krishnan, C. 2011: "Venture Capital Reputation and Post-IPO Performance", *Journal of Financial and Quantitative Analysis*, 46 (5): 1295 – 1333.

Lee, L. F. 2010: "Efficient GMM Estimation of High Order Spatial Autoregressive Models with Autoregressive Disturbances", *Econometric Theory*, 26: 187 – 230.

Li, D. 1998: "Changing Incentives of the Chinese Bureaucracy", *American Economic Review*, 88: 393 – 397.

Li, H. B. 2005: "Political Turnover and Economic Performance: The Incentive Role of Personel Control in China", *Journal of Public Economics*, 89: 1743 – 1762.

Li, C. 1989: "Localism, Elitism, and Immobilism: Elite Formation and Social Change in Post-Mao China", *World Politics*, 42 (1): 64 – 94.

Li, H. B. 2006: "Why do Entrepreneurs Enter Politics? Evidence From China", *Economic Inquiry*, 44 (3): 559 – 578.

Li, J. L. 2006: "Presidential Election Uncertainty and Common Stock Returns in the United States", *Journal of Financial Research*, 29 (4): 609 – 622.

Lin, J. Y. 1998: "Competition, Policy Burdens, and State-owned Enterprise Reform", *American Economic Review*, 88 (2): 422 – 427.

Londregan, J. B. 1990: "Poverty the Coup Trap and the Seizure of Executive Power", *World Politics*, 42: 151 – 183.

López-De-Silanes, F. 1998: "Law and Finance", *Journal of Political Economy*, 106 (6): 1113 – 1155.

Lopez, R. 2000: "Corruption, Pollution and the Kuznets Environment Curve Journal of Environmental", *Economics and Management*, 40 (2): 50 – 137.

Lui, F. T. 1985: "An Equilibrium Queuing Model of Bribery", *The Journal of Political Economy*, 93 (4): 760 – 781.

Markus, P. 2002: "Technical Progress, Structural Change, and the

Environmental Kuznets Curve", *Ecological Economics*, 42: 381 - 389.

Maskin, E. 2000: "Incentives, Information, and Organizational Form", *Review of Economic Studies*, 67: 1359 - 1378.

Nelson, P. 1974: "Advertising As Information", *Journal of Political Economy*, 82 (4): 729 - 754.

Nippani, S. 2005: "Us Presidential Election Impact on Canadian and Mexican Stock Markets", *Journal of Economics and Finance*, 29 (2): 271 - 279.

Nordhaus, W. 1975: "The Political Business Cycle", *Review of Economic Studies*, 42 (2): 169 - 190.

North, D. C. 1990: *Institutions, Institutional Change and Economic Performance*, Cambridge: Cambridge University Press.

Novy - Marx, R. 2012: "The Revenue Demands of Public Employee Pension Promises", *National Bureau of Economic Research*.

Oi, J. C. 1992: "Fiscal Reform and The Economic Foundations of Local State Corporatism in China", *World Politics*, 45 (1): 99 - 126.

Blanchard, O. 2001: "Federalism With and Without Political Centralization: China Versus Russia", *IMF Staff Papers*, 48: 171 - 179.

Pastor, L. 2012: "Uncertainty About Government Policy and Stock Prices", *The Journal of Finance*, 67 (4): 1219 - 1264.

Gao, P. J. 2013: "Political Uncertainty and Public Financing Costs: Evidence From U. S. Gubernatorial Elections and Municipal Bond Markets", *Working Paper*, 2013.

Perrson, T. 1989: "Why Stubborn Conservatives Run Deficits: Policy with Time - inconsistent Preference", *Quarterly Journal of Economics*, 85: 325 - 345.

Przeworski, A. 2003: "Political Regimes and Economic Growth", *The Journal of Economic Perspectives*, 7 (3): 51 - 69.

Qian, Y. 1997: "Federalism as a Commitment To Preserving Market Incentives", *Journal of Economic Perspectives*, 11 (4): 83 - 92.

Qian, Y. 1998: "Federalism and the Soft Budget Constrain", *American Economic Review*, 88: 1143 - 1162.

Qian, Y. 1993: "Why China's Economic Reforms Differ: The M-form Hierarchy and Entry Expansion of the Non-State Sector", *Economics of Transition*, (1): 135-170.

Qian, Y. 1998: "Federalism and the Soft Budget Constrain", *American Economic Review*, 1 (88): 1143-1162.

Qian, Y. 1999: "Why is China Different from Eastern Europe? Perspectives from Organization Theory", *European Economic Review*, 43 (4): 1085-1094.

Rao, A. R. 1999: "Signaling Unobservable Product Quality through a Brand Ally", *Journal of Marketing Research*, 36 (2): 258-268.

Rogoff, K. 1988: "Equilibrium Political Business Cycles", *Review of Economic Studies*, 55 (1): 1-16.

Santa-Clara, P. 2003: "The Presidential Puzzle: Political Cycles and the Stock Market", *The Journal of Finance*, 58 (5): 1841-1872.

Selden, T. M. 1995: "Neoclassical Growth, the J Curve for Abatement, and the Inverted U Curve for Pollution", *Journal of Environmental Economics and Management*, 29 (2): 162-168.

Shi, T. 2001: "Cultural Values and Political Trust: A Comparison of the People's Republic of China and Taiwan", *Comparative Politics*, 401-419.

Shleifer, A. 1998: *The Grabbing Gand: Government Pathologies and Their Cures*, Cambridge: Harvard University Press.

Shleifer, A. 1997: "Government in Transition", *European Economic Review*, 41: 385-410.

Silvennoinen, A. 2008: *Multivariate Garch Models*, New York: Handbook of Financial Time Series, Springer.

Solow, R. M. 1957: "Technical Change and The Aggregate Production Function", *The Review of Economics and Statistics*, 39 (3): 312-320.

Spence, M. 1973: "Job Market Signaling", *Quarterly Journal of Economics*, 87 (3): 355-374.

Stokey, N. 1998: "Are There Limits To Growth?", *International*

*Economic Review*, 39: 1 – 31.

Stuart, T. E. 1999: "Interorganizational Endorsements and the Performance of Entrepreneurial Ventures", *Administrative Science Quarterly*, 44 (2): 315 – 349.

Tabellini, G. 1990: "Voting on The Budget Deficit", *American Economic Review*, 90: 37 – 49.

Torras, M. 1998: "Income, Inequality, and Pollution: a Reassessment of the Environmental Kuznets Curve", *Ecological Economics*, 25 (2): 147 – 160.

Venieris, Y. 1986: "Income Distribution and Sociopolitical Instability As Determinants of Savings: a Cross-Sectional Model", *Journal of Political Economy*, 96: 873 – 883.

Walder, A. G. 1995: "Local Governments as Industrial Firms: an Organizational Analysis of China's Transitional Economy", *American Journal of Sociology*, 101: 263 – 301.

Weingast, B. R. 1995: "The Economic Role of Political Institutions: Market-preserving Federalism and Economic Development", *Journal of Law, Economics and Organization*, 1 (1): 1 – 31.

Witt, M. 2012: "China: Authoritarian Capitalism. World Bank", *China* 2030: *Building a Modern, Harmonious, and Creative High – Income Society*. Washington, D. C.

Wooldridge, J. M. 1999: "Distribution – free Estimation of Some Nonlinear Panel Data Models", *Journal of Econometrics*, 90 (1): 77 – 97.

Wooldridge, J. M. 2009: *Introduction Econometrics: a Modern Approach*, 4e, Cengage Learning, Mason.

Xu, C. 2011: "The Fundamental Institutions of China's Reforms and Development", *Journal of Economic Literature*, 49 (4): 1076 – 1151.

Yang, D. L. 2006: "Economic Transformation and Its Political Disconnents in China: Authoritarianism, Unequal Growth, and the Dilemmas of Political Development", *Annual Review of Political Science*, 9 (1): 143 – 164.

Yu, F. 2005: "Accounting Transparency and the Term Structure of

Credit Spreads", *Journal of Financial Economics*, 75 (1): 53-84.

Zheng, S. 2010: "Towards a System of Open Cities in China: Home Prices, FDI Flows and Air Quality in 35 Major Cities", *Regional Science and Urban Economics*, 40 (1): 1-10.

Zhiyue, B. O. 1995: "Economic Performance and Political Mobility: Chinese Procincial Leaders", *Journal of Contemprary China*, 5 (12): 135-154.

Ziebell. M. T. 1992: "The Decision to Rate or Not to Rate: The Case of Municipal Bonds", *Journal of Economics and Business*, 44 (4): 301-316.

# 后 记

离我出版上一本书《市场环境、政治关系与企业资源配置》(2010)一晃已经10年了。那本书是在我的博士论文的基础上修改而成的,而这本《地方干部与资源配置》(2020)可以说是它的姊妹篇,汇总了我这10年的研究成果,也是在国家社科基金后期资助项目的支持下,得以顺利出版。

2008年,我博士毕业后入职中山大学岭南(大学)学院,从讲师到副教授(2010)、从副教授到教授(2016),走得算是比较顺利,相关的成果也陆续在国内的《经济研究》《管理世界》《经济学(季刊)》《会计研究》等杂志上发表,英文论文陆续在 Journal of Banking and Finance、Journal of Corporate Finance、Regional Science and Urban Economics 等杂志上发表。第一本书的重点是围绕民营企业的政治关系与资源配置展开,而这本书的重点是围绕地方干部与资源配置展开,这种资源配置不单是企业层面,如投融资方面,还包括宏观方面,如民生、环保与经济增长等。从研究的范畴来看,这已经超越了一个会计学者所研究的范围了,但我一直是喜欢"跨界"的,要做到这种"跨界",就要跟不同领域的学者进行合作,从而互补共进。所以,这本书的很多成果都是一些合作的产出,我跟清华大学郑思齐教授合作,他在住房与城市发展领域极具影响力;跟美国代顿大学张挺教授合作,他在财务研究领域很有影响力;也跟中山大学的杨海生副教授、香港科技大学佘国满博士、华南农业大学陈艳艳副教授等合作。感谢这些优秀的合作者,让我们的研究更有趣。

在中国这么多年的快速经济增长中,地方干部起了重要的作用。因此,对地方干部与资源配置的研究有着重要的理论价值与现实意义。

在新的形势下,地方干部的治理发生了一些显著的变化。如出台了《生态文明建设目标评价考核办法》,之前政府干部的考核中,更多是考核地区生产总值,也就是经济的增长。而在党的十九大之后,考核模式发生根本性变化,环境因素的考核首次置于比地区生产总值更重要的位置。这是中国发展方式的重大变化,社会已经有了共识,即单纯为了追求经济增长而导致环境质量下降,这样的增长没有任何意义。干部考核权重的调整,无疑是一根政绩"指挥棒",什么考核比重高,干部工作的重视程度就高;什么考核比重低,平时自然就不愿花大力气。如今,在考核比重中,地区生产总值增长质量不到资源利用、环境质量的一半,无疑是一次重大调整,彰显出党中央治理环境的坚定决心,拿出了破除"唯GDP"怪象的"撒手锏"。如此下去,将力量集中于抓经济,已经难以凸显政绩,唯有在环境方面做文章,政绩才可能脱颖而出。只要严格打表,相信"唯GDP"时代必将成为历史。

《中国共产党第十九届中央委员会第三次全体会议公报》于2018年2月28日发布,并指出,在党的统一领导下协调行动、增强合力,全面提高国家治理能力和治理水平。法与时转则治,治与世宜则有功。深化党和国家机构改革是推进国家治理体系和治理能力现代化的一场深刻变革。这些都给我们后续的研究增加了更多的机会。

我们庆幸身处盛世。

是为后记。

罗党论<br>
2020年4月20日于康乐园